Claudia Schubert
Betriebliche Mitbestimmung in Unternehmen und Konzernen mit Matrixorganisation

HSI-Schriftenreihe
Band 23

Claudia Schubert

Betriebliche Mitbestimmung in Unternehmen und Konzernen mit Matrixorganisation

BUND
VERLAG

Bibliografische Information der Deutschen Nationalbibliothek
Die Deutsche Nationalbibliothek verzeichnet diese Publikation in der
Deutschen Nationalbibliografie; detaillierte bibliografische Daten sind im Internet
über http://dnb.d-nb.de abrufbar.

© 2017 by Bund-Verlag GmbH, Frankfurt am Main
Herstellung: Kerstin Wilke
Umschlaggestaltung: Neil McBeath, Stuttgart
Satz: Reemers Publishing Services GmbH, Krefeld
Druck: CPI books GmbH, Leck
Printed in Germany 2017
ISBN 978-3-7663-6713-6

Alle Rechte vorbehalten,
insbesondere die des öffentlichen Vortrags, der Rundfunksendung
und der Fernsehausstrahlung, der fotomechanischen Wiedergabe,
auch einzelner Teile.

www.bund-verlag.de

Vorwort

Unternehmen und Konzerne, die sich für eine Matrixorganisation entschieden haben, sind in der Praxis inzwischen weit verbreitet. Neben individualarbeitsrechtlichen werden zahlreiche betriebsverfassungsrechtliche Fragestellungen aufgeworfen. Insbesondere letztere sind wissenschaftlich bislang kaum aufbereitet.

Das vorliegende Werk von Prof. Dr. Claudia Schubert unternimmt es nun, schwerpunktmäßig einzelne dieser betriebsverfassungsrechtlichen Problembereiche näher zu untersuchen. Behandelt werden beispielsweise die Tauglichkeit des tradierten Betriebsbegriffs, die Optionen, die § 3 BetrVG de lege lata zur Anpassung der betriebsverfassungsrechtlichen Organisation bietet und wie das Potential der Norm de lege ferenda ausgeweitet werden könnte. Weiter werden auch Fragen der Betriebszugehörigkeit und der bestehenden Beteiligungsrechte dargestellt. Abgeschlossen wird das Buch mit einem Regelungsvorschlag für eine Konzernbetriebsvereinbarung.

In der nachfolgenden Darstellung werden damit ausführlich gerade auch die in der Betriebspraxis wichtigen Fragen diskutiert und konkrete Lösungen vorgeschlagen. Die Diskussion darüber, wie betriebliche Mitbestimmung trotz noch (?) atypischer Organisationsformen erhalten bleibt, wird sicherlich in Zukunft breiten Raum einnehmen müssen, da auch die Digitalisierung solche Unternehmens- und Konzernstrukturen in den unterschiedlichsten Ausprägungen fördert und hervorbringt.

In diesem Sinne wünschen wir Ihnen eine anregende Lektüre.

Dr. Thomas Klebe   Dr. Johannes Heuschmid

Inhaltsverzeichnis

Vorwort 5

Abkürzungsverzeichnis 11

A. Einleitung 15

B. Unternehmen und Konzerne mit Matrixorganisation –
   Eigenarten der Organisationsstruktur 18

C. Zur individualarbeitsrechtlichen Umsetzung der
   Matrixorganisation und die sich daraus ergebenden
   betriebsverfassungsrechtlichen Probleme 23

   I. Umsetzung der Matrixorganisation im Unternehmen 23
   II. Umsetzung einer unternehmensübergreifenden Matrixorganisation 24
      1. Einheitliches Arbeitsverhältnis 24
      2. Abschluss mehrerer Arbeitsverträge 26
      3. Übertragung des Weisungsrechts auf nicht
         unternehmensangehörige Personen 27

D. Betrieb und Betriebszugehörigkeit in Unternehmen mit
   Matrixorganisation 31

   I. Betriebsbegriff 31
      1. Betriebsbegriff und Folgerungen für Unternehmen mit
         Matrixorganisation 31
         a) Zur Entwicklung und Abgrenzung des Betriebsbegriffs 31
         b) Selbständiger Betriebsteil nach § 4 Abs. 1 S. 1 BetrVG 35
         c) Keine Weiterentwicklung des Betriebsbegriffs mit
            Rücksicht auf die Matrixorganisation 37
            aa) Folgen der Matrixorganisation für die Abgrenzung
                des Betriebsbegriffs 37
            bb) Mehrere arbeitstechnische Zwecke 38
            cc) Anforderungen an die Leitungsmacht in personellen
                und sozialen Angelegenheiten 40
                (1) Folgen der Aufteilung des fachlichen und
                    disziplinarischen Weisungsrechts für den
                    Betriebsbegriff 40

7

		(2)	Standort- und unternehmensübergreifende Entscheidungsfindung 41
		dd)	Geschäftsbereich oder zentrale Einheit als Betrieb 45
		ee)	Zwischenergebnis 47
	d)	Besonderheiten bei grenzüberschreitenden Sachverhalten 47
	e)	Zwischenergebnis 50
2.	Gemeinsamer Betrieb nach § 1 Abs. 2 BetrVG 51
3.	Zusammenfassung 56

II. Anpassung der betriebsverfassungsrechtlichen Organisation 56
    1. Zur Notwendigkeit einer Strukturanpassung und ihrer Umsetzung 56
    2. Unternehmenseinheitlicher Betriebsrat zur Zusammenfassung von Betrieben (§ 3 Abs. 1 Nr. 1 BetrVG) 58
    3. Spartenbetriebsräte (§ 3 Abs. 1 Nr. 2 BetrVG) 60
    4. Andere Arbeitnehmervertretungsstrukturen (§ 3 Abs. 1 Nr. 3 BetrVG) 63
    5. Zusätzliche betriebsverfassungsrechtliche Regelungen (§ 3 Abs. 1 Nr. 4 BetrVG) 65
    6. Ergänzung des § 3 Abs. 1 und 2 BetrVG de lege ferenda 66
       a) Erweiterung der Tatbestände in § 3 Abs. 1 BetrVG 66
       b) Ergänzende oder alternative Arbeitnehmerrepräsentation 70
       c) Erweiterung der Gestaltungsmöglichkeiten für betriebsverfassungsrechtliche Gremien 71
       d) Vorrang der tarifvertraglichen Regelung 73
       e) Änderung des § 3 Abs. 5 BetrVG 74
       f) Wirkung der Vereinbarung auf spätere organisatorische Änderungen 76
    7. Zusammenfassender Vorschlag zur Gesetzgebung 77
    8. Formulierungsbeispiele 78

III. Betriebszugehörigkeit bei Betrieben in einer Matrixorganisation 84
    1. Arbeitsvertrag und Eingliederung als Voraussetzungen für die Betriebszugehörigkeit 84
    2. Betriebszugehörigkeit von Arbeitnehmern einer Matrixorganisation mit Arbeitsverhältnis zum Betriebsinhaber ... 87
    3. Betriebszugehörigkeit unabhängig vom Arbeitsverhältnis mit dem Betriebsinhaber beim drittbezogenem Personaleinsatz 88
    4. Doppelte Betriebszugehörigkeit von Arbeitnehmern in Matrixorganisationen 94
       a) Vertragsarbeitgeber mit mehreren Betrieben 94
       b) Delegation von Weisungsrechten 94

   c) Betriebszugehörigkeit bei einer Versetzung in einen Betrieb eines anderen Unternehmens innerhalb der Matrixorganisation 96
   d) Einheitliches Arbeitsverhältnis 97
   e) Mehrere Arbeitsverträge 98
   f) Zwischenergebnis 99
  5. Sachverhalte mit Auslandsbezug 99
  6. Einschränkung des Wahlrechts bei doppelter Betriebszugehörigkeit mit Rücksicht auf deren Dauer 101
  7. Zusammenfassung 102
 IV. Zusammenfassung 103

E. **Folgerungen für die Beteiligungsrechte des Betriebsrats** 105

 I. Beteiligungsrechte des Betriebsrats bei der Einführung einer Matrixorganisation 105
  1. Überblick 105
  2. Mitbestimmung in wirtschaftlichen Angelegenheiten nach § 111 BetrVG 105
  3. Beteiligung in personellen Angelegenheiten 109
   a) Einstellung 109
    aa) Einstellungsbegriff i. S. von § 99 Abs. 1 BetrVG 109
    bb) Einstellung durch die Einsetzung von Matrixmanagern 112
    cc) Kein Zustimmungsverweigerungsrecht bei der Einstellung leitender Angestellter 116
   b) Versetzung 117
 II. Beteiligungsrechte des Betriebsrats bei Durchführung der Matrixorganisation 120
  1. Folgen des Auseinanderfallens von Vertragsarbeitgeber und Inhaber des Einsatzbetriebs 120
  2. Folgen für die Beteiligungsrechte in sozialen Angelegenheiten 121
  3. Folgen für die Beteiligungsrechte in personellen Angelegenheiten 122
  4. Anwendungsbereich von Betriebsvereinbarungen 124
 III. Zusammenfassung 126

F.	Zuständigkeit der betriebsverfassungsrechtlichen Gremien	127
G.	Arbeitgeber als Ansprechpartner des Betriebsrats	133
H.	Ermittlung der Organisationsstruktur des Unternehmens bzw. Konzerns durch die betriebsverfassungsrechtlichen Gremien	136

  I. Zur Bedeutung der Informationsrechte des Betriebsrats bei Unternehmen bzw. Konzernen mit Matrixorganisation ... 136
  II. Aufklärung der Aufteilung des Weisungsrechts und der Entscheidungsbefugnisse im Unternehmen bzw. Konzern ... 137
    1. Informationsrechte nach geltendem Recht ... 137
    2. Erweiterung der Informationsrechte ... 139
  III. Pflicht zur Information des Betriebsrats und Informationsdurchgriff des Betriebsrats ... 140
    1. Schuldner der Information ... 140
    2. Pflicht zur Informationsbeschaffung ... 141
    3. Informationsdurchgriff des Betriebsrats oder Erweiterung der Informationsbeschaffungspflicht ... 143
  IV. Zusammenfassung ... 146

J.	Vereinbarung zwischen Betriebspartnern wegen der Matrixorganisation in Unternehmen und Konzern	147

  I. Relevante Regelungsgegenstände und Regelungsbefugnis nach dem BetrVG ... 147
    1. Relevante Regelungsgegenstände bei Unternehmen und Konzernen mit Matrixorganisation ... 147
    2. Regelungsbefugnis nach dem BetrVG ... 149
  II. Formulierungsvorschlag für eine Konzernbetriebsvereinbarung ... 152

K.	Zusammenfassung	158
Literaturverzeichnis		**163**

Abkürzungsverzeichnis

a. E.	am Ende
Abb.	Abbildung
abl.	ablehnend
Abs.	Absatz
AG	Die Aktiengesellschaft
AiB	Arbeit im Betrieb
AP	Arbeitsrechtliche Praxis
ArbG	Arbeitsgericht
ArbRB	Der Arbeits-Rechtsberater
Art.	Artikel
AuA	Arbeit und Arbeitsrecht
AÜG	Arbeitnehmerüberlassungsgesetz
AuR	Arbeit und Recht
BAG	Bundesarbeitsgericht
BB	Betriebs-Berater
BeckOGK	*Gsell, Beate/Krüger, Wolfgang/Lorenz, Stephan/Mayer, Jörg* (Gesamthrsg.), Beck-online.Großkommentar
BeckOK ArbR	*Rolfs, Christian u. a.* (Hrsg.), Beck'scher Online-Kommentar Arbeitsrecht
BetrVG	Betriebsverfassungsgesetz
BGB	Bürgerliches Gesetzbuch
BT-Drs.	Bundestags-Drucksache
DB	Der Betrieb
DJT	Deutscher Juristentag
DKKW	*Däubler, Wolfgang/Kittner, Michael/Klebe, Thomas/Wedde, Peter* (Hrsg.), BetrVG, 15. Aufl., Frankfurt a. M. 2016

EBRG	Gesetz über Europäische Betriebsräte
Einl.	Einleitung
ErfK	*Müller-Glöge, Rudi/Preis, Ulrich/Schmidt, Ingrid* (Hrsg.), Erfurter Kommentar zum Arbeitsrecht, 17. Aufl., München 2017
f.	folgende
ff.	fortfolgende
Fn.	Fußnote
FS	Festschrift
GG	Grundgesetz
GK-BetrVG	*Wiese, Günther u. a.,* Gemeinschaftskommentar Betriebsverfassungsgesetz (GK-BetrVG), Bd. I und II, 10. Aufl., Köln 2014
GS	Gedächtnisschrift
h.M.	herrschende Meinung
HK-BGB	*Schulze, Reiner u. a.,* BGB. Kommentar, 9. Aufl., Baden-Baden 2016
HSWGNR	*Hess, Harald u. a.,* BetrVG, 9. Aufl., Köln 2014
HWK	*Henssler, Martin/Willemsen, Heinz Josef/Kalb, Jürgen,* Arbeitsrecht Kommentar, 7. Aufl., Köln 2016
JArbR	Jahrbuch des Arbeitsrechts
krit.	kritisch
KSzW	Kölner Schrift zum Wirtschaftsrecht
LAG	Landesarbeitsgericht
LAGE	Entscheidungen der Landesarbeitsgerichte
MünchArbR	*Richardi, Reinhard/Wlotzke, Otfried/Wißmann, Helmut/Oetker, Hartmut,* Münchener Handbuch zum Arbeitsrecht, Bd. I und III, 3. Aufl., München 2009
Münch-KommBGB	*Säcker, Franz Jürgen u. a.* (Hrsg.), Münchener Kommentar zum BGB, Bd. II, 7. Aufl., München 2016
NJW	Neue Juristische Wochenschrift
Nr.	Nummer

NZA	Neue Zeitschrift für Arbeitsrecht
NZA-RR	Neue Zeitschrift für Arbeitsrecht – Rechtsprechungsreport
RdA	Recht der Arbeit
Rn.	Randnummer
s.	siehe
S.	Seite
SAE	Sammlung Arbeitsrechtlicher Entscheidungen
st. Rspr.	ständige Rechtsprechung
vgl.	vergleiche
WHSS	*Willemsen, Heinz Josef/Hohenstatt, Klaus-Stefan/Schweibert, Ulrike/Seibt, Christoph H.* (Hrsg.), Umstrukturierung und Übertragung von Unternehmen, 5. Aufl., München 2016
WPK	*Wlotzke, Otfried/Preis, Ulrich/Kreft, Burghard,* BetrVG, 4. Aufl., München 2009
z.B.	zum Beispiel
ZfA	Zeitschrift für Arbeitsrecht
ZGR	Zeitschrift für Unternehmens- und Gesellschaftsrecht
ZIAS	Zeitschrift für ausländisches und internationales Arbeits- und Sozialrecht
ZIP	Zeitschrift für Wirtschaftsrecht

A. Einleitung

Die Organisation von Unternehmen erfolgt in höchst unterschiedlichen Strukturen, die aus den Gegebenheiten der jeweiligen Unternehmung resultieren. Das Betriebsverfassungsrecht knüpft trotz aller Veränderungen in der Unternehmensorganisation am Betrieb als Organisationseinheit an, um die Arbeitnehmerrepräsentation zu etablieren. Infolge der Veränderung der Arbeitsorganisation ergaben sich bereits in der Vergangenheit immer wieder Schwierigkeiten bei der Abgrenzung des Betriebs oder der Bestimmung der Betriebszugehörigkeit von Arbeitnehmern, zum Beispiel durch die Einführung von Shop-in-Shop-Systemen oder Profitcenter-Organisationen.[1] Das Gleiche galt für die betriebsverfassungsrechtliche Zuordnung von Außendienstmitarbeitern,[2] die inzwischen durch § 5 Abs. 1 S. 1 BetrVG explizit geregelt und einem Betrieb zugeordnet sind.

Neue Herausforderungen für das Betriebsverfassungsrecht ergeben sich vor allem aus der Organisation von Betrieb, Unternehmen und Konzernen in Form einer Matrix. Im Gegensatz zu rein hierarchisch strukturierten Unternehmen orientieren sich Matrixorganisationen nicht an den tatsächlichen Strukturen der Betriebe oder der gesellschaftsrechtlichen Abgrenzung des Unternehmens. Vielmehr geht die Matrixorganisation über diese Bezugspunkte des Betriebsverfassungsrechts hinweg. Es kommt zur Aufteilung von Weisungsrechten, so dass der Arbeitnehmer rechtlich mehreren Weisungsberechtigten gegenübersteht. Es kann daher zu einer Aufspaltung des Arbeitgebers wie bei der Leiharbeit, der Personalgestellung oder Unternehmenskooperationen kommen.

Zweck der Betriebsverfassung ist und bleibt es, eine möglichst effektive Interessenvertretung der Arbeitnehmer sicherzustellen. Zum einen stellt sich die Frage, ob der Betrieb in seinem bisherigen Verständnis auch bei Unternehmen mit Matrixstruktur die Organisationseinheit ist, die der geeignete Anknüpfungspunkt für die Arbeitnehmerrepräsentation ist und ob es beim tradierten Betriebsbegriff bleiben kann. Eine autonome Gestaltung der Betriebsverfassung

---

[1] Vgl. z. B. *Säcker/Joost*, Betriebszugehörigkeit als Rechtsproblem im Betriebsverfassungs- und Mitbestimmungsrecht, 1980; *Kreuder*, Desintegration und Selbststeuerung, S. 100 ff., 114 ff.
[2] *Säcker*, FS Quack, 1991, S. 421, 425 ff.; *Säcker/Joost*, Betriebszugehörigkeit, S. 21 ff.

durch Tarifvertrag oder Betriebsvereinbarung kann zudem eine Anpassung der gesetzlich vorgegebenen Organisation der Mitbestimmung an die tatsächlichen Verhältnisse ermöglichen. Insofern ist eine Weiterentwicklung der Betriebsverfassung zu erwägen, die in Bedacht nimmt, dass die autonome Gestaltung nicht nur ergänzende Gremien vorsehen, sondern auch alternative Strukturen entwickeln können soll.

Jede Weiterentwicklung der Betriebsverfassung wegen der Matrixorganisation muss aber berücksichtigen, dass die Matrix als Organisationsstruktur durch eine besondere Elastizität gekennzeichnet ist. Sie unterliegt nicht selten wiederholt Anpassungen und Veränderungen, zumal es keiner tatsächlichen Neuorganisation des Betriebs als räumlich-organisatorischer Einheit bedarf, sondern nur einer Änderung von Weisungsstrukturen. Diese Flüchtigkeit der Struktur erschwert eine Änderung der Arbeitnehmerrepräsentation, die angesichts der Wahl und der vierjährigen Amtszeit auf längere Zeiträume angelegt ist. Auch die Anpassung der Betriebsverfassung durch Tarifvertrag und Betriebsvereinbarung wird in ihrer praktischen Relevanz davon abhängen, wie schnell sich Matrixstrukturen ändern, da dies ein erneutes Nachjustieren der Arbeitnehmerrepräsentation erforderlich macht.

Im Anschluss daran ergeben sich Folgefragen für die Betriebszugehörigkeit der Arbeitnehmer. Das gilt umso mehr, wenn das Weisungsrecht aus dem Arbeitsvertrag durch eine Mehrzahl von Vorgesetzten ausgeübt wird, die nicht notwendig einem Unternehmen angehören, sondern einem anderen Konzernunternehmen zugeordnet sein können. Die Veränderlichkeit der Organisation bringt es zudem mit sich, dass für den Betriebsrat ein erhöhter Informationsbedarf über die aktuelle Organisationsstruktur besteht. Rasche Veränderungen in der Struktur werden es wiederholt notwendig machen, die Organisationsstruktur aufzuklären, damit die Mitbestimmung gegenüber den zuständigen Entscheidungsträgern erfolgt und nicht wegen der Delegation von Entscheidungsbefugnissen leer läuft.

Darüber hinaus ergeben sich bei der Verwirklichung der Betriebsverfassung in Betrieben, Unternehmen und Konzernen mit Matrixstruktur spezifische Probleme. Die Verteilung der arbeitstechnischen und wirtschaftlichen Entscheidungen auf verschiedene Organisationslinien führt zu einer Aufspaltung von Wissen und Entscheidungskompetenzen. Die effektive Verwirklichung der Betriebsverfassung hängt entscheidend davon ab, dass der Betriebsrat einen kompetenten und verantwortlichen Ansprechpartner hat, der über Leitungsmacht in den mitbestimmungspflichtigen Angelegenheiten verfügt.[3]

Schließlich sind bei der Einführung, Umsetzung und Weiterentwicklung einer Matrixorganisation auch die Mitbestimmungsrechte des Betriebsrats einschlägig. Die dezentrale Organisation der Matrix wirft somit die Frage auf, welches betriebsverfassungsrechtliche Gremium zuständig ist, ob es Mehrfachzuständigkeiten geben kann und wie etwaige Kompetenzkonflikte zwischen den Arbeitnehmervertretungen aufzulösen sind.

Bisher gibt es nur instanzgerichtliche Entscheidungen in betriebsverfassungsrechtlichen Streitigkeiten, die einen spezifischen Bezug zur Matrixorganisation aufweisen. Beim Bundesarbeitsgericht waren zwar mehrere Rechtsbeschwerden anhängig,[4] die jedoch für erledigt erklärt wurden, so dass es weiterhin an einer höchstrichterlichen Entscheidung fehlt. Zudem wird der Gesetzgeber entscheiden müssen, ob die Betriebsverfassung mit Rücksicht auf den Wandel der realen Verhältnisse einer Anpassung bedarf. Ein wesentliches Hindernis resultiert daraus, dass es nicht die eine Matrixorganisation gibt, sondern diese vielmehr als Konzept existiert, das an die Eigenarten und Bedürfnisse des jeweiligen Unternehmens oder Konzerns angepasst wird. Insofern erlangt die Sachverhaltsaufklärung besondere Bedeutung.

---

[3] Dazu *Lunk*, ArbRB 2014, 334, 335.
[4] Vgl. BAG, Az. 1 ABR 35/15 und 1 ABR 30/16.

B. Unternehmen und Konzerne mit Matrixorganisation – Eigenarten der Organisationsstruktur

Matrixorganisation bezeichnet nach dem hier zugrunde gelegten Begriffsverständnis eine betriebswirtschaftliche Organisationsform, die inzwischen in einer Vielzahl von Unternehmen und Konzernen praktiziert wird und besonders häufig bei größeren Unternehmen auftritt, die grenzüberschreitend verschiedene Standorte haben. Seinen Ursprung hat die Matrixorganisation als Organisationsstruktur bereits in Konzepten aus den 1950-iger Jahren[5] und hat allmählich Verbreitung gefunden. Auch in Deutschland belegene Gesellschaften sind in solche Organisationen integriert.

Der Begriff der Matrixorganisation bezeichnet keine Organisation, die nur in einer konkreten Gestalt auftritt.[6] Vielmehr handelt es sich um eine Organisationsstruktur, die vielgestaltige Ausprägungen findet. Es lassen sich Grundprinzipien aufzeigen, die für solche Organisationen kennzeichnend sind, ohne dass sich die konkrete Ausgestaltung der Organisation in den einzelnen Unternehmen damit notwendig deckt.

Kennzeichnend für eine Matrixorganisation ist, dass die Zuständigkeiten und Verantwortung im Unternehmen in einem sog. Mehrliniensystem verteilt sind.[7] Die unterschiedlichen Aufgaben im Rahmen der Unternehmensführung werden nicht hierarchisch gebündelt, sondern typischerweise in zwei Dimensionen organisiert und damit als Matrix gleichsam über das Unternehmen gespannt.[8]

---

[5] Vgl. *Kingdon*, Matrix organization, S. 19.
[6] *Frese/Graumann/Theuvsen*, Organisation, S. 199; *Schreyögg*, Organisation, S. 150 ff.; s. auch *Maywald*, Einsatz von Arbeitnehmern, S. 18; *Neufeld/Michels*, KSzW 2012, 49 f.; *Witschen*, RdA 2016, 38, 39.
[7] *Frese/Graumann/Theuvsen*, Organisation, S. 197, 198; *Kingdon*, Matrix organization, S. 20, 28 f.; *Kort*, NZA 2013, 1318; *Neufeld*, AuA 2012, 219; *Neufeld/Michels*, KSzW 2012, 49, 50; *Reinhard/Kettering*, ArbRB 2014, 87; *Schneider*, Matrixorganisation, S. 13; *Witschen*, RdA 2016, 38, 39; vgl. auch *Adžić*, Matrixstrukturen, S. 23 ff. (Matrix/lose gekoppelte Strukturen); *Kingdon*, Matrix organization, S. 5.
[8] *Frese/Graumann/Theuvsen*, Organisation, S. 196 f.; *Jones/Bouncken*, Organisation, S. 387 f.; *Kingdon*, Matrix organization, S. 20; *Schneider*, Matrixorganisation, S. 13; *Witschen*,

Die gesellschaftsrechtliche und die betriebswirtschaftliche Struktur des Unternehmens deckten sich daher nicht.[9] Diese Organisationsform kann zu flacheren Hierarchien führen und damit zu kürzeren Kommunikationswegen. Darüber hinaus ist der Matrixorganisation eine hohe Flexibilität eigen, die schnelle Anpassungen erlaubt.

Häufig werden auf einer Achse der Matrix sog. Funktionseinheiten gebildet (functional units).[10] Zum Teil wird daher von einer funktionalen Unternehmens- bzw. Konzernsteuerung gesprochen.[11] Es handelt sich dabei um Querschnittsaufgaben, die unabhängig von der Ausrichtung der Konzernunternehmen nach Produktpalette, Dienstleistungen oder Absatzgebieten stets anfallen. Dazu gehören zum Beispiel Finanzen, Informationstechnologie, Personal- und Rechtswesen. Die einzelnen Funktionsbereiche werden durch einen Matrixmanager verantwortlich geleitet, der entweder unmittelbar Teil der Geschäftsführung ist oder dieser berichtet. Ihm sind alle anderen Abteilungen, die diesem Funktionsbereich zugehören, unterstellt. Dabei können sich durchaus Matrixorganisation und hierarchische Organisation miteinander verbinden.[12] Die Organisationsstruktur gibt insoweit nicht vor, ob und wie die zum Funktionsbereich gehörenden persönlichen und sachlichen Betriebsmittel jeweils für sich organisiert werden.

Auf der zweiten Matrixachse werden häufig die Geschäftsbereiche (business units) abgebildet.[13] Dabei kann zum Beispiel nach Produkten, Dienstleistungen oder Absatzgebieten gegliedert werden. Im Einzelnen ist die Ausgestaltung der Matrix stark von der einzelnen Unternehmung abhängig. Das gilt nicht nur für diese zweite Achse der Matrix, sondern auch für die Bereiche, die zuvor als Funktionseinheiten bezeichnet wurden. Es ist Sache der Unternehmensleitung zu entscheiden, ob solche unternehmensübergreifenden Aufgaben vollständig oder teilweise im Rahmen einer Matrix organisiert werden. Genauso lassen sich

---

9   RdA 2016, 38, 39; vgl. auch *Adžić*, Matrixstrukturen, S. 23 ff. (Matrix/lose gekoppelte Strukturen); *Kingdon*, Matrix organization, S. 4 f.
    Kort, NZA 2013, 1318; *Seibt/Wollenschläger*, AG 2013, 229.
10 Vgl. *Jones/Bouncken*, Organisation, S. 388; *Schneider*, Matrixorganisation, S. 17 f.; *Schreyögg*, Organisation, S. 150.
11 Vgl. *Jones/Bouncken*, Organisation, S. 388; *Schneider*, Matrixorganisation, S. 14 ff.; s. auch *Bauer/Herzberg*, NZA 2011, 713; *Kort*, NZA 2013, 1318; *Müller-Bonanni/Mehrens*, ZIP 2010, 2228, 2229; *Neufeld*, AuA 2012, 219; *Seibt/Wollenschläger*, AG 2013, 229; *Witschen*, RdA 2016, 38, 39.
12 *Schreyögg*, Organisation, S. 151; dazu auch *Witschen*, RdA 2016, 38, 39.
13 *Jones/Bouncken*, Organisation, S. 388; *Schreyögg*, Organisation, S. 150 f.; s. auch *Schneider*, Matrixorganisation, S. 17 f., der auch darauf verweist, dass es mehr als zwei Parameter für die Dimensionen der Matrix geben kann (S. 14 ff., 311).

Unternehmen finden, die solche Aufgaben zumindest (teilweise) als sog. shared services organisieren und auf eine Gesellschaft übertragen, die den einzelnen Konzernunternehmen Dienstleistungen (z. B. Buchführung, Rechtsberatung) entgeltlich zur Verfügung stellt.

Bereits an dieser Stelle ist festzuhalten, dass die Matrixorganisation zwar Charakteristika hat, in ihrer konkreten Ausprägung aber sehr unterschiedlich ausfallen kann. Sie muss nicht das gesamte Unternehmen erfassen und kann mit stärker hierarchisch geprägten Organisationsstrukturen kombiniert werden. Das gilt umso mehr, als die Matrix einen Bezug zum Projektmanagement hat und sich daher für die (temporäre) Organisation von Teilbereichen eines Unternehmens eignet. Die Matrix kann sich auf das Unternehmen als Rechtsträger beschränken oder unternehmensübergreifend errichtet werden. Da es sich um eine Organisationsstruktur handelt, ist sie nicht auf den innerstaatlichen Geschäftsbereich des Unternehmens oder Konzerns bezogen oder beschränkt. Vielmehr handelt es sich regelmäßig um grenzüberschreitende Strukturen. Zudem ist die Matrix nicht notwendig eine auf längere Dauer angelegte Struktur, es kann sich auch nur um eine vorübergehende Gestaltung handeln.

Unabhängig von der konkreten Ausprägung ist für die Matrixorganisation kennzeichnend, dass die Arbeitnehmer regelmäßig mehreren Entscheidungsträgern gegenüberstehen. Typischerweise ist das disziplinarische Weisungsrecht zur Personalführung bei einem Matrixmanager gebündelt, während das fachliche Weisungsrecht mindestens einem anderen Matrixmanager (auf der zweiten Achse) zusteht.[14] Ersterer ist der sog. Matrixarbeitgeber, der in der Regel mit dem Vertragsarbeitgeber übereinstimmt, ohne dass dies zwingende Voraussetzung wäre. Der Matrixarbeitgeber hat seinen Sitz in der Regel im Inland. Sofern er im Ausland belegen ist, wird in der Regel eine inländische Gesellschaft formal als Vertragsarbeitgeber zwischengeschaltet, über die der Matrixarbeitgeber seine Aufgaben wahrnimmt. In den betriebswirtschaftlichen Darstellungen wird er meist mit einer sog. solid line – durchgehenden Linie – in das Organisationsschema eingetragen, während das Management, das das fachliche Weisungsrecht ausübt und dem in der Regel auch die Budgetverantwortung zukommt, mit einer sog. dotted line – unterbrochenen Linie – verbildlicht wird.

Aus arbeitsrechtlicher Sicht führt die Matrixstruktur häufig zu einer Aufspaltung der Arbeitgeberstellung, ähnlich wie bei der Leiharbeit, der Personalgestellung oder anderen Unternehmenskooperationen.[15] Der Arbeitnehmer wird

---

[14] *Witschen*, RdA 2016, 38, 39.
[15] Vgl. auch *Kort*, NZA 2013, 1318.

unabhängig vom Vertragsarbeitgeber in einem anderen Betrieb des Unternehmens bzw. des Konzerns im Rahmen der Geschäftsbereiche eingesetzt. Solange er bei der juristischen Person tätig bleibt, die Vertragsarbeitgeber ist, wird das Weisungsrecht zwar delegiert, und es kommt gegebenenfalls zu einem Einsatz in einem anderen Betrieb, aber es bleibt dieselbe juristische Person betroffen. Etwas anderes gilt beim unternehmensübergreifenden Personaleinsatz im Konzern.

Unabhängig von dieser Aufteilung der Weisungsrechte bleibt die physisch-reale Organisation des Unternehmens in Form von Betrieben als tatsächliche Struktur regelmäßig erhalten. Es kommt nur zur Übertragung des Weisungsrechts, so dass die Steuerung der Arbeitnehmer nicht mehr betriebsbezogen erfolgt. Die Arbeitnehmer können räumlich weiterhin im Betrieb des Vertragsarbeitgebers bleiben und verfolgen einen der arbeitstechnischen Zwecke des Betriebs, wenngleich die Weisungen nicht notwendig durch die örtliche Betriebsleitung erfolgen. Diese Organisationsform wird durch die zunehmende Digitalisierung der Wirtschaft begünstigt. Die Kommunikation räumlich weit entfernter Arbeitnehmer wird erleichtert, was das Arbeiten in der Matrixorganisation vereinfacht. Ob die Digitalisierung die Verbreitung solcher Strukturen in besonderem Maße forciert, lässt sich aus heutiger Sicht nicht eindeutig beantworten. Letztlich werden die betriebswirtschaftlichen Vor- und Nachteile entscheidend dafür sein, ob sich ein Unternehmen bzw. Konzern für eine solche Organisationsstruktur entscheidet.

Aus betriebswirtschaftlicher Sicht gehört es zu den Vorteilen der Matrixorganisation, dass sie über ein hohes Maß an Flexibilität verfügt, was eine schnellere Steuerung erleichtert.[16] Sie entlaste die Unternehmensleitung und könne insgesamt zu einer flacheren Organisation mit geringeren Hierarchien führen.[17] Damit soll die Sachkompetenz und Problemsicht gegenüber der hierarchischen Stellung größere Bedeutung erlangen, und es bestehe immer ein fachlicher Ansprechpartner in der Linienorganisation.[18] Zugleich komme es zur Bündelung von Entscheidungsmacht bei den Matrixmanagern, was zu einer effektiveren Steuerung führe.[19] Zusätzlich entstünden Synergieeffekte, und es werde Mehr-

---

16 *Jones/Bouncken*, Organisation, S. 388; *Vahs*, Organisation, S. 181; s. auch *Bauer/Herzberg*, NZA 2011, 713, 714; *Witschen*, RdA 2016, 38, 40.
17 *Vahs*, Organisation, S. 181; vgl. *Bauer/Herzberg*, NZA 2011, 713, 714; *Kort*, NZA 2013, 1318, 1319.
18 *Frese/Graumann/Theuvsen*, Organisation, S. 197; *Schreyögg*, Organisation, S. 156; *Vahs*, Organisation, S. 181; s. auch *Jones/Bouncken*, Organisation, S. 390.
19 *Vahs*, Organisation, S. 180 f.; s. auch *Bauer/Herzberg*, NZA 2011, 713, 714; *Kort*, NZA 2013, 1318, 1319; *Seibt/Wollenschläger*, AG 2013, 229; *Witschen*, RdA 2016, 38, 40.

fachaufwand in den Konzernunternehmen vermieden.[20] Zugleich verbessere sich das Controlling.

Nachteile sind jedoch der erhöhte Kommunikations- und Koordinierungsbedarf, der sich aus der gleichberechtigten Zuständigkeit mehrerer Personen innerhalb der Organisation ergibt.[21] Die Entscheidungsstrukturen können ein unterschiedliches Maß an Abstimmung zwischen den Matrixmanagern vorgeben.[22] Das kann zum einen die Planung und Entscheidungsfindung, die an sich durch die flachere Hierarchie begünstigt wird, wieder verlangsamen. Zum anderen kann es zu Kompetenzkonflikten kommen, die mit einem Verlust an Transparenz und der Zurechnung von Erfolg und Verantwortung verbunden sein können. Darüber hinaus besteht die Gefahr, dass sich arbeitsrechtlich doppelte Strukturen entwickeln, die zu einem erhöhten Organisationsaufwand und Kosten führen.[23] Insofern stellt die Matrixorganisation besondere Anforderungen an die Führungskräfte.

---

[20] *Vahs*, Organisation, S. 180 f.; *Schreyögg*, Organisation, S. 156; s. auch *Kort*, NZA 2013, 1318, 1319; *Seibt/Wollenschläger*, AG 2013, 229.
[21] *Frese/Graumann/Theuvsen*, Organisation, S. 197; *Jones/Bouncken*, Organisation, S. 391; *Vahs*, Organisation, S. 181; s. auch *Bauer/Herzberg*, NZA 2011, 713, 714; *Meyer*, NZA 2013, 1326, 1329; *Witschen*, RdA 2016, 38, 40.
[22] Vgl. *Frese/Graumann/Theuvsen*, Organisation, S. 200; s. auch *Schreyögg*, Organisation, S. 157.
[23] *Jones/Bouncken*, Organisation, S. 391 f.; *Schreyögg*, Organisation, S. 157; *Vahs*, Organisation, S. 181; dazu auch *Tucci/Lambrich*, in: Lambrich/Happ/Tucci, Flexibler Personaleinsatz im Konzern, 1. Kap. Rn. 13; vgl. auch *Bauer/Herzberg*, NZA 2011, 713, 714; *Witschen*, RdA 2016, 38, 40.

C. Zur individualarbeitsrechtlichen Umsetzung der Matrixorganisation und die sich daraus ergebenden betriebsverfassungsrechtlichen Probleme

I. Umsetzung der Matrixorganisation im Unternehmen

Die betriebsverfassungsrechtliche Beurteilung der Matrixorganisation von Unternehmen und Konzernen muss nicht nur die Maßgaben des BetrVG in Bedacht nehmen, sondern zugleich die individualarbeitsrechtliche Umsetzung der Matrixorganisation berücksichtigen. Zum einen ist das Betriebsverfassungsrecht ein Instrumentarium zur Kompensation der einseitigen Ausübung des Weisungsrechts des Arbeitgebers in Betrieb und Unternehmen. Zum anderen knüpft § 5 BetrVG an die Arbeitnehmereigenschaft und die Eingliederung im Betrieb des Vertragsarbeitgebers an. Die Betriebszugehörigkeit hängt nach der h. M. davon ab, ob ein Arbeitsverhältnis zum Betriebsinhaber besteht.[24] Die Aufspaltung der Arbeitgeberstellung hat zwar zu Abweichungen von der sog. Zwei-Komponenten-Lehre bei der Berechnung der Schwellenwerte des BetrVG für die Leiharbeitnehmer geführt.[25] Unterschiedlich wird indes beurteilt, ob diese Rechtsprechungsänderung allgemein für die Betriebszugehörigkeit gilt. Dieser Zusammenhang zwischen dem Betriebsverfassungsrecht und der individuellen Rechtsstellung des Arbeitnehmers macht es erforderlich, zunächst die individualarbeitsrechtliche Umsetzung der Matrixorganisation zu klären.

Die Matrixorganisation zieht keine spezifische individualarbeitsrechtliche Vereinbarung nach sich, sondern es kommt eine Mehrzahl von Gestaltungsformen in Betracht. Sie stimmen lediglich darin überein, dass Dritte, die nicht Vertragsarbeitgeber sind, das Weisungsrecht in bestimmtem Umfang gegenüber dem Arbeitnehmer ausüben können und dürfen. Deren Rechtsmacht beschränkt sich in der Regel auf Weisungen in fachlicher Hinsicht, kann aber auch Entscheidungen zur Arbeitsorganisation umfassen (z. B. Urlaubsgewährung, Arbeitszeitgestaltung). Bei der arbeitsvertraglichen Gestaltung der Matrixorganisation

---

[24] Siehe D.III.1.
[25] Siehe D.III.

ist jeweils zu berücksichtigen, dass § 613 S. 2 BGB eine Auslegungsregel dahingehend enthält, dass der Arbeitgeber den Anspruch auf die Arbeitsleistung im Zweifel nicht übertragen kann.[26] Hiervon kann durch Gesetz und Vertrag abgewichen werden. Für eine vertragliche Abweichung bedarf es einer Vereinbarung, die nicht selten in Form einer sog. Matrixklausel erfolgt. Allerdings ist keine spezifische Form für eine solche Vereinbarung erforderlich. Es bedarf lediglich einer vertraglichen Einigung. Im Fall ihrer Ausgestaltung in den AGB des Arbeitgebers unterliegt diese der vertraglichen Inhaltskontrolle nach den §§ 305 ff. BGB.

§ 613 S. 2 BGB schließt es nicht aus, Dritten das Weisungsrecht zur Ausübung zu überlassen.[27] Dies kann im Wege der Stellvertretung gem. § 164 Abs. 1 BGB erfolgen. Daneben kommt eine Ermächtigung zur Ausübung des Weisungsrechts nach § 185 Abs. 1 BGB (analog) in Betracht.[28] Das Weisungsrecht ist ein Gestaltungsrecht[29], auch wenn es im Arbeitsvertrag selbst angelegt ist, weil es dessen Gegenstand konkretisiert.

Solange sich die Matrixorganisation auf ein Unternehmen beschränkt, ergeben sich individualarbeitsrechtlich keine Umsetzungsschwierigkeiten. Der Vertragsarbeitgeber kann das Weisungsrecht ohne weiteres durch verschiedene leitende Angestellte bzw. vorgesetzte Arbeitnehmer im Unternehmen ausüben lassen. § 613 S. 2 BGB ist dadurch nicht berührt. Gestaltungsbedarf ergibt sich höchstens beim unternehmensübergreifenden bzw. konzernweiten Einsatz von Arbeitnehmern. Hierfür haben sich in der Praxis unterschiedliche Gestaltungsformen entwickelt, die in ganz unterschiedlichem Maße zum Einsatz kommen.

II. Umsetzung einer unternehmensübergreifenden Matrixorganisation

1. Einheitliches Arbeitsverhältnis

Nur vereinzelt kommt es zum Abschluss eines sog. einheitlichen Arbeitsverhältnisses, an dem zwei oder mehr Unternehmen als Arbeitgeber beteiligt

---

[26] MünchKommBGB/*Müller-Glöge* § 613 Rn. 1.
[27] BeckOGK/*Maties* (1.9.2016) § 613 BGB Rn. 60.
[28] BeckOGK/*Regenfus* (1.10.2016) § 185 BGB Rn. 17; BeckOK/*Bub* (1.2.2017) § 185 BGB Rn. 4.
[29] MünchKommBGB/*Würdinger* § 315 Rn. 34; Staudinger/*Rieble*, BGB, § 315 Rn. 81 ff., 88; HK-BGB/*Schulze* § 315 Rn. 1, 8.

sind.[30] Es liegt dann ein drei- oder mehrseitiger Vertrag mit diesen Arbeitgebern vor.[31] Von einem solchen Arbeitsverhältnis ist nur auszugehen, wenn die Vereinbarung dergestalt von der Mitwirkung der einzelnen Arbeitgeber abhängt, dass sie mit dieser steht und fällt.[32] Das BAG geht davon aus, dass ein einheitliches Arbeitsverhältnis nur anzunehmen ist, wenn ein rechtlicher Zusammenhang zwischen den arbeitsvertraglichen Beziehungen besteht, der es verbietet, diese rechtlich getrennt zu behandeln.[33] Dem hält die Literatur zu Recht entgegen, dass dies eine zirkuläre Argumentation sei.[34] Zutreffender erscheint es, auf den Willen der Vertragspartner abzustellen, ob der Vertrag von der Einbeziehung einer Mehrzahl von Arbeitgebern abhängen soll.[35]

Kommt ein einheitliches Arbeitsverhältnis zustande, so besteht ein Direktionsrecht zugunsten der beteiligten Arbeitgeber. § 613 S. 2 BGB ist nicht einschlägig, solange einer der Vertragsarbeitgeber den Arbeitnehmer einsetzt. Die Kündigung des Arbeitsverhältnisses kann bei solchen Verträgen nur durch alle Arbeitgeber gemeinsam erfolgen.[36] Sie sind in Bezug auf die Arbeitsleistung des Arbeitnehmers Gesamtgläubiger (§ 432 BGB). Das wirkt sich auch auf die Beendigung des Vertragsverhältnisses aus. Auch der Kündigungsschutz bezieht sich auf jeden der Arbeitgeber. Die sich daraus ergebenden Folgen werden nicht selten der Grund dafür sein, warum die an einer Matrixorganisation beteiligten Unternehmen kein einheitliches Arbeitsverhältnis abschließen wollen.[37] Das gilt

---

[30] BAG 27.3.1981, AP BGB § 611 Arbeitgebergruppe Nr. 1; 17.1.2002, BB 2003, 209, 210 f.; *Fedder/Braner*, in: Braun/Wisskirchen, Konzernarbeitsrecht, I.3 Rn. 64; *Kort*, NZA 2013, 1318, 1320; *Lunk*, ArbRB 2014, 334, 335; *Meyer*, NZA 2013, 1326, 1327; *Neufeld/Michels*, KSzW 2012, 49, 54; *Wisskirchen/Bissels*, DB 2007, 340, 341; s. auch *Lambrich/Schwab*, NZA-RR 2013, 169, 170.

[31] *Bauer/Herzberg*, NZA 2011, 713, 714; *Kort*, NZA 2013, 1320.

[32] BAG 27.3.1981, AP BGB § 611 Arbeitgebergruppe Nr. 1; 17.1.2002, BB 2003, 209, 210 f.; *Fedder/Braner*, in: Braun/Wisskirchen, Konzernarbeitsrecht, I.3 Rn. 64; *Kort*, NZA 2013, 1318, 1320; *Wisskirchen/Bissels*, DB 2007, 340, 341.

[33] BAG 27.3.1981, AP BGB § 611 Arbeitgebergruppe Nr. 1; 15.11.2011, NZA-RR 2012, 570 Rn. 30; 19.4.2012, NJW 2013, 104 Rn. 16; 20.6.2013, NJW 2013, 3194 Rn. 34; vgl. auch LAG Baden-Württemberg 28.5.2014, BB 2014, 2298, 2302; LAG Rheinland-Pfalz 8.5.2014 – 5 Sa 69/14, BeckRS 2014, 70270; dazu ErfK/*Preis* § 611 BGB Rn. 191.

[34] *Schwerdtner*, ZIP 1982, 900 ff.; *Schulin*, SAE 1983, 294 ff.; vgl. auch *Windbichler*, Arbeitsrecht im Konzern, S. 71, die darin zu Recht keine neue subsumtionsfähige Rechtsfigur sieht.

[35] Einer eigenen Rechtsfigur eines „einheitlichen Arbeitsverhältnisses" bedarf es nicht. Diese mehrseitigen Verträge lassen sich durch das bestehende Vertragsrecht hinreichend erfassen.

[36] BAG 19.4.2012, NJW 2013, 104 Rn. 16; 20.6.2013, NJW 2013, 3194 Rn. 34.

[37] *Fedder/Braner*, in: Braun/Wisskirchen, Konzernarbeitsrecht, I.3 Rn. 64; *Wisskirchen/Bissels*, DB 2007, 340, 341.

insbesondere bei der Beteiligung ausländischer Unternehmen. Der bloße Umstand, dass ein Gemeinschaftsbetrieb gebildet wird, führt nicht dazu, dass ohne weitere Anhaltspunkte davon auszugehen ist, dass ein einheitlicher Arbeitsvertrag mit den beteiligten Unternehmen geschlossen wird.[38] Das Gleiche gilt für die Durchführung gemeinsamer Projekte durch mehrere Arbeitgeber. Auch ein bestimmtes gesellschaftsrechtliches Verhältnis zwischen den Arbeitgebern ist keine Voraussetzung für ein Arbeitsverhältnis mit mehreren Arbeitnehmern und kein Indiz für ein solches.[39]

2. Abschluss mehrerer Arbeitsverträge

In Betracht kommt auch der Abschluss mehrerer Arbeitsverträge. Zum Teil wird von einem Doppelarbeitsverhältnis gesprochen. In der Regel wird das Arbeitsverhältnis des Arbeitgebers, in dessen Betrieb oder zu dessen Zwecken der Arbeitnehmer gerade tätig wird, durchgeführt, während das andere Arbeitsverhältnis ruhend gestellt ist. Das ruhende Arbeitsverhältnis lebt bei der Rückkehr des Arbeitnehmers wieder auf.[40] Das kommt vor allem in Betracht, wenn der Arbeitnehmer aufgrund seiner Position und seiner Tätigkeit nicht oder kaum in den Betrieb des einen Arbeitgebers eingegliedert ist und seine Arbeitsleistung vor allem einem anderen Unternehmen zugutekommt.[41]

Vom Abschluss eines weiteren Arbeitsvertrages ist aber nicht ohne weiteres auszugehen, wenn der Arbeitnehmer an die Weisungen eines Vorgesetzten gebunden ist, der bei einem anderen Unternehmen beschäftigt ist. Das gilt umso mehr, wenn der Arbeitnehmer weiterhin in einen Betrieb seines Vertragsarbeitgebers eingegliedert ist.[42] Eine solche Gestaltung ist bei der Anstellung auf der Leitungsebene innerhalb der Matrix möglich, in der Praxis indes wohl nur sel-

---

[38] BAG 17.1.2002, BB 2003, 209, 210; vgl. auch LAG Baden-Württemberg 28.5.2014, BB 2014, 2298, 2302; LAG Rheinland-Pfalz 8.5.2014 – 5 Sa 69/14, BeckRS 2014, 70270; *Fedder/Braner*, in: Braun/Wisskirchen, Konzernarbeitsrecht, I.3 Rn. 65.

[39] Vgl. LAG Baden-Württemberg 28.5.2014, BB 2014, 2298, 2302; LAG Rheinland-Pfalz 8.5.2014 – 5 Sa 69/14, BeckRS 2014, 70270

[40] ErfK/*Koch* § 5 BetrVG Rn. 9; *Fitting*, BetrVG, § 5 Rn. 222; *Maywald*, Einsatz von Arbeitnehmern, S. 36 ff.; *Meyer*, NZA 2013, 1326, 1327; *Reiter*, NZA-Beilage 2014, 22, 23; *Windbichler*, Arbeitsrecht im Konzern, S. 72 ff.; vgl. auch LAG Hamburg 21.5.2008 – 5 Sa 82/07 (juris).

[41] *Fedder/Braner*, in: Braun/Wisskirchen, Konzernarbeitsrecht, I.3 Rn. 66; *Kort*, NZA 2013, 1318, 1320; *Meyer*, NZA 2013, 1326, 1327; *Wisskirchen/Bissels*, DB 2007, 340, 341 f.; s. auch *Neufeld*, AuA 2012, 219, 220.

[42] *Fedder/Braner*, in: Braun/Wisskirchen, Konzernarbeitsrecht, I.3 Rn. 66; *Kort*, NZA 2013, 1318, 1320; *Neufeld/Michels*, KSzW 2012, 49, 54; *Wisskirchen/Bissels*, DB 2007, 340, 342.

ten vorzufinden.⁴³ Die sich aus dem zweiten Arbeitsverhältnis ergebenden rechtlichen Folgen und die Notwendigkeit, jedes Arbeitsverhältnis eigens zu beenden, haben in der Regel zur Folge, dass eine solche Vertragsgestaltung von den Parteien nicht gewollt ist.⁴⁴

3. Übertragung des Weisungsrechts auf nicht unternehmensangehörige Personen

Daneben lässt sich der Einsatz von Arbeitnehmern in einer unternehmensübergreifenden Matrixorganisation dadurch verwirklichen, dass der Arbeitsvertrag derart gestaltet ist, dass ein konzernweiter Einsatz des Arbeitnehmers vorgesehen ist. Eine solche Konzernversetzungsklausel hat zugleich zur Folge, dass die Auslegungsregel des § 613 S. 2 BGB nicht eingreift. Schließlich ist von vornherein vorgesehen, dass der Arbeitnehmer auch bei anderen Konzernunternehmen eingesetzt werden kann, so dass der Arbeitnehmer bei Abschluss des Arbeitsvertrages davon ausgehen musste, gegebenenfalls auch für diese arbeiten zu müssen. In diesem Fall ist das Konzernunternehmen, in dem der Arbeitnehmer eingesetzt ist, weisungsberechtigt. Der Vertragsarbeitgeber kann das Weisungsrecht dem anderen Konzernunternehmen zur Ausübung überlassen oder es bevollmächtigen.⁴⁵ Die vorgenommenen Weisungen werden dann dem Vertragsarbeitgeber zugerechnet.⁴⁶

Die Umsetzung einer Matrixorganisation setzt aber nicht in jedem Fall voraus, dass es der Versetzung des Arbeitnehmers in ein anderes Konzernunternehmen bedarf. Vielmehr kann es in vielen Fällen genügen, wenn Vorgesetzte eines anderen Konzernunternehmens zur Ausübung des Weisungsrechts bevollmächtigt sind und damit z. B. die Herstellung eines Produkts unternehmensübergreifend steuern können. Auf diese Weise wird eine Umstrukturierung innerhalb des Konzerns vermieden, die die Arbeitnehmer aus den beteiligten Unternehmen bei einem Arbeitgeber zusammenführt. Ein solches Vorgehen ist grundsätzlich keine Arbeitnehmerüberlassung. Der Vertragsarbeitgeber verfolgt durch das Zusammenwirken mit anderen Konzernunternehmen in einer Mat-

---

43 So *Bauer/Herzberg*, NZA 2011, 713, 714; *Kort*, NZA 2013, 1318, 1320; *Lützeler*, in: Braun/Wisskirchen, Konzernarbeitsrecht, II.3 Rn. 193; vgl. *Maywald*, Einsatz von Arbeitnehmern, S. 131.
44 *Bauer/Herzberg*, NZA 2011, 713, 714; *Kort*, NZA 2013, 1318, 1320.
45 *Bauer/Herzog*, NZA 2013, 713, 715; *Fedder/Braner*, in: Braun/Wisskirchen, Konzernarbeitsrecht, I.3 Rn. 63; *Kort*, NZA 2013, 1318, 1319 f.
46 *Rieble*, NZA-Beilage 2014, 28, 29; s. auch *Schumacher*, NZA 2015, 587, 588.

rixorganisation eigene wirtschaftliche Zwecke, die über das Zurverfügungstellen von Arbeitskräften hinausgeht.[47]

Uneinheitlich wird allerdings beurteilt, ob eine solche Ausübung von Weisungsrechten durch Dritte nur der Bevollmächtigung oder Ermächtigung seitens des Vertragsarbeitgebers bedarf, ohne dass der Arbeitnehmer sein Einverständnis erklärt oder sonst mitwirkt.[48] Eine solche Bevollmächtigung zur Ausübung des Weisungsrechts wird wegen § 613 S. 2 BGB teilweise für unzulässig erachtet, wenn disziplinarische Weisungen oder auch Kündigungen durch unternehmensfremde Personen erfolgen.[49] Grundsätzlich sind Stellvertretung und Ermächtigung auch beim disziplinarischen Weisungsrecht zulässig[50], nur eine isolierte Abtretung des Kündigungsrechts ist ausgeschlossen (§§ 398, 413 BGB).

Darüber hinausgehend wird von manchen unter Verweis auf § 613 S. 2 BGB stets eine vertragliche Vereinbarung, eine sog. Matrixklausel im Arbeitsvertrag, gefordert.[51] Zum Teil wird zumindest eine nur vorübergehende Wahrnehmung des fachlichen Weisungsrechts durch Dritte auch ohne die Zustimmung des Arbeitnehmers für zulässig erachtet.[52] Festzuhalten ist zunächst, dass sich das Weisungsrecht für die Konzernobergesellschaft jedenfalls nicht aus der Konzernleitungsmacht ergibt.[53] Zudem hat die Eingliederung in eine Absatzorganisation eines großen Unternehmens noch nicht zur Folge, dass § 613 S. 2 BGB (konkludent) abbedungen ist.[54]

§ 613 S. 2 BGB besteht als Auslegungsregel wegen der Bindung an die Person des Vertragsarbeitgebers und dessen Unternehmen. Von einer Übertragung des

---

[47] *Kort*, NZA 2013, 1318, 1320; *Neufeld*, AuA 2012, 219, 221; *Rieble*, NZA-Beilage 2014, 28, 29.
[48] Dafür BAG 10.3.1998, AP ArbGG 1979 § 84 Nr. 5 (III.1.b); *Bauer/Herzberg*, NZA 2011, 713, 715; BeckOK ArbR/*Joussen* BGB (1.6.2017) § 613 Rn. 17; *Dörfler/Heidmann*, AiB 2012, 196, 198; *Kort*, NZA 20113, 1318, 1319 f.; *Maywald*, Einsatz von Arbeitnehmern, S. 48 ff.; *Müller-Bonanni/Mehrens*, ZIP 2010, 2228, 2229; *Seibt/Wollenschläger*, AG 2013, 229, 230; a. A. *Fedder/Braner*, in: Braun/Wisskirchen, Konzernarbeitsrecht, I.3 Rn. 62; *Meyer*, NZA 2013, 1326, 1329; *Neufeld*, AuA 2012, 219.
[49] ErfK/*Müller-Glöge* § 626 BGB Rn. 30 (bzgl. Abmahnung); *Müller-Bonanni/Mehrens*, ZIP 2010, 2228, 2229; a. A. BeckOGK/*Regenfus* (1.10.2016) § 185 BGB Rn. 17.2.
[50] Z. B. BAG 13.12.2007, NZA 2008, 403; ErfK/*Müller-Glöge* § 620 BGB Rn. 23.
[51] *Fedder/Braner*, in: Braun/Wisskirchen, Konzernarbeitsrecht, I.3 Rn. 62; *Meyer*, NZA 2013, 1326, 1329; *Neufeld*, AuA 2012, 219.
[52] BAG 10.3.1998, AP ArbGG 1979 § 84 Nr. 5 (III.1.b); *Seibt/Wollenschläger*, AG 2013, 229, 230.
[53] *Fedder/Braner*, in: Braun/Wisskirchen, Konzernarbeitsrecht, I.3 Rn. 62; MünchArbR/*Richardi* § 23 Rn. 24.
[54] BAG 12.11.1962 NJW 1963, 100 (Leitsatz).

Rechts auf die Arbeitsleistung i. S. von § 613 S. 2 BGB ist auszugehen, wenn einem Dritten entweder der Anspruch auf die Arbeitsleistung abgetreten oder das Weisungsrecht vollständig übertragen wird.[55] Eine partielle Überlassung zur Ausübung ist ebenfalls von § 613 S. 2 BGB erfasst, wenn sie – wie bei der Arbeitnehmerüberlassung – ausschließlich der Verwirklichung eigener Zwecke des Dritten dient.[56] In diesem Fall kommt die Arbeitsleistung weder unmittelbar noch mittelbar dem Vertragsarbeitgeber zugute, der eigene wirtschaftliche Zwecke verfolgt, die sich von denen des Weisungsberechtigten unterscheiden. Daher wird auch bei der Arbeitnehmerüberlassung nach dem AÜG zu Recht gefordert, dass eine Regelung im Arbeitsvertrag zur Übertragung des Weisungsrechts aufgenommen ist.[57]

Bei der Umsetzung der Matrixorganisation kommt es grundsätzlich nicht dazu, dass der Vertragsarbeitgeber das gesamte Weisungsrecht einem Dritten zu eigenen Zwecken überlässt. Vielmehr behält er regelmäßig das sog. disziplinarische Weisungsrecht.[58] Dort erfolgt in der Regel weiterhin die Personalverwaltung; gegebenenfalls besteht ein Rückrufrecht oder der Arbeitnehmer partizipiert noch an den betrieblichen Sozialeinrichtungen des Vertragsarbeitgebers.[59] Die steuernde Einheit hat vor allem das fachliche Weisungsrecht inne und kann unternehmensübergreifend die Arbeitnehmer im Konzern dirigieren und dadurch die in einer Matrixorganisation typische Arbeitsorganisation realisieren.[60] Der Dritte erteilt vor allem fachliche Weisungen, so dass mehrere Personen das Direktionsrecht (anteilig) ausüben.[61] Die fachlichen Weisungen erstrecken sich häufig auf den Gegenstand der Arbeitsleistung, können aber auch die Arbeitszeit und die Urlaubsgewährung erfassen. Das gilt insbesondere, wenn der Vorgesetzte des Geschäftsbereichs die Arbeitsabläufe steuert.

---

[55] BeckOGK/*Maties* (1.9.2016) § 613 BGB Rn. 60; s. auch MüKoBGB/*Müller-Glöge* § 613 Rn. 23; a. A. Erman/*Edenfeld*, BGB, § 613 Rn. 5; Staudinger/*Richardi*/*Fischinger*, BGB, § 613 Rn. 26, 32.
[56] Vgl. zu dieser Differenzierung HWK/*Lembcke* § 106 GewO Rn. 7a; *Moll*, FS Wank, 2014, S. 375, 376 ff.
[57] Staudinger/*Richardi*/*Fischinger*, BGB, § 613 Rn. 29; vgl. auch BGH 11.12.2003, NJW-RR 2004, 696, 697.
[58] LAG Baden-Württemberg 28.5.2014 – 4 TaBV 7/13, BeckRS 2014, 70642; *Fitting*, BetrVG, § 5 Rn. 226b; *Kort*, NZA 2013, 1318, 1319; *Neufeld*, AuA 2012, 219, 220.
[59] *Fitting*, BetrVG, § 5 Rn. 226b; *Kort*, NZA 2013, 1318, 1324.
[60] LAG Baden-Württemberg 28.5.2014 – 4 TaBV 7/13, BeckRS 2014, 70642; *Fitting*, BetrVG, § 5 Rn. 226c; *Kort*, NZA 2013, 1318, 1319; *Neufeld*, AuA 2012, 219, 220.
[61] *Kort*, NZA 2013, 1318, 1319; anders *Neufeld*/*Michels*, KSzW 2012, 49, 53, von einem Verbleib des Weisungsrechts beim Vertragsarbeitgeber ausgehend (nur temporäre Übertragung des Weisungsrechts).

Praktische Probleme ergeben sich zusätzlich daraus, dass es häufig an einer ausdrücklichen Vereinbarung oder an der Dokumentation für die Übertragung des Weisungsrechts fehlt.[62] Konkludente Vereinbarungen liegen vor allem bei Positionen vor, mit denen eine unternehmensübergreifende Tätigkeit zwangsläufig verbunden ist. In jedem Fall empfiehlt sich für eine rechtssichere Durchführung des Arbeitsvertrages in einer Matrixorganisation zu dokumentieren, wer zu Weisungen in welchem Bereich berechtigt ist.[63] Dies bedarf zudem einer regelmäßigen Aktualisierung.

Im Einzelfall können sich Zweifel ergeben, ob es sich um eine wirksame Stellvertretung handelt. Die Wahrung der Offenkundigkeit der Stellvertretung ist zwar durch ein unternehmensbezogenes Handeln möglich, Unklarheiten können sich aus der Art der Kommunikation ergeben (z. B. Verwendung der Unternehmensdaten des Arbeitgebers des Matrixvorgesetzten im Adressfeld der E-Mail).[64] Offenkundig ist die Stellvertretung, wenn dem Arbeitnehmer das Tätigwerden des Matrixvorgesetzten für den Vertragsarbeitgeber mitgeteilt wurde. Das stellt zugleich den Bezug der Weisungen zum Unternehmenszweck des Arbeitgebers her. Das wird sicher nicht immer der Fall sein. Praktisch wird der Weisungsberechtigte in der Regel einen Geschäftsbereich leiten, in den sich auch der Betrieb des Vertragsarbeitgebers einfügt. Dabei ist es nicht erforderlich, dass der Betrieb nur den Zweck eines Geschäftsbereichs erfüllt. Er kann durchaus auf mehrere Geschäftsbereiche bezogen sein. Insofern werden die Weisungen des Matrixmanagers sowohl den übergeordneten Interessen des Geschäftsbereichs als auch des Betriebes des Vertragsarbeitgebers dienen. Auch aus der Sicht eines verständigen Dritten bleibt die Weisung auf eine Tätigkeit bezogen, die zumindest auch dem Unternehmen des Vertragsarbeitgebers dient, so dass ein unternehmensbezogenes Geschäft vorliegt und somit eine wirksame Form der Stellvertretung.

Insofern ist – unabhängig von der rechtlichen Beurteilung – die Aufnahme einer Matrixklausel in den Vertrag zielführend. Darüber hinaus ist es für die Durchführung des Arbeitsvertrages und des Betriebsverfassungsrechts ratsam, die Weisungsberechtigten festzuhalten. Ein entsprechendes Vorgehen kann auch zwischen Betriebsrat und Arbeitgeber vereinbart und durch Informationspflichten des Arbeitgebers gegenüber dem Betriebsrat verbunden werden.[65]

---

[62] Dazu *Lützeler*, in: Braun/Wisskirchen, Konzernarbeitsrecht, II.3 Rn. 185.
[63] *Lützeler*, in: Braun/Wisskirchen, Konzernarbeitsrecht, II.3 Rn. 186; s. auch *Weller*, AuA 2013, 344, 345 f.
[64] Dazu HWK/*Lembcke* § 106 GewO Rn. 7a.
[65] Dazu unter J. mit einem Formulierungsbeispiel.

D. Betrieb und Betriebszugehörigkeit in Unternehmen mit Matrixorganisation

I. Betriebsbegriff

1. Betriebsbegriff und Folgerungen für Unternehmen mit Matrixorganisation

a) Zur Entwicklung und Abgrenzung des Betriebsbegriffs

Die Arbeitnehmerrepräsentation durch das BetrVG knüpft an den Betrieb als räumlich-sachliche Organisationseinheit an (§ 1 Abs. 1 BetrVG), der zu den Grundbegriffen der Betriebsverfassung zählt. Trotz aller Veränderungen in der Produktion und Organisation von Arbeit blieb es grundsätzlich bei dem von *Jacobi* geprägten und von *Hueck* weiterentwickelten funktionalen Betriebsbegriff[66], auch wenn seine Aussagekraft in den Randbereichen der Betriebsverfassung begrenzt ist. Die Diskussion um den Betriebsbegriff schwankt zwischen den Polen „Entscheidungsnähe" und „Arbeitnehmernähe" der Arbeitnehmerrepräsentation. Ersteres betont die Nähe zum Entscheidungsträger auf Arbeitgeberseite und damit zur Leitungsmacht der arbeitstechnischen Einheit Betrieb, Letzteres betont die Nähe zu den repräsentierten Arbeitnehmern und die Abgrenzung einer zusammengehörigen, in räumlicher Nähe agierenden Gruppe, der eine soziale Verbundenheit eigen ist.[67]

Nach ständiger Rechtsprechung ist ein Betrieb die organisatorische Einheit, innerhalb derer ein Unternehmen allein oder in Gemeinschaft mit seinen Mitarbeitern mit Hilfe von sachlichen und immateriellen Mitteln bestimmte arbeitstechnische Zwecke fortgesetzt verfolgt[68] und nicht nur den Eigenbedarf befrie-

---

[66] *Jacobi*, FS Ehrenberg, 1927, S. 1, 9; *Hueck/Nipperdey*, Arbeitsrecht I, S. 93 f.
[67] Dazu *Henssler*, FS Küttner, 2006, S. 479, 481 f.; *Krause*, Gutachten 71. DJT, 2016, B 89.
[68] BAG 23.9.1982, AP BetrVG 1972 § 4 Nr. 3 (III.1); 7.8.1986, AP BetrVG 1972 § 1 Nr. 5 (II.2.a); 29.1.1987, AP BetrVG 1972 § 1 Nr. 6 (III.1); 31.5.2007, AP BetrVG 1972 § 111 Nr. 65 Rn. 18; 13.8.2008, NZA-RR 2009, 255 Rn. 18; 9.12.2009, AP BetrVG 1972 § 4 Nr. 19 Rn. 22; *Fitting*, BetrVG, § 1 Rn. 63; GK-BetrVG/*Franzen* § 1 Rn. 28; *Hueck*/

digt[69]. Die eingesetzten Betriebsmittel müssen für die Betriebszwecke „zusammengefasst, geordnet und gezielt eingesetzt und der Einsatz der Arbeitskräfte von einem einheitlichen Leitungsapparat gesteuert" werden.[70] Das BAG legt seiner Rechtsprechung wie beim Arbeitnehmerbegriff eine typologische Methode zugrunde, während die Literatur eine teleologische Auslegung des Betriebsbegriffs favorisiert.[71] Unabhängig davon ist für die Abgrenzung des Betriebs ein einheitlicher Rechtsträger ein Indiz für einen Betrieb. Erst § 1 Abs. 2 BetrVG bezieht den gemeinsamen Betrieb zweier Rechtsträger in die Betriebsverfassung ein. Entscheidend ist darüber hinaus die Verfolgung eines arbeitstechnischen Zwecks unter einheitlicher Leitung. Diese muss die sozialen und personellen Angelegenheiten im Betrieb entscheiden und den Betrieb insofern führen. Zentrale Kriterien für die Abgrenzung von Betrieben sind daher die Einheitlichkeit des Rechtsträgers, der gemeinsame arbeitstechnische Zweck, die einheitliche Leitung und die räumliche Nähe von gewisser Dauer.[72] Auch dem Bestehen einer Betriebsgemeinschaft wird Bedeutung beigemessen.[73] Die Leistungsfähigkeit der Kriterien variiert und ihre Relevanz ist im Einzelnen umstritten. Kombiniert werden organisations- und belegschaftsbezogene Aspekte, auch wenn der funktionelle Betriebsbegriff das Vorliegen eines institutionell abgesicherten einheitlichen Leitungsapparats, der die Arbeitgeberfunktion in personellen und sozialen Angelegenheiten im Wesentlichen wahrnimmt, in den Vordergrund rückt.[74] Damit wird die notwendige Nähe des Mitbestimmungsgremiums zum Entscheidungsträger betont.[75]

Nipperdey, Arbeitsrecht I, S. 93; *Nikisch*, Arbeitsrecht I, S. 150 ff.; *Richardi*, BetrVG, § 1 Rn. 16 ff.; *Wiese*, FS Gaul, 1992, S. 553, 559; *Henssler*, FS Küttner, 2006, S. 479, 480 f.

69 Z. B. DKKW/*Trümner*, BetrVG, § 1 Rn. 42; *Fitting*, BetrVG § 1 Rn. 65; GK-BetrVG/*Franzen* § 1 Rn. 28; *Richardi*, BetrVG, § 1 Rn. 50; a. A. DKKW/*Trümner*, BetrVG, § 1 Rn. 42 unter Verweis auf die ILO-Konvention Nr. 189.

70 BAG 14.12.1994, AP BetrVG 1972 § 5 Rotes Kreuz Nr. 3; 31.5.2007 AP BetrVG 1972 § 111 Nr. 65 Rn. 18; GK-BetrVG/*Franzen* § 1 Rn. 28.

71 Siehe Fn. 68.

72 Vgl. z. B. BAG 23.9.1982, AP BetrVG 1972 § 4 Nr. 3 (III.1); 7.8.1986, AP BetrVG 1972 § 1 Nr. 5 (II.2.a); 25.9.1986, AP BetrVG 1972 § 1 Nr. 7 (3); *Fitting*, BetrVG, § 1 Rn. 68 ff.; GK-BetrVG/*Franzen* § 1 Rn. 36 ff.; *Richardi*, BetrVG, § 1 Rn. 22 ff.

73 DKKW/*Trümner*, BetrVG, § 1 Rn. 87 (Indiz, wenn keine räumliche Trennung der Arbeitsstätten); *Gamillscheg*, Kollektives Arbeitsrecht II, S. 274 ff.; *Kohte*, RdA 1992, 302, 310; *Richardi*, BetrVG, § 1 Rn. 20; krit. GK-BetrVG/*Franzen* § 1 Rn. 41; s. auch BAG 23.9.1982, AP BetrVG 1972 § 4 Nr. 3 (III.2).

74 BAG 23.9.1982, AP BetrVG 1972 § 4 Nr. 3 (III.2); 17.2.1983, AP BetrVG 1972 § 4 Nr. 4 (II.1); 21.7.2004, AP BetrVG 1972 § 4 Nr. 15 (B.I.2.a); 17.1.2007, AP BetrVG 1972 § 4 Nr. 18 Rn. 15; 31.5.2007, AP BetrVG 1972 § 111 Nr. 65 Rn. 18; 7.5.2008, AP BetrVG 1972 § 1 Nr. 19 Rn. 19; 9.12.2009, AP BetrVG 1972 § 4 Nr. 19 Rn. 24; s. auch BAG

Abweichend von der herrschenden Meinung erachten insbesondere *Joost* und *Gamillscheg* die organisatorische Einheit, die Arbeitsmittel und den gemeinsamen arbeitstechnischen Zweck nicht für konstitutiv für den Betriebsbegriff.[76] Betrieb sei vielmehr eine Gruppe von Arbeitnehmern, die eine arbeitnehmernahe gemeinsame Repräsentation erhalten.[77] Im Vordergrund stehe somit die räumliche Verbundenheit der Arbeitnehmer. Danach sei der Betrieb ein „auf gewisse Dauer angelegter Tätigkeitsbereich eines Arbeitgebers, in dem er Arbeitnehmer in räumlicher Verbundenheit beschäftigt".[78] Damit rückte insbesondere die einheitliche Leitungsmacht in sozialen und personellen Angelegenheiten in den Hintergrund. Weniger bedeutsam ist insofern ein einheitlicher Ansprechpartner für den Betriebsrat. *Joost* richtet die Betriebsverfassung nicht nach den Entscheidungsstrukturen im Unternehmen aus, sondern sieht vielmehr den Arbeitgeber gezwungen, eine einheitliche Leitung für den räumlichen Tätigkeitsbereich zu schaffen.[79]

Dieser Ansatz sollte Bewusstsein schaffen für die sozialen Realitäten, die eine Arbeitnehmerrepräsentation prägen. Angesichts der bestehenden gesetzlichen Regelungen kann die räumliche Verbundenheit jedoch nicht allein maßgebend sein.[80] Im Umkehrschluss zu § 4 Abs. 1 S. 1 BetrVG ergibt sich, dass sowohl die räumliche Verbundenheit als auch Zusammengehörigkeit durch Aufgaben und Organisation für den Betriebsbegriff des BetrVG wesentlich sind. Die Funktion der betrieblichen Mitbestimmung rückt zudem die Leitungsmacht weiter in den Vordergrund. Die räumliche Entfernung von Betriebsteilen oder ihre organisatorische Verselbständigung führt gemäß § 4 Abs. 1 BetrVG unterhalb der Ebene des Betriebs zu betriebsratsfähigen Einheiten. Unabhängig davon kann der Betriebsrat durch die Bildung von Ausschüssen nach § 28 BetrVG der räumlichen Nähe von Arbeitnehmergruppen im Betrieb autonom Rechnung tragen, indem z. B. dem für einen Standort zuständigen Ausschuss einzelne Angelegenheiten zur selbständigen Erledigung übertragen werden. Die Schwierigkeiten bei der Abgrenzung von Betrieben mit einer Vielzahl von Außendienstmit-

---

18.1.1990, AP KSchG 1969 § 23 Nr. 9 (III.3.d zu § 23 KSchG); dazu GK-BetrVG/*Franzen* § 1 Rn. 36; *Konzen*, RdA 2001, 76, 80.
[75] Kritisch DKKW/*Trümner*, BetrVG, § 1 Rn. 56, 78 ff.
[76] *Joost*, Betrieb und Unternehmen, S. 112 ff., 166 f., 248, 265.
[77] *Joost*, Betrieb und Unternehmen, S. 112 ff., 166 f., 248, 265; ähnlich *Gamillscheg*, Kollektives Arbeitsrecht II, S. 272 ff.
[78] *Joost*, Betrieb und Unternehmen, S. 265.
[79] *Joost*, Betrieb und Unternehmen, S. 270 ff.
[80] GK-BetrVG/*Franzen* § 1 Rn. 29; *Hanau*, ZfA 1990, 115, 118 f.; *Heither*, JArbR 36 (1999), 37, 42; *Löwisch*, FS Kissel, 1994, S. 679, 681 Fn. 4.

arbeitern oder Telearbeitnehmern hat der Gesetzgeber durch die zum 1.8.2001 in Kraft getretene Änderung des § 5 Abs. 1 S. 1 BetrVG geklärt. Trotz der mangelnden räumlichen Verbundenheit mit der übrigen Belegschaft werden sie dem Betrieb, für den sie tätig sind, zugeordnet. Diese Zuordnungsentscheidung des Gesetzgebers wirkt sich auch bei Matrixorganisationen aus, in denen es zu einem digitalen Zusammenwirken von Arbeitnehmern an ganz unterschiedlichen Arbeitsorten typisch ist. Im Ergebnis ist der funktionale Betriebsbegriff, den die Rechtsprechung zugrunde legt, vorzuziehen.

Die räumliche Nähe ist für die Abgrenzung des Betriebs indes nicht irrelevant. Aus dem räumlichen Bezug ergibt sich regelmäßig ein Maß an Interaktion zwischen den Arbeitnehmern bzw. ein Unterworfensein unter einheitliche arbeitsorganisatorische Vorgaben, die eine gemeinsame Interessenvertretung nahelegen. Die für einen Betrieb erforderliche räumliche Nähe wird nach der Rechtsprechung regelmäßig durch die Einheit der Betriebsstätte indiziert.[81] Dass die räumliche Verbundenheit vom BetrVG nicht als zu strenges Kriterium für die Abgrenzung eines Betriebs verstanden wurde, zeigen § 4 Abs. 1 S. 1 Nr. 1 und § 5 Abs. 1 S. 1 a. E. BetrVG. Danach sind auch räumlich weit vom Hauptbetrieb entfernte Betriebsstätten Teil des Betriebs, können aber eine eigene Arbeitnehmervertretung wählen. Zudem sind auch Personen Teil des Betriebs, die nur minimal vor Ort mit den anderen Angehörigen des Betriebs zusammenwirken. § 5 Abs. 1 S. 1 a. E. BetrVG betrifft zwar nur die Betriebszugehörigkeit der Außendienstmitarbeiter und Telearbeitnehmer. Daraus lässt sich zumindest indirekt ein Rückschluss auf den Betriebsbegriff ziehen, der die Annahme, die sich aus § 4 Abs. 1 S. 1 Nr. 1 BetrVG ergibt, bestätigt. Die Kriterien zur Abgrenzung des Betriebs sind letztlich Indizien, wobei jeweils Kontrollüberlegungen im Hinblick auf die Arbeitnehmer- bzw. Entscheidungsnähe der Arbeitnehmerrepräsentation erfolgen sollten.[82]

Die Anforderungen an die einheitliche Leitung zur Abgrenzung des Betriebs verlangt nach herrschender Ansicht nicht, dass die Betriebsleitung die Entscheidungsmacht für alle sozialen und personellen Angelegenheiten innehat. Es genügt vielmehr, wenn der einheitliche Leitungsapparat die Entscheidungsbefugnis vor allem in Bezug auf Einstellungen und Entlassungen, die Personalplanung, die Arbeitsverteilung, die Anwendung technischer Einrichtungen oder die Verteilung der Arbeitszeit, Urlaubsgewährung sowie Vergütungsfragen im

---

[81] BAG 23.9.1982, AP BetrVG 1972 § 4 Nr. 3; *Fitting*, BetrVG, § 1 Rn. 74; krit. *Gamillscheg*, Kollektives Arbeitsrecht II, S. 273 f.; *Joost*, Betrieb und Unternehmen, S. 232 ff., 241 ff., 265.
[82] *Henssler*, FS Küttner, 2006, S. 479, 482.

Wesentlichen steuert.[83] Die fachliche Zuständigkeit oder wirtschaftliche Verantwortlichkeit kann davon abweichend zugewiesen sein. Dabei sind keine allzu hohen Anforderungen zu stellen, um die Handhabbarkeit der Abgrenzung zu gewährleisten.

Das BAG ließ es zunächst ausreichen, dass der Betriebsleiter institutionell die Leitung wahrnahm, auch wenn er nicht die Kompetenz für alle betriebsverfassungsrechtlich relevanten Maßnahmen hatte.[84] Unschädlich ist, dass er nach zentralen Weisungen handelt.[85] Dies wird gegenwärtig – angesichts unternehmerischer Weisungen gegenüber der Betriebsleitung – wieder betont. Wenn sich die Betriebsleitung vor ihren Entscheidungen in personellen und sozialen Angelegenheiten durch die zentrale Personalabteilung beraten lassen muss, hat dies keine Konsequenzen für die Abgrenzung der Betriebe.[86] Einem einheitlichen Leitungsapparat schadet es zudem nicht, wenn die Verantwortung auf mehrere Personen aufgeteilt ist.[87] Auf Seiten des Arbeitgebers agiert lediglich eine Mehrzahl von Personen, so dass der Arbeitgeber bei der Mitbestimmung darauf achten muss, dass er im Rahmen der vertrauensvollen Zusammenarbeit den jeweils zuständigen Vorgesetzten als Verhandlungspartner beauftragt.[88]

b) **Selbständiger Betriebsteil nach § 4 Abs. 1 S. 1 BetrVG**

Die Besonderheiten bei der Abgrenzung von Betrieben in Unternehmen und Konzernen mit Matrixstruktur lassen sich nur dann adäquat abbilden, wenn zugleich in Bedacht genommen wird, dass die Veränderung der Entscheidungsstrukturen zwar zu einer abweichenden Abgrenzung des Betriebs führen mag, aber stets eine adäquate Interessenvertretung sichergestellt sein muss. Sofern die räumliche Ausdehnung des Betriebs eine angemessene Betreuung der repräsentierten Arbeitnehmer in den mitbestimmungspflichtigen Angelegenheiten erschwert und eine ordnungsgemäße Repräsentation der Belegschaft des Betriebsteils durch einen beim Hauptbetrieb ansässigen Betriebsrat wegen der räumlichen Entfernung nicht mehr mit der nötigen Intensität und Sachkunde sichergestellt ist, er-

---

[83] DKKW/*Trümner*, BetrVG, § 1 Rn. 79; GK-BetrVG/*Franzen* § 1 Rn. 43; HWK/*Henssler* § 1 BetrVG Rn. 7; *Richardi*, BetrVG, § 1 Rn. 30; s. auch *Konzen*, Unternehmensaufspaltungen, S. 76 f.; *Preis*, RdA 2000, 257, 279.
[84] BAG 23.9.1982, AP BetrVG 1972 § 4 Nr. 3 (III.2).
[85] BAG 23.9.1982, AP BetrVG 1972 § 4 Nr. 3 (III.2).
[86] BAG 9.12.2009, AP BetrVG 1972 § 4 Nr. 19 Rn. 28.
[87] DKKW/*Trümner*, BetrVG, § 1 Rn. 81.
[88] DKKW/*Trümner*, BetrVG, § 1 Rn. 81.

reicht die Arbeitnehmerbeteiligung nicht mehr ihr Ziel.[89] § 4 Abs. 1 S. 1 Nr. 1 BetrVG erlaubt in diesem Fall die Errichtung eines Betriebsrats in räumlicher Nähe zu den Arbeitnehmern, um deren effektiver Vertretung zu ermöglichen.[90]

Ein Betriebsteil ist auf den Zweck des Hauptbetriebs ausgerichtet und in dessen Organisation eingegliedert.[91] Für das Vorliegen eines Betriebsteils i. S. von § 4 Abs. 1 BetrVG bedarf es entweder einer weiten räumlichen Entfernung vom Hauptbetrieb oder einer in ihren Aufgaben und ihrer Organisation eigenständigen Einheit. Insofern muss der Betriebsteil gegenüber dem Hauptbetrieb organisatorisch abgrenzbar und relativ verselbständigt sein.[92] Das BAG verweist darauf, dass für die Abgrenzung von Betrieb und Betriebsteil der Grad der Verselbständigung entscheidend ist, was der Umfang der Leitungsmacht zum Ausdruck bringe.[93] Anders als beim Betrieb genügt es für den Betriebsteil, wenn in der Einheit wenigstens eine Person mit Leitungsmacht vorhanden ist, die Weisungsrechte des Arbeitgebers ausübt.[94] Insofern reicht ein Mindestmaß an organisatorischer Selbständigkeit gegenüber dem Hauptbetrieb aus.[95]

Das BAG verlangt für das Bestehen eines Betriebsteils i. S. von § 4 Abs. 1 S. 1 Nr. 1 BetrVG eine organisatorische Verselbstständigung, die sich in Form örtlicher Leitungsmacht zeigt.[96] Nur unter dieser Voraussetzung wird aus der Belegschaft und den Sachmitteln ein als eigenständige Einheit zu begreifender Betriebsteil, in dem Entscheidungen gerade für die dort zusammenarbeitende

---

[89] Vgl. dazu BAG 24.2.1976, AP BetrVG 1972 § 4 Nr. 2; 17.2.1983, AP BetrVG 1972 § 4 Nr. 4; 20.6.1995, AP BetrVG 1972 § 4 Nr. 8 (B.I.2); 14.1.2004, AiB 2005, 459 (Leitsatz).
[90] Vgl. BAG 7.5.2008, NZA 2009, 328 Rn. 26; 24.4.2013, AP BetrVG 1972 § 3 Nr. 11 Rn. 28; dazu ErfK/*Koch* § 4 BetrVG Rn. 3; *Fitting*, BetrVG, § 4 Rn. 17; GK-BetrVG/*Franzen* § 4 Rn. 10; *Witschen*, RdA 2016, 38, 43.
[91] BAG 17.1.2007, AP BetrVG 1972 § 4 Nr. 18 Rn. 23; 7.5.2008, NZA 2009, 328 Rn. 29; 9.12.2009, AP BetrVG 1972 § 4 Nr. 19 Rn. 25; ErfK/*Koch* § 4 BetrVG Rn. 2; *Fitting*, BetrVG, § 4 Rn. 7.
[92] BAG 19.2.2002, AP BetrVG 1972 § 4 Nr. 13 (B.II.1.a); 17.1.2007, AP BetrVG 1972 § 4 Nr. 18 Rn. 15.
[93] BAG 17.1.2007, AP BetrVG 1972 § 4 Nr. 18 Rn. 15.
[94] BAG 29.5.1991, AP BetrVG 1972 § 4 Nr. 5 (B.II.2); 20.6.1995, AP BetrVG 1972 § 4 Nr. 8 (B.I.2); 19.2.2002, AP BetrVG 1972 § 4 Nr. 13 (B.II.1.a); 17.1.2007, AP BetrVG 1972 § 4 Nr. 18 Rn. 15; 9.12.2009, AP BetrVG 1972 § 4 Nr. 19 Rn. 23 f.; *Fitting*, BetrVG, § 4 Rn. 8; GK-BetrVG/*Franzen* § 4 Rn. 4.
[95] BAG 29.5.1991, AP BetrVG 1972 § 4 Nr. 5 (B.II.2); 20.6.1995, AP BetrVG 1972 § 4 Nr. 8 (B.I.2); 19.2.2002, AP BetrVG 1972 § 4 Nr. 13 (B.II.1.a); 17.1.2007, AP BetrVG 1972 § 4 Nr. 18 Rn. 15; 9.12.2009, AP BetrVG 1972 § 4 Nr. 19 Rn. 23.
[96] Vgl. Voraussetzungen für einen Betriebsteil i. S. von § 4 Abs. 1 BetrVG BAG 20.6.1995, AP BetrVG 1972 § 4 Nr. 8; 17.1.2007, AP BetrVG 1972 § 4 Nr. 18 Rn. 15; 7.5.2008, NZA 2009, 328 Rn. 19.

Belegschaft getroffen werden. Die Bedeutung des Kriteriums sollte nicht zu stark gewichtet werden.[97] Das ergibt sich auch aus der Abgrenzung von § 4 Abs. 1 Nr. 1 und 2 BetrVG. Nur wenn alle Arbeitnehmer eines Standorts auf derselben Hierarchieebene stehen oder in unterschiedliche Berichtslinien eingeordnet sind und sich deshalb untereinander keine Weisungen erteilen können, fehlt eine organisatorische Leitung, die Personal und Sachmittel zu einer organisatorischen Einheit macht.[98] Das macht es nicht erforderlich, dass der Weisungsberechtigte vor Ort mitarbeitet, solange er den Betriebsteil als organisatorische Einheit zusammenfasst und leitet.

Der örtliche Bezug richtet sich vor allem auf die Einheit von Personal und Sachmitteln, die aufgrund ihrer tatsächlichen sozialen Präsenz zu einer Interaktion führen, mit der gemeinsame Interessenlagen bei der Belegschaft entstehen, die die betriebliche Mitbestimmung berücksichtigt und in Regelungen für den Betriebsteil umsetzen kann. Die räumliche Entfernung Einzelner schließt dies nicht aus, solange örtlich eine Organisationseinheit besteht. Die Übertragung von Weisungsrechten – die für die Matrixorganisation typisch ist – kann die soziale Realität einer räumlich zusammenarbeitenden Gruppe von Arbeitnehmern nicht beseitigen. Insofern sind die Anforderungen an das Vorliegen eines Betriebsteils hinsichtlich der Leitung nicht zu hoch zu hängen. Der Betriebsrat des Betriebsteils verhandelt letztlich ohnehin mit der Leitung des Gesamtbetriebs i. S. von § 1 Abs. 1 S. 1 BetrVG.[99]

c) Keine Weiterentwicklung des Betriebsbegriffs mit Rücksicht auf die Matrixorganisation

aa) Folgen der Matrixorganisation für die Abgrenzung des Betriebsbegriffs

Bei Unternehmen und Konzernen mit Matrixorganisation kommt es zur Aufteilung von Weisungsrechten und zur Veränderung der Führungsstruktur. Letztere ist zum Teil unabhängig von der Einteilung des Unternehmens in Betriebs-

---

[97] *Gamillscheg*, Kollektives Arbeitsrecht, Bd. II, S. 254; *Witschen*, RdA 2016, 38, 43; vgl. auch BetrVG BAG 20.6.1995, AP BetrVG 1972 § 4 Nr. 8; 17.1.2007, AP BetrVG 1972 § 4 Nr. 18 Rn. 15; 7.5.2008, NZA 2009, 328 Rn. 19; ArbG Frankfurt 21.7.2009 – 12 BV 184/09 Rn. 50 (juris).
[98] Vgl. *Witschen*, RdA 2016, 38, 43, der sich für eine Aufgabe dieser Anforderung für die Annahme eines Betriebsteils ausspricht.
[99] BAG 19.2.2002, AP BetrVG 1972 § 4 Nr. 13 (B.II.1.a); 7.5.2008, AP BetrVG 1972 § 1 Nr. 19 Rn. 19; ErfK/*Koch* § 4 BetrVG Rn. 3; *Witschen*, RdA 2016, 38, 43.

stätten unter einer einheitlichen Leitung. Daraus ergeben sich zum einen Fragen bei der Abgrenzung von Betrieben, zum anderen ist eine Änderung des Betriebsbegriffs zu erwägen, damit dieser besser geeignet ist, Betriebe in einer Matrixorganisation zu erfassen. Sofern der Betrieb von zwei Unternehmen, also zwei Rechtsträgern, geleitet wird, liegt gegebenenfalls kein Betrieb i. S. von § 1 Abs. 1 BetrVG, sondern ein gemeinsamer Betrieb nach § 1 Abs. 2 BetrVG vor, wenn sich die Leitungsmacht auch auf die sozialen und wirtschaftlichen Angelegenheiten bezieht.[100] Schwierigkeiten bei der Berücksichtigung der Matrixorganisation im Rahmen der Betriebsverfassung bereitet die enorme Varianz an Gestaltungsformen, zumal sie frei mit hierarchischen Elementen kombiniert werden kann. Das erschwert allgemeingültige Aussagen. Hinzu kommt, dass die Rechtsprechung wegen ihrer eher typologischen Herangehensweise stets eine Gesamtbetrachtung vornehmen wird. Daher lässt sich nur holzschnittartig aufzeigen, welche Organisationsentscheidungen Konsequenzen für die Abgrenzung der Betriebe haben.

Die Matrixorganisation hat vor allem in drei Bereichen Veränderungen zur Folge: Die fachliche Leitung der Geschäftsbereiche erfolgt deutlich unabhängiger von der räumlichen Lage der Betriebsstätten. Daher ist es unproblematisch, Teile eines Betriebs, die z. B. einen eigenen Zweck verfolgen, auch bei großer räumlicher Entfernung in einen Geschäftsbereich einzuordnen. Wesentlich ist auch, dass durch die Mehrlinienorganisation häufig Entscheidungen nicht mehr vor Ort getroffen werden und damit eine stärkere Zentralisierung der Unternehmensleitung erfolgt. Insofern hat der funktionale Betriebsbegriff, der in besonderer Weise auf die Leitungsmacht in sozialen und personellen Angelegenheiten abstellt, zur Folge, dass die Betriebe gegebenenfalls deutlich größere Einheiten sind. Insofern muss angesichts der Unternehmen mit Matrixorganisation erneut erwogen werden, ob die Leitungsmacht oder die räumliche Entfernung das wesentliche Kriterium für die Abgrenzung des Betriebs ist.

bb) Mehrere arbeitstechnische Zwecke

Die arbeitstechnische Zwecksetzung eines Betriebs ist für dessen Abgrenzung kein trennscharfes Kriterium. Eine organisatorische Einheit kann grundsätzlich mehrere arbeitstechnische Zwecke verfolgen, die keinen spezifischen inhaltlichen Zusammenhang aufweisen müssen.[101] Ein anderes Herangehen würde die

---

[100] Siehe unten D.I.2.
[101] Z. B. BAG 23.9.1982, AP BetrVG 1972 § 4 Nr. 3 (III.2.a); 25.9.1986, AP BetrVG 1972 § 1 Nr. 7 (3); 14.12.1994, AP BetrVG 1972 § 5 Rotes Kreuz Nr. 3 (B.I.2.a); vgl. auch

organisatorische Einheit gegebenenfalls in eine Mehrzahl von Betrieben aufspalten. Gerade wenn für sie eine einheitliche soziale und personelle Leitung besteht, würde dies zu einer unnötigen Vervielfachung der Mitbestimmungsrechte führen, ohne dass dies durch die Funktion der betrieblichen Mitbestimmung geboten ist. Insofern kann es auch für die Abgrenzung des Betriebs in Unternehmen mit Matrixorganisation nicht maßgebend sein, wenn aufgrund der betriebsübergreifenden Leitungsstruktur eine räumliche Organisation für mehrere Geschäftsbereiche tätig ist. Auch der Umstand, dass zentrale Bereiche – wie Marketing, Vertrieb, Rechtswesen – vom Betrieb getrennt für das Unternehmen oder den Konzern vorgehalten werden, ist für die Abgrenzung des Betriebs unschädlich. Der arbeitstechnische Zweck, der einem Betrieb zugeordnet ist, muss seine unternehmerische Verwirklichung nicht in allen seinen Schritten im Betrieb erfahren. Das galt bereits für hierarchisch strukturierte Unternehmen[102] und ist keine Eigenart von Unternehmen mit Matrixorganisation.

Im Anschluss daran, dass mit einem Betrieb mehrere arbeitstechnische Zwecke verfolgt werden können, ist auch für die technische Leitung des Betriebs davon auszugehen, dass diese keine einheitliche sein muss.[103] Gerade wegen der zum Teil hohen fachlichen Spezialisierung kommt eine einheitliche Leitung in technischen Fragen nicht notwendig in Betracht. Folglich hat die Übertragung des fachlichen Weisungsrechts im Rahmen einer Matrixorganisation auf Vorgesetzte in anderen Betrieben bzw. Unternehmen keine Folge für die Abgrenzung des Betriebs, auf den dieser fachliche Vorgesetzte einwirkt. Solange seine Weisungen primär das Arbeitsverhalten der Arbeitnehmer betreffen, ergeben sich daraus ohnehin keine oder nur begrenzt Folgen für die Beteiligungsrechte des Betriebsrats. Sofern der fachlich Weisungsberechtigte Entscheidungen trifft, die für die Arbeitsabläufe vor Ort von Bedeutung sind, ist die von ihm ausgeübte Leitungsmacht mitbestimmungsrechtlich relevant. Insofern kommt es darauf an, welche Anforderungen an die Leitungsmacht für die Betriebsleitung zu stellen sind. Zum einen kann der Betrieb weiterhin vom Vertragsarbeitgeber geleitet werden, zum anderen kann der Geschäftsbereich oder eine Untereinheit davon ein Betrieb i. S. von § 1 Abs. 1 BetrVG sein.

BAG 7.8.1986, AP BetrVG 1972 § 1 Nr. 5 (II.2.a); 29.1.1987, AP BetrVG 1972 § 1 Nr. 6 (III.1); *Fitting*, BetrVG, § 1 Rn. 69; GK-BetrVG/*Franzen* § 1 Rn. 38; *Richardi*, BetrVG, § 1 Rn. 24.

[102] Vgl. BAG 9.5.1958, AP BetrVG § 3 Nr. 1; 1.2.1963, AP BetrVG § 3 Nr. 5; 23.9.1982, AP BetrVG 1972 § 4 Nr. 3; *Nikisch*, Arbeitsrecht III, S. 34, 35; *Richardi*, BetrVG, § 1 Rn. 25.
[103] *Fitting*, BetrVG, § 1 Rn. 73; GK-BetrVG/*Franzen* § 1 Rn. 39; s. auch DKKW/*Wedde*, BetrVG, Einl. Rn. 115.

cc) **Anforderungen an die Leitungsmacht in personellen und sozialen Angelegenheiten**

Der für die Abgrenzung des Betriebs maßgebende einheitliche Leitungsapparat wird durch die Einführung der Matrixorganisation deutlich geschwächt, wenn grundlegende Entscheidungen auf Unternehmens- oder Konzernebene bzw. durch Vorgesetzte in anderen Unternehmen getroffen werden. Allerdings bestand auch bisher für die Abgrenzung des Betriebs nicht die Anforderung, dass sämtliche Entscheidungsbefugnisse in einer Hand liegen müssen. Es genügt, wenn die wesentlichen sozialen und personellen Angelegenheiten der Betriebsleitung zugeordnet sind.[104] Entscheidend ist somit, dass ein kompetenter Ansprechpartner für den Betriebsrat vorhanden ist. Eine Matrixorganisation mit standort- oder unternehmensübergreifenden Zuständigkeiten schließt es somit nicht aus, dass unabhängig davon weiterhin Betriebe bestehen.[105] Daraus ergeben sich vor allem Konsequenzen bei der Durchführung der betrieblichen Mitbestimmung, wo sich die Frage stellt, welche Person mit dem Betriebsrat verhandeln muss.

(1) Folgen der Aufteilung des fachlichen und disziplinarischen Weisungsrechts für den Betriebsbegriff

Die zweite Eigenart der Matrixorganisation, nämlich die Aufteilung der Entscheidungsbefugnisse auf eine Mehrzahl von Entscheidungsträgern, erzeugt ebenfalls Abgrenzungsprobleme für den Betriebsbegriff. Diese werden – angesichts der Vielgestaltigkeit der Matrixorganisation – sicher nicht in allen Fällen auftreten. Sofern die Entscheidungsbefugnisse in sozialen und personellen Angelegenheiten auf Personen außerhalb der Leitung der Betriebsstätte übergehen, stellt sich die Frage, ob und ab wann dies zu einer abweichenden Abgrenzung der Betriebe führt. Immerhin gibt es eine standortbezogene Leitung, die nicht alle Entscheidungsbefugnisse auf sich vereint, sowie einen oder mehrere Vorgesetzte im Geschäftsbereich, die die übrigen Entscheidungsbefugnisse wahrnehmen.

Insoweit wird man zwei Fallgruppen auseinander halten müssen. Sofern die Verlagerung von Entscheidungsmacht auf einen anderen Rechtsträger erfolgt, wird sich die Verringerung der Leitungsmacht nicht durch die abweichende Abgrenzung von Betrieben nach geltendem Recht kompensieren lassen. § 1 BetrVG beschränkt den Betrieb grundsätzlich auf einen Rechtsträger und sieht im Übrigen nur den gemeinsamen Betrieb als unternehmensübergreifende be-

---

[104] Siehe oben D.I.1.
[105] HWK/*Henssler* § 1 BetrVG Rn. 7.

triebsverfassungsrechtliche Einheit vor. Daher kann eine solche Verlagerung nur dadurch kompensiert werden, dass die Betriebsleitung gegenüber diesen Vorgesetzten vermittelt. Letztlich muss sie sich dessen Handeln zurechnen lassen, wenn sie das Weisungsrecht an ihn delegiert. Die Betriebsstätte beim Vertragsarbeitgeber, der durch die Matrixorganisation eigene Entscheidungsbefugnisse delegiert hat, bleibt jedoch ein Betrieb.[106]

Selbst wenn die Leitung durch die Vorgaben unternehmensfremder Dritter gebunden wird und damit nicht alle sozialen und personellen Angelegenheiten selbst entscheidet, ändert sich an der Abgrenzung der Betriebe grundsätzlich nichts. Es genügt, wenn die zentralen Entscheidungsbefugnisse, vor allem in Bezug auf Einstellungen und Entlassungen, Personalplanung, technische Einrichtungen oder Vergütungsfragen im Wesentlichen bei der Leitung verbleiben. Nur wenn dies nicht mehr der Fall ist, ändert sich die Betriebsabgrenzung. Gegebenenfalls kommt es zu einem Betriebsübergang. Insoweit ist eine Gesamtwürdigung wegen der Entgrenzung des Betriebs und der Veränderung der Weisungsstrukturen vorzunehmen.[107] Darüber hinaus kann der Konzernbetriebsrat beauftragt werden, gegebenenfalls ist er sogar originär zuständig. Eine Verbesserung der Arbeitnehmervertretung mag durch eine Vereinbarung nach § 3 BetrVG möglich sein.[108]

(2) Standort- und unternehmensübergreifende Entscheidungsfindung

Sofern die Matrixstruktur zur Folge hat, dass Entscheidungen, die den sozialen und personellen Angelegenheiten zuzuordnen sind, standort- oder unternehmensübergreifend bestimmt werden, reduziert sich jedoch die Entscheidungsmacht der Leitung vor Ort. Grundsätzlich schadet es bei der Abgrenzung von Betrieben zwar nicht, wenn die Leitung nach Maßgaben und Richtlinien der Unternehmensleitung oder Konzernobergesellschaft vorgehen muss, solange die Einzelfallentscheidung Sache der Betriebsleitung bleibt.[109] Über eine veränderte Abgrenzung des Betriebs ist jedoch nachzudenken, wenn die Leitung die Entscheidungen in sozialen und personellen Angelegenheiten vorgegeben erhält. Auch eine Übertragung einzelner Entscheidungen in sozialen und personellen Angelegenheiten auf den Vorgesetzten im Geschäftsbereich verringert

---

[106] Zur doppelten Betriebszugehörigkeit siehe D.III.
[107] *Franzen*, in: Giesen/Junker/Rieble, Industrie 4.0, S. 107, 112.
[108] Siehe D.II.
[109] *Fitting*, BetrVG, § 1 Rn. 71; GK-BetrVG/*Franzen* § 1 Rn. 43 f.; s. auch *Gramm* AuR 1964, 293, 295; *Henssler*, FS Küttner, 2006, S. 479, 486.

die Entscheidungsmacht der Leitung am Betriebsstandort und führt damit zu Problemen bei der Abgrenzung des Betriebs.[110]

Diese beiden Ursachen für eine Verringerung der Entscheidungskompetenzen der Leitung am Betriebsstandort sind getrennt zu betrachten. Die stärkere Zentralisierung von Entscheidungen auf der Unternehmens- und Konzernebene ist keine notwendige, wenngleich eine typische Folge einer Matrixorganisation. Kennzeichnend für die Matrixorganisation ist das Auseinanderfallen von fachlichem und disziplinarischem Weisungsberechtigten, so dass zwischen ihnen ein Abstimmungsbedarf besteht. Für die Betriebsabgrenzung ist insoweit zu berücksichtigen, dass die Betriebsratstätigkeit vor allem auf die sozialen und personellen Angelegenheiten der Arbeitnehmer bezogen ist. Für eine möglichst hohe Entscheidungsnähe kommt es somit darauf an, dass die organisatorische Einheit, die als Betrieb i. S. von § 1 Abs. 1 BetrVG eingeordnet wird, eine einheitliche Leitung in sozialen und personellen Angelegenheiten haben muss.[111] Die maßgebenden Entscheidungen in den zentralen Bereichen, die der betrieblichen Mitbestimmung unterliegen, müssen tatsächlich im Betrieb fallen[112], ansonsten laufen die Beteiligungsrechte des Betriebsrats vor Ort leer. Er wäre am falschen Ort gebildet.

Insofern stellt die Rechtsprechung zu Recht Anforderungen an einen eigenen Leitungsapparat im Betrieb.[113] Er muss sich auf die wesentlichen Funktionen des Arbeitgebers in sozialen und personellen Angelegenheiten erstrecken.[114] Die Zentralisierung der Entscheidungsbefugnisse kann somit zur Folge haben, dass der Betrieb als Einheit bei den übergeordneten Entscheidungsträgern anknüpfen muss, wenn die untergeordneten Personen keine eigene Leitungsmacht haben. Damit hat die Organisation des Unternehmens Folgen für die Abgren-

---

[110] DKKW/*Trümner*, BetrVG, § 1 Rn. 81.
[111] BAG 23.9.1982, AP BetrVG 1972 § 4 Nr. 3 (III.2.a); 25.9.1986, AP BetrVG 1972 § 1 Nr. 7 (3).
[112] BAG 23.9.1982, AP BetrVG 1972 § 4 Nr. 3 (III.2.a); 25.9.1986, AP BetrVG 1972 § 1 Nr. 7 (3); 22.6.2005, NZA 2005, 1248; *Dietz*, FS Nikisch, 1958, S. 23, 30; *Fitting*, BetrVG, § 1 Rn. 71 f.; GK-BetrVG/*Franzen* § 1 Rn. 43; *Konzen*, Unternehmensspaltung, S. 76 ff.; *Kreutz*, FS Wiese, 1998, S. 235, 238; *Richardi*, BetrVG, § 1 Rn. 27 f.; *Umnuß*, Organisation der Betriebsverfassung und Unternehmerautonomie, 1993, S. 154.
[113] BAG 14.12.1994, AP BetrVG 1972 § 5 Rotes Kreuz Nr. 3 (B.I.2.a); 25.9.1986, AP BetrVG 1972 § 1 Nr. 7 (3).
[114] BAG 11.2.2004, AP BetrVG 1972 § 1 Gemeinsamer Betrieb Nr. 22 (B.I.1); 22.6.2005, AP BetrVG 1972 § 1 Gemeinsamer Betrieb Nr. 23 (B.I.1), zum gemeinsamen Betrieb; *Fitting*, BetrVG, § 1 Rn. 71; GK-BetrVG/*Franzen* § 1 Rn. 43; *Haas/Salamon*, RdA 2008, 146, 148.

zung der Betriebe. Je zentraler das Unternehmen organisiert ist, desto eher sind mehrere Arbeitsstätten zu einem Betrieb zusammengefasst.

Das ist angesichts der Funktion des Betriebsrats und seiner Zuständigkeit für die sozialen und personellen Angelegenheiten nicht sachwidrig.[115] Allerdings wird ein solches Vorgehen – insbesondere bei Konzernen mit Matrixorganisation – nicht alle Probleme lösen, weil eine Reihe von Entscheidungen auf Konzernebene gefällt werden. Daher wird es Aufgabe der Betriebsleitung sein, gegenüber der Konzernspitze zu vermitteln.[116]

Dem wird in der Literatur zum Teil entgegengehalten, dass die Anforderungen an die Leitungsmacht im Betrieb dazu führt, dass es das Unternehmen in der Hand hat, durch organisatorische Maßnahmen Betriebe zu schaffen und zu beseitigen.[117] Die Betriebsverfassung als Arbeitnehmerpräsentation knüpft an die Wirklichkeit der Betriebsorganisation an. Sie hängt damit von den Organisationsentscheidungen des Arbeitgebers ab und schafft diese Organisation nicht selbst. Das ist Folge der unternehmerischen Entscheidungsfreiheit, die grundrechtlichen Schutz genießt, so dass die sich aus der Betriebsführung ergebenden Einheiten tatsächlich der Anknüpfungspunkt für die Arbeitnehmerbeteiligung sein müssen. Diese Eigenart der Betriebsverfassung belegt die abgestufte Ausgestaltung der Beteiligungsrechte des Betriebsrats, die gerade bei wirtschaftlichen Angelegenheiten vor allem auf Beratungsrechte beschränkt sind. Daher trägt auch nicht der Einwand, dass die Vertretung der Arbeitnehmerinteressen nicht davon abhängig sein könne, wie ein Unternehmen die Berichtslinien organisiere, zumal wenn diese zur Folge hat, dass die Leitung außerhalb Deutschlands belegen ist.[118] Schließlich hat das Unternehmen nicht die Pflicht, seine Struktur für die Arbeitnehmervertretung zu ändern.

Um dem Interesse an einer adäquaten Organisation der Arbeitnehmervertretung Rechnung zu tragen, räumt das BetrVG die Möglichkeit ein, Betriebsteile selbst zu organisieren, oder zumindest die Geschäftsführung des Betriebsrats so auszugestalten, dass durch entscheidungsbefugte Ausschüsse eine arbeitneh-

---

[115] *Fitting*, BetrVG, § 1 Rn. 72; kritisch *Gamillscheg*, AuR 2001, 411, 413; *Kittner*, AuR 1995, 385, 394; vgl. auch ArbG Frankfurt 21.7.2009 – 12 BV 184/09, BeckRS 2013, 72862.
[116] *Hamann/Rudnik*, jurisPR-ArbR 38/2015 Anm. 1.
[117] DKKW/*Trümner*, BetrVG, § 1 Rn. 65, 78 ff.; *Gamillscheg*, AuR 2001, 411, 413; *Kittner*, AuR 1995, 385, 394; ablehnend GK-BetrVG/*Franzen* § 1 Rn. 43; *Heither*, JArbR 36 (1999), 37, 42.
[118] DKKW/*Trümner*, BetrVG, § 1 Rn. 81; s. auch LAG Hessen 13.4.2011 – 8 Sa 922/10, BeckRS 2011, 75839; zustimmend *Kort*, NZA 2013, 1318, 1321.

mernahe Vertretung sichergestellt ist. Daneben erlaubt § 3 BetrVG eine Anpassungsmöglichkeit, die zudem auszubauen ist. Die gesetzliche Regelung der Betriebsverfassung bleibt insofern die gesicherte Grundlage, falls es nicht gelingt, geeignete Lösungen durch kollektive Vereinbarungen herbeizuführen.

Schließlich wird eine Zusammenfassung mehrerer Betriebsstätten zu einem Betrieb wegen der Entscheidungsstrukturen zum Teil für unvereinbar mit der Zielsetzung des BetrVG erachtet, vielmehr seien in einer Matrixorganisation die Anforderungen an das Mindestmaß organisatorischer Selbstständigkeit einer Einheit nicht zu überspannen.[119] Es müsse ausreichen, dass überhaupt Weisungsrechte des Arbeitgebers in der Einheit ausgeübt werden.[120] Das hat aber zur Konsequenz, dass der Betriebsrat an einem Standort ohne Leitungsapparat mit wesentlichen Entscheidungskompetenzen nur geringe (oder sogar keine) praktische Bedeutung hat.

Bei der Gesamtbetrachtung kann Berücksichtigung finden, ob und inwieweit die Organisation der Betriebsstätten voneinander abhängt bzw. miteinander verbunden ist. Das wird das Bestehen einer arbeitstechnischen Einheit, bei der eine einheitliche Arbeitnehmervertretung praktisch sachgerecht ist, beeinflussen. Darüber hinaus ist es bei entsprechender räumlicher Entfernung möglich, für die Betriebsteile nach § 4 Abs. 1 BetrVG eigene Vertretungen zu wählen, um eine möglichst arbeitnehmernahe Betriebsverfassung zu verwirklichen. Man mag dieses verstärkte Auftreten von Teilbetrieben für einen Widerspruch zur Idee der Betriebsverfassung halten. Doch diese Lösung ist gerade wegen der beiden Ideale der Betriebsverfassung – Mitbestimmung gegenüber dem Entscheidungsträger und zwar so arbeitnehmernah wie möglich – die richtige. § 4 Abs. 1 BetrVG lässt den Arbeitnehmern des Teilbetriebs die Wahl, ob sie sich durch den Betriebsrat des Einheitsbetriebs vertreten lassen oder ob sie im Interesse einer größeren Arbeitnehmernähe eine eigene Vertretung wählen, auch wenn deren Mitbestimmungsmöglichkeiten wegen der eingeschränkten Entscheidungsbefugnisse der Leitung nur gering sind.[121] Darüber hinaus legt das BetrVG dem Betriebsrat selbst die Instrumente in die Hände, um trotz eines relativ großen Betriebs eine standortspezifische oder gruppenspezifische Nähe zu den repräsentierten Arbeitnehmern herzustellen. Immerhin kann der Betriebsrat durch die Bildung von Ausschüssen, denen er sogar Angelegenheiten zur selbständigen Erledigung übertragen kann, selbst gestalten, wo er es für angezeigt hält.

---

[119] *Kort*, NZA 2013, 1318, 1321.
[120] *Kort*, NZA 2013, 1318, 1321.
[121] Vgl. z. B. ArbG Darmstadt 2.6.2016 – 6 BV 1914 (juris).

Ungeachtet dieser Begriffsabgrenzung bleibt es eine Eigenart der Unternehmen und Konzerne mit Matrixstruktur, dass die Entscheidungen vielfach in den Geschäftsbereichen fallen und in den Betrieben vor allem umgesetzt werden. Insoweit wird man darauf achten müssen, ob der Leitung im Betrieb Entscheidungsspielräume verbleiben. Es kommt nicht darauf an, dass sie allein entscheidet. Auf die Verlagerung der Entscheidungen auf andere Konzerngesellschaften bzw. die Konzernobergesellschaft kann dadurch reagiert werden, dass nicht nur im Unternehmen ein Wirtschaftsausschuss eingerichtet wird. Derzeit kann zumindest fakultativ ein Konzernbetriebsrat errichtet werden, um Beteiligungsrechte auf Konzernebene wahrzunehmen. Insofern wäre eine Ergänzung der Betriebsverfassung um einen Ausschuss für wirtschaftliche Angelegenheiten zielführend[122].

Darüber hinaus können Aufsichtsrat und Vorstand konkretisierende Absprachen dahingehend treffen, dass eine Informationsordnung vereinbart wird, um einen angemessenen Informationsfluss zwischen Aufsichtsrat und Vorstand sicherzustellen.[123] Dabei kann mit dem Vorstand auch vereinbart werden, die Berichtslinien der Mitarbeiter der Gesellschaft so zu organisieren, dass alle Arbeitnehmer (auch) innerhalb des Unternehmens berichten. Auf diese Weise wird sichergestellt, dass der Vorstand in hinreichendem Maße über Informationen (unmittelbar aus den Betrieben) verfügt, um seinen Berichtspflichten gegenüber dem Aufsichtsrat nachzukommen.

dd) Geschäftsbereich oder zentrale Einheit als Betrieb

Um ein Festhalten am Betriebsbegriff abschließend zu beurteilen, bedarf es der Kontrollüberlegung, ob der Geschäftsbereich in der Matrixorganisation die notwendig bessere Alternative für die Organisation der Arbeitnehmerbeteiligung ist.[124] Auf diese unterschiedlichen Linien ist die Verantwortung für die

---

[122] Vgl. zur bisherigen Rechtslage BAG 23.8.1989, AP BetrVG 1972 § 106 Nr. 7 („Der Konzernbetriebsrat kann keinen Wirtschaftsausschuß errichten."). Für die Zulässigkeit einer freiwilligen Vereinbarung über die Errichtung eines Konzernwirtschaftsausschusses de lege lata DKKW/*Däubler*, BetrVG, § 106 Rn. 19; Schaub/*Koch*, Arbeitsrechts-Handbuch, § 243 Rn. 11; vgl. auch GK-BetrVG/*Oetker* § 106 Rn. 30, der darauf verweist, dass ein Ausschuss des Konzernbetriebsrats für wirtschaftliche Angelegenheiten installiert werden kann, dessen Befugnisse sich dann nicht aus den §§ 106 ff. BetrVG, sondern aus der Vereinbarung ergeben; a. A. Richardi/*Annuß*, BetrVG, § 106 Rn. 9.
[123] Vgl. Ziff. 3.4 DCGK; ausführlich *Hopt/Roth*, Großkommentar AktG, § 111 Rn. 182 ff.
[124] Kritisch zum Betriebsbegriffs als Grundbegriff für die Organisation der Betriebsverfassung *Günther/Böglmüller*, NZA 2015, 1025, 1027.

einzelnen Teilbereiche der Betriebs- und Unternehmensführung in der Matrixorganisation verteilt. Allerdings handelt es sich dabei nicht notwendig um räumlich-organisatorische Einheiten, sondern um reine Weisungs- und Berichtslinien. Ob und in welchem Maße sie zugleich mit räumlich-organisatorischen Einheiten zusammentreffen, wird in besonderem Maße vom einzelnen Unternehmen bzw. Konzern mit Matrixorganisation abhängen. Insofern bleibt vor allem zu klären, welche Bedeutung der räumliche Bezug für die Organisation der Betriebsverfassung hat.

Auch wenn man der räumlichen Nähe keine so herausragende Bedeutung zumisst wie einzelne Autoren in der Literatur, kann eine zweckmäßige Arbeitnehmerbeteiligung nicht ohne Rücksicht auf die räumlich-organisatorischen Einheiten erfolgen. Gerade in diesen ergeben sich die typischen Konflikte und Regelungsbedarfe, die für die sozialen und personellen Angelegenheiten der betrieblichen Mitbestimmung kennzeichnend sind. Zudem ist das Kriterium der Arbeitnehmernähe, das das geltende Betriebsverfassungsrecht kennzeichnet, typischerweise mit räumlicher Nähe verbunden.

Eine vollständige Loslösung von den räumlich-organisatorischen Einheiten mag man im Rahmen der autonomen Gestaltung der Arbeitnehmerbeteiligung nach § 3 BetrVG einführen. Eine grundsätzliche Abkehr von den bestehenden begrifflichen Kategorien des BetrVG erscheint indes nicht angezeigt.[125] Das gilt nicht nur für die Unternehmen mit Matrixorganisation, sondern auch bei anderen virtuellen Unternehmenskooperationen. Zum einen treten Matrixorganisationen ohnehin sehr vielgestaltig auf. Nicht selten werden sie sich als Mischform aus Mehrlinienorganisation und hierarchischer Organisation darstellen. Zudem ist die Änderung der Weisungsstruktur bzw. Berichtslinien leichter und vor allem weniger sichtbar möglich, als die Änderung räumlich-organisatorischer Einheiten, so dass die Flüchtigkeit der Struktur auch ein Argument dafür ist, um im Grundsatz beim tradierten Betriebsbegriff für die gesetzliche Standardlösung zu bleiben.[126] Damit besteht zumindest eine gesicherte Grundlage, von der aus betriebliche Mitbestimmung erfolgen kann. Darüber hinaus kann durch eine Erweiterung der autonomen Gestaltung die Möglichkeit eröffnet werden, den jeweiligen Eigenarten der konkreten Unternehmensorganisation Rechnung zu tragen.

---

[125] Ebenso *Franzen*, in: Giesen/Junker/Rieble, Industrie 4.0, S. 107, 125; *Krause*, Gutachten 71. DJT, B 89 ff.; vgl. in anderem Zusammenhang *Franzen*, ZfA 2000, 285, 291; *Preis*, RdA 2000, 257, 278 f.
[126] *Krause*, Gutachten 71. DJT, 2016, B 91.

ee) Zwischenergebnis

Trotz der Anwendungsschwierigkeiten sollte es grundsätzlich bei dem bestehenden Betriebsbegriff bleiben. Sofern der Betrieb durch das Anknüpfen an der Leitungsmacht eine – vor allem räumliche – Größe überschreitet, so dass die Arbeitnehmernähe der betrieblichen Mitbestimmung gefährdet ist, erlauben es § 4 Abs. 1 BetrVG und die interne Organisation der Geschäftsführung des Betriebsrats (Ausschussbildung) diesem Prinzip der Betriebsverfassung Rechnung zu tragen. Darüber hinaus sollte eine Änderung von § 3 BetrVG erwogen werden, um die autonomen Gestaltungsmöglichkeiten zu optimieren.

d) Besonderheiten bei grenzüberschreitenden Sachverhalten

Unternehmen mit Matrixorganisationen werden nicht selten in mehreren Staaten tätig. Das hat zur Folge, dass die Betriebe in verschiedenen Staaten belegen sind oder ein Betrieb gegebenenfalls sogar Betriebsteile in verschiedenen Staaten hat. Der räumliche Anwendungsbereich des BetrVG ist nach dem Territorialitätsprinzip aber auf Deutschland beschränkt. Das BetrVG kommt daher nur für die in Deutschland belegenen Betriebe zur Anwendung.[127] Es kann aber auch genügen, dass sich in Deutschland lediglich ein Betriebsteil befindet, solange er nach § 4 Abs. 1 S. 1 BetrVG betriebsratsfähig ist.

Es bedarf in jedem Fall einer einzelfallbezogenen Betrachtung. Die Matrixstruktur eines Unternehmens oder Konzerns steht nicht per se der Annahme entgegen, dass im Inland ein Betrieb oder ein Betriebsteil vorliegt.[128] Für die Anwendung des BetrVG ist es unschädlich, wenn Leitungsfunktionen in der Matrix im Ausland von Matrixmanagern wahrgenommen werden.[129] Solange im Inland ein Betrieb besteht, ist ein Betriebsrat zu bilden. Das ArbG Frankfurt hat in einer Entscheidung in 2009 darauf verwiesen, dass die Leitungsmacht nicht alle Arbeitnehmer des Betriebs (Betriebsteils) erfassen oder sich auf diese beschränken muss.[130] Von einer hinreichenden Leitungsmacht geht das Gericht zu Recht aus, wenn die Arbeitnehmer bei der inländischen Gesellschaft angestellt sind und die Arbeitsverhältnisse im Inland verwaltet werden.[131] Gerade bei einer Mat-

---

[127] BAG 22.3.2000, AP AÜG § 14 Nr. 8 (B.II.2.a.ee); *Fitting*, BetrVG, § 1 Rn. 13 f.
[128] *Kort*, NZA 2013, 1318, 1321.
[129] Vgl. *Henssler*, NZA-Beilage 2014, 95, 102; *Kort*, NZA 2013, 1318, 1321; *Witschen*, RdA 2016, 38, 43; s. auch LAG Hessen 13.4.2011 – 8 Sa 922/10, BeckRS 2011, 75839.
[130] ArbG Frankfurt 21.7.2009 – 12 BV 184/09, BeckRS 2013, 72862; zustimmend *Witschen*, RdA 2016, 38, 43.
[131] *Witschen*, RdA 2016, 38, 43.

rixorganisation kann die Aufteilung in Geschäftsbereiche zur Folge haben, dass die Zuständigkeit in personellen und sozialen Angelegenheiten an keinem Ort so organisiert ist, dass sie sich allein auf den Betrieb (Betriebsteil) bezieht.[132] Es wird daher in jedem Fall darauf ankommen, die effektive Interessenvertretung „vor Ort" sicherzustellen.

Sofern die in Deutschland belegene Einheit so wenig Leitungsmacht hat, dass es kein Betrieb ist, kann es sich immer noch um einen betriebsratsfähigen Betriebsteil i. S. von § 4 Abs. 1 BetrVG handeln.[133] Hierfür genügt ein Mindestmaß an organisatorischer Selbstständigkeit gegenüber dem Hauptbetrieb, so dass in der organisatorischen Einheit nur eine den Einsatz der Arbeitnehmer bestimmende Leitung institutionalisiert sein muss, die Weisungsrechte des Arbeitgebers ausübt.[134] Es ist aber nicht ausgeschlossen, dass die Organisation des Unternehmens und des Betriebs so ausgestaltet ist, dass es an dem Mindestmaß an organisatorischer Selbstständigkeit für eine betriebsratsfähige Einheit fehlt.[135]

Eine Zuordnung eines Betriebsteils zum Hauptbetrieb nach § 4 Abs. 1 S. 2 BetrVG kommt in Fällen mit Auslandsbezug nicht in Betracht. Diese Regelung bezweckt nicht den Wegfall der betrieblichen Mitbestimmung, sondern soll den Arbeitnehmern nur die Wahl lassen, eine eigene Arbeitnehmervertretung zu wählen oder die Arbeitnehmervertretung beim Hauptbetrieb mitzuwählen. Das dient letztlich der Vermeidung betriebsratsloser Betriebe und Betriebsteile. Genau dieser Zweck ist bei einem im Ausland belegenen Hauptbetrieb nicht zu erreichen. Das Recht der Arbeitnehmervertreter im Hauptbetrieb gilt aufgrund des Territorialitätsprinzips nur im Ausland. Insofern bedarf es einer teleologischen Reduktion des § 4 Abs. 1 S. 2 BetrVG, wenn ein Hauptbetrieb im Ausland belegen ist. Es kann lediglich eine eigene Arbeitnehmervertretung im Inland gewählt werden.

Ergänzend ist auf die Entscheidung des LAG Hessen zu verweisen, das 2011 in einem Kündigungsschutzverfahren darauf abgestellt hat, dass es für einen Betrieb i. S. von § 1 Abs. 1 BetrVG eines Mindestmaßes an betrieblicher Organisa-

---

[132] ArbG Frankfurt 21.7.2009 – 12 BV 184/09, BeckRS 2013, 72862; *Kort*, NZA 2013, 1318, 1321.
[133] *Kort*, NZA 2013, 1318, 1321.
[134] BAG 29.5.1991, AP BetrVG 1972 § 4 Nr. 5 (B.II.2); 20.6.1995, AP BetrVG 1972 § 4 Nr. 8 (B.I.2); 19.2.2002, AP BetrVG 1972 § 4 Nr. 13 (B.II.1.a); 21.7.2004, AP BetrVG 1972 § 4 Nr. 15 (B.I.2.a); 17.1.2007, AP BetrVG 1972 § 4 Nr. 18 Rn. 23; ArbG Frankfurt 21.7.2009 – 12 BV 184/09, BeckRS 2013, 72862.
[135] *Kort*, NZA 2013, 1318, 1321.

tion in Deutschland bedarf.[136] Das setze nicht voraus, dass im Inland eine einheitliche Leitung aller Abteilungen bestehe, wenngleich ein Mindestmaß an Organisation erforderlich sei.[137] Das entspricht der bisherigen Rechtsprechung des BAG.[138]

Darüber hinaus verweist das LAG Hessen darauf, dass das Verfassungsrecht – genauer das Schutzgebot des Art. 12 Abs. 1 GG – gebiete, die Abgrenzung des Betriebsbegriffs unabhängig von den Berichtslinien vorzunehmen, um den Kündigungsschutz in einem Mindestmaß sicherzustellen.[139] Dazu verweist es auf die Entscheidung des Bundesverfassungsgerichts zur sog. Kleinbetriebsklausel.[140] Diese ist jedoch nur für die Beendigung des Arbeitsverhältnisses und nicht für alle mitbestimmungsrechtlichen Angelegenheiten einschlägig.[141] Zudem gehört die Betriebsratsanhörung nicht zu dem Mindestmaß eines Kündigungsschutzes, den die grundrechtliche Schutzpflicht vorgibt.[142] Insofern können sich aus der Entscheidung des LAG Hessen keine Schlussfolgerungen für den allgemeinen Betriebsbegriff im BetrVG ergeben. Weder determinieren die speziellen Vorgaben des Kündigungsrechts die Betriebsverfassung noch stellt das Schutzgebot aus Art. 12 Abs. 1 GG Anforderungen an die Beteiligung des Betriebsrats, die mittelbar Folgen für den Betriebsbegriff nach sich ziehen.

Grundsätzlich geht das LAG Hessen aber zu Recht davon aus, dass die Verlagerung von Verantwortung auf Entscheidungsträger außerhalb des Standorts in Deutschland nicht zur Folge hat, dass die Voraussetzungen für die betriebliche Mitbestimmung in den Betrieben und Betriebsteilen entfallen müssen. Je nach dem Zuschnitt der Leitungsmacht ist der Standort in Deutschland ein Betrieb oder ein Betriebsteil. Das hängt nicht nur von der räumlichen Entfernung zu den anderen Standorten ab, sondern auch vom Umfang der Leitungsmacht und ihrer Lokalisierung. Sofern dem deutschen Standort nur eine sehr geringe Entscheidungsmacht verbleibt und somit die wesentlichen Entscheidungen in personellen und sachlichen Angelegenheiten bei ausländischen Entscheidungsträgern liegen, so handelt es sich nur um einen Betriebsteil, dessen Betriebsrats-

---

[136] LAG Hessen 13.4.2011 – 8 Sa 922/10, BeckRS 2011, 75839.
[137] LAG Hessen 13.4.2011 – 8 Sa 922/10, BeckRS 2011, 75839.
[138] BAG 17.1.2008, AP KSchG 1969 § 23 Nr. 40 Rn. 24.
[139] LAG Hessen 13.4.2011 – 8 Sa 922/10, BeckRS 2011, 75839.
[140] BVerfG 27.1.1998, BVerfGE 97, 169, 176 ff.
[141] Kritisch zur verfassungsrechtlichen Argumentation des LAG Hessen auch *Witschen*, RdA 2016, 38, 43.
[142] Vgl. zu den Anforderungen an den Mindestschutz MünchKommBGB/*Schubert* § 242 Rn. 60 m. w. N.; s. auch *Oetker*, AuR 1997, 41, 47 ff., s. auch S. 43 Erläuterung der Bedeutung der Betriebsratsanhörung.

fähigkeit von seiner Größe und einem weisungsberechtigten Vorgesetzten abhängt. Sofern die Entscheidungen im Ausland dadurch zustande kommen, dass der Betrieb Teil eines Konzerns mit ausländischer Konzernobergesellschaft ist oder dass Weisungsrechte des inländischen Arbeitgebers delegiert wurden, so kann durchaus im Inland ein Betrieb vorliegen. Hier entscheiden die Umstände des Einzelfalles, die allerdings nicht ergebnisrelevant werden, da in jedem Fall ein Arbeitnehmervertreter gewählt werden kann.

Die verschiedenen Vorgesetzten für die einzelnen Teilbereiche (z. B. technische Vertriebsunterstützung, Kundenservice, Verkauf, Finanzen) müssen zur Erfüllung betriebsverfassungsrechtlichen Pflichten mitwirken, die betriebsverfassungsrechtlichen Pflichten trifft wegen des beschränkten räumlichen Anwendungsbereichs des BetrVG allerdings nur die inländische Leitung. Die Betriebsleitung ist Ansprechpartner des Betriebsrats. Sie muss sich notwendigenfalls die Informationen beschaffen, die zur Erfüllung der Mitbestimmungsrechte im Rahmen der vertrauensvollen Zusammenarbeit notwendig sind.[143] Der räumliche Anwendungsbereich des BetrVG bleibt gleichwohl auf Deutschland beschränkt, so dass es nicht zur Inpflichtnahme von Managern im Ausland kommt.[144] Dem stehen die Vorgaben des Internationalen Privatrechts entgegen. Schließlich wird es entscheidend darauf ankommen, die Pflicht des Arbeitgebers, einen sachlich kompetenten Ansprechpartner für die Verwirklichung der Beteiligungsrechte zur Verfügung zu stellen, durchzusetzen.[145]

e) **Zwischenergebnis**

Eine Notwendigkeit für eine Anpassung des Betriebsbegriffs besteht nicht. Eine etablierte betriebsverfassungsrechtliche Ordnung hat den Vorteil, dass eine gefestigte gesetzliche Regelung zur Verfügung steht, die vor allem bei sich rasch ändernden Organisationseinheiten Kontinuität bei der Arbeitnehmerbeteiligung sicherstellen kann. Auch der Auslandsbezug vieler Sachverhalte erzwingt keine Korrektur des Betriebsbegriffs. Die Schwierigkeiten für die Durchführung der betrieblichen Mitbestimmung resultieren vor allem aus dem Fehlen oder „Verschwinden" fachlich kompetenter Ansprechpartner im Inland. Dem ist durch eine konsequentere Durchsetzung der Pflichten des Arbeitgebers im Rahmen der vertrauensvollen Zusammenarbeit und in der Weiterentwicklung der Informationsrechte zu begegnen.

---

[143] Zum Umfang der Informationspflichten vgl. auch H.
[144] Siehe zum Informationsdurchgriff unten H.
[145] Siehe unten G.

2. Gemeinsamer Betrieb nach § 1 Abs. 2 BetrVG

Im Zuge der Umsetzung einer unternehmensübergreifenden Matrixorganisation kommt es zur Zusammenarbeit mehrerer Unternehmen, die zur Bildung eines Gemeinschaftsbetriebs führen kann. Nicht in jedem Fall wird ein gemeinsamer Betrieb i. S. von § 1 Abs. 2 BetrVG vorliegen. Hierfür reicht die unternehmerische Zusammenarbeit nicht aus, vielmehr müssen die Arbeitgeberfunktionen in Bezug auf den Betrieb einheitlich für die beteiligten Unternehmen wahrgenommen werden.[146] Es ist eine Zusammenfassung von materiellen und immateriellen Betriebsmitteln zu einem einheitlichen arbeitstechnischen Zweck mit einem einheitlichen Leitungsapparat erforderlich. Hierfür bedarf es nach h. M. nicht nur einer Zusammenarbeit der beteiligten Unternehmen bei den tatsächlichen Produktionsabläufen, sondern auch einer rechtlichen Verbindung durch eine Führungsvereinbarung, in der sich die beteiligten Unternehmen über die einheitliche Leitung geeinigt haben.[147] Diese ist wichtiger als die gemeinsame räumliche Unterbringung des Betriebs.[148] Es bedarf allerdings keiner ausdrücklichen Vereinbarung, eine konkludente Abrede genügt.[149] Eine Führungsvereinbarung ist nach der Rechtsprechung nur entbehrlich, wenn die beteiligten Unternehmensträger einem Anteilseigner gehören, der zur alleinigen Vertretung befugt ist.[150]

Der einheitliche Leitungsapparat des gemeinsamen Betriebs muss die Arbeitgeberfunktion in den für die betriebliche Mitbestimmung wesentlichen Bereichen

---

[146] BAG 22.10.2003, AP BetrVG 1972 § 1 Gemeinsamer Betrieb Nr. 21 (C.I); 11.2.2004, AP BetrVG 1972 § 1 Gemeinsamer Betrieb Nr. 22 (B.I.1); 18.1.2012, AP BetrVG 1972 § 1 Gemeinsamer Betrieb Nr. 33 Rn. 25 f.; *Fitting*, BetrVG, § 1 Rn. 82.
[147] BAG 24.1.1996, AP BetrVG 1972 § 1 Gemeinsamer Betrieb Nr. 8 (B.3.b.bb); 22.6.2005, AP BetrVG 1972 § 1 Gemeinsamer Betrieb Nr. 23 (B.II.2.a); 13.8.2008, NZA-RR 2009, 255 Rn. 19; GK-BetrVG/*Franzen* § 1 Rn. 49; *Kreutz*, FS Richardi, 2007, S. 637, 645 ff.; *Wiese*, FS Gaul, 1997, S. 535, 568 ff.; a. A. *Kohte*, RdA 1992, 302 ff.; *Zöllner*, FS Semler, S. 995, 1011.
[148] BAG 23.9.1972, AP BetrVG 1972 § 4 Nr. 3 (III.2.b); GK-BetrVG/*Franzen* § 1 Rn. 49.
[149] BAG 29.1.1987, AP BetrVG 1972 § 1 Nr. 6 (I.3); 14.9.1988, AP BetrVG 1972 § 1 Nr. 9 (B.2); 24.1.1996, AP BetrVG 1972 § 1 Gemeinsamer Betrieb Nr. 8 (B.3.b.bb); *Fitting*, BetrVG, § 1 Rn. 84; GK-BetrVG/*Franzen* § 1 Rn. 47; *Wiese*, FS Gaul, 1997, S. 553, 570; *Windbichler*, Arbeitsrecht im Konzern, S. 288 ff.; ablehnend zum Vereinbarungserfordernis *Blank/Blanke/Klebe/Kumpel/Wendeling-Schröder/Wolter*, Arbeitnehmerschutz, S. 138 ff.
[150] LAG Hamm 5.6.1985, NZA 1985, 673 (Leitsatz); ähnlich LAG Berlin 22.11.1985, BB 1986, 593 (Leitsatz); weitergehend LAG Hamburg 22.10.1997, LAGE BetrVG 1972 § 1 Nr. 4; ablehnend GK-BetrVG/*Franzen* § 1 Rn. 47.

ausüben.[151] Das gilt insbesondere für die personellen und sozialen Angelegenheiten.[152] Eine Stelle muss daher jene Entscheidungen treffen können, die Beteiligungsrechte des Betriebsrats auslösen wie Einstellungen, Kündigungen, Versetzungen, Überstunden und sonstige Arbeitszeitfragen.[153] Die Einrichtung einer gemeinsamen Leitung setzt voraus, dass diese auch die erforderlichen rechtlichen Befugnisse oder Informationen erhält.[154] Für einen einheitlichen Leitungsapparat genügt es daher nicht, wenn nur Servicefunktionen (z. B. Lohn- und Gehaltsabrechnung) übernommen werden oder ein Datenschutzbeauftragter für mehrere Unternehmen bestellt wird. Bei Konzernsachverhalten ist zu berücksichtigen, dass es nicht genügt, wenn die wesentlichen unternehmerischen Funktionen durch Weisungen der Konzernobergesellschaft gesteuert werden.[155] Die beteiligten Rechtsträger müssen die Bildung der gemeinsamen Betriebsorganisation und die gemeinsame Wahrnehmung der betriebsverfassungsrechtlichen Arbeitgeberfunktion selbst verantworten.[156]

Ein gemeinsamer Betrieb wird nach § 1 Abs. 2 Nr. 1 BetrVG widerleglich vermutet, wenn die Betriebsmittel und die Arbeitskräfte gemeinsam von den Unternehmen zur Verfolgung eines arbeitstechnischen Zwecks eingesetzt werden. Entscheidend ist zum einen der gemeinsame Einsatz der Betriebsmittel.[157] Zum anderen muss der Personaleinsatz beim normalen Betriebsablauf typischerweise

---

[151] BAG 23.9.1982, AP BetrVG 1972 § 4 Nr. 3 (III.2); 7.8.1986, AP BetrVG 1972 § 1 Nr. 5 (B.II.2.a); 24.1.1996, AP KSchG 1969 § 15 Nr. 30 (II.2.a); 11.11.1997, AP BetrVG 1972 § 111 Nr. 42 (II.1.a); 23.9.2010, AP BGB § 613a Nr. 389 Rn. 39; 10.11.2011, AP BGB § 613a Nr. 422 Rn. 27; *Galperin/Löwisch*, BetrVG, § 1 Rn. 11; GK-BetrVG/*Franzen* § 1 Rn. 46; *Konzen*, ZIAS 1995, 588, 595; *Richardi*, BetrVG, § 1 Rn. 69; krit. *Blank/Blanke/Klebe/Kümpel/Wendeling-Schröder/Wolter*, Arbeitnehmerschutz, S. 133 ff., 138 ff.; DKKW/*Trümner*, BetrVG, § 1 Rn. 94; *Joost*, Betrieb und Unternehmen, S. 260 f.; *Kohte*, RdA 1992, 302 ff.; *Wiedemann*, FS Fleck, 1988, S. 447, 460 f., die aber auch einen einheitlichen Leitungsapparat voraussetzen, der die Mitwirkung des Betriebsrats unterliegenden Arbeitgeberentscheidungen treffen kann.

[152] Siehe Fn. 151.

[153] BAG 18.10.2006, AP KSchG 1969 § 1 Betriebsbedingte Kündigung Nr. 160 Rn. 47; 26.7.2007, AP BGB § 613a Nr. 324 Rn. 32.

[154] GK-BetrVG/*Franzen* § 1 Rn. 48; *Konzen*, Unternehmensaufspaltungen, S. 106 f.; *ders.*, ZIAS 1995, 588, 594; *Wiese*, FS Gaul, 1997, S. 535, 571.

[155] BAG 12.11.1998, AP KSchG 1969 § 23 Nr. 20 (II.3); 29.4.1999, AP KSchG § 23 Nr. 21 (III.4.b); GK-BetrVG/*Franzen* § 1 Rn. 46; *Richardi*, BetrVG, § 1 Rn. 69.

[156] *Däubler*, FS Zeuner, 1994, S. 19, 25; GK-BetrVG/*Franzen* § 1 Rn. 46; *Konzen*, ZIAS 1995, 588, 595; *Windbichler*, Arbeitsrecht im Konzern, S. 288 ff.; *Zöllner*, FS Semler, 1993, S. 995, 1005 ff.; a. A. *Wiedemann*, FS Fleck, 1988, S. 447, 461; s. auch DKKW/*Trümner*, BetrVG, § 1 Rn. 95.

[157] *Fitting*, BetrVG, § 1 Rn 90; *Kreutz*, FS Richardi, 2007, S. 637, 653 (kein gemeinsamer Betrieb, wenn es daran fehlt).

arbeitgeberübergreifend erfolgen.[158] Für das Vorliegen eines gemeinsamen Betriebs ist daher eine gemeinsame Personalverwaltung ein wesentliches Indiz.[159] Dabei müssen die Arbeitnehmer, die im gemeinsamen Betrieb eingesetzt werden, nicht bei der Leitung angestellt sein. Nach der Rechtsprechung ist es zudem unschädlich, wenn die Vertragsarbeitgeber weiterhin jeweils für sich Befugnisse als Arbeitgeber ausüben.[160] Es genügt, wenn die einheitliche Leitung berechtigt ist, die bei der betrieblichen Mitbestimmung bestehenden Rechte und Pflichten mit Wirkung für und gegen alle Vertragsarbeitgeber auszuüben bzw. zu erfüllen.[161] Insofern muss es auch unschädlich für die Annahme eines gemeinsamen Betriebs sein, wenn der Vertragsarbeitgeber sein Weisungsrecht auf Dritte außerhalb des gemeinsamen Betriebs überträgt.

Daneben wird ein gemeinsamer Betrieb nach § 1 Abs. 2 Nr. 1 BetrVG widerleglich vermutet, wenn infolge der Spaltung eines Unternehmens ein Betrieb oder mehrere Betriebsteile, die daraus hervorgegangen sind, einem anderen Unternehmen zugeordnet werden, die Organisation des Betriebs selbst allerdings gleich bleibt. Ursache für solche Spaltungen sind typischerweise nicht die Arbeitsorganisation oder der Unternehmensgegenstand. Sie resultieren aus betriebswirtschaftlichen oder steuerlichen Überlegungen. In der Energiewirtschaft haben in jüngerer Zeit das Unbundling des Netzbetriebs von der Stromerzeugung sowie die Privilegierung der stromintensiven Betriebe im Rahmen des EEG solche gesellschaftsrechtlichen Spaltungen ausgelöst. Typischerweise ist die Einführung einer Matrixorganisation nicht die Ursache einer Unternehmensspaltung, so dass die Vermutung nach § 1 Abs. 2 Nr. 2 BetrVG in diesen Fällen keinen spezifischen Zusammenhang zur Matrixstruktur hat.

Unternehmensübergreifende Matrixorganisationen sind dadurch gekennzeichnet, dass das fachliche Weisungsrecht gegebenenfalls von einem anderen Unternehmen wahrgenommen wird, das die Leitung des Geschäftsbereichs übernommen hat. Damit kann die Errichtung eines gemeinsamen Betriebs einherge-

---

[158] BAG 24.1.1996, AP BetrVG 1972 § 1 Gemeinsamer Betrieb Nr. 8 (B.3.b.bb); 22.6.2005, NZA 2005, 1248 (B.II.1); 18.1.2012, AP BetrVG 1972 § 1 Gemeinsamer Betrieb Nr. 33 Rn. 33 f., 35 f.; *Fitting*, BetrVG, § 1 Rn 82; *Kreutz*, FS Richardi, 2007, S. 637, 653.

[159] BAG 11.2.2004, AP BetrVG 1972 § 1 Gemeinsamer Betrieb Nr. 22 (B.II.2.b.bb); 18.1.2012, AP BetrVG 1972 § 1 Gemeinsamer Betrieb Nr. 33 Rn. 36; vgl. auch BAG 13.8.2008, NZA-RR 2009, 255 Rn. 19; *Fitting*, BetrVG, § 1 Rn 82.

[160] BAG 24.1.1996, AP BetrVG 1972 § 1 Gemeinsamer Betrieb Nr. 8 (Leitsatz).

[161] GK-BetrVG/*Franzen* § 1 Rn. 48; *Konzen*, Unternehmensaufspaltungen, S. 106 f.; *ders.*, ZIAS 1995, 588, 594 f.; *Wiese*, FS Gaul, 1997, S. 535, 571 f.; s. auch BAG 14.1.1996, AP BetrVG 1972 § 1 Gemeinsamer Betrieb Nr. 8.

hen, das ist aber nicht notwendig der Fall.[162] Mit dem fachlichen Weisungsrecht ist in der Regel keine Leitungsmacht in personellen und sozialen Angelegenheiten verbunden, die gemeinsam mit dem Vertragsarbeitgeber einheitlich ausgeübt wird. Vielmehr behält der Vertragsarbeitgeber das disziplinarische Weisungsrecht und übt es selbst aus, ohne sich in diesem Punkt mit dem fachlich Weisungsberechtigten ins Benehmen zu setzen. Zum Teil mögen einzelne soziale Angelegenheiten vom fachlich Weisungsberechtigten wahrgenommen werden, wie die Verteilung der Arbeitszeit und die Gewährung des Erholungsurlaubs. Insoweit nimmt der (externe) Matrixmanager das Weisungsrecht des Vertragsarbeitgebers wahr, dem das Handeln des Matrixmanagers zuzurechnen ist. Insofern bleibt der bisherige Betriebsrat zuständig. Wesentlich ist erneut, dass bei der Durchführung des Beteiligungsverfahrens auf Arbeitgeberseite ein kompetenter Ansprechpartner – der Matrixmanager – agiert.

Nur an den Schnittstellen, an denen die Arbeitnehmer der beteiligten Unternehmen zusammenarbeiten, kommt es zur notwendigen Kooperation der beiden Unternehmen.[163] Das macht nicht in jedem Fall eine einheitliche Leitung in sozialen und personellen Angelegenheiten erforderlich, zumal disziplinarisches und fachliches Weisungsrecht getrennt werden. Es wird daher nicht immer eine organisatorische Einheit zu einem arbeitstechnischen Zweck vorliegen, in der der Betriebsrat einen einheitlichen Ansprechpartner hat. Daher liegt bei einer unternehmensübergreifenden Matrixorganisation nicht ohne weiteres ein gemeinsamer Betrieb i. S. von § 1 Abs. 2 BetrVG vor.[164] Die Matrixstruktur bedingt nicht die Bildung gemeinsamer Betriebe.

Nichts anderes ergibt sich, wenn auf der Konzernebene einzelne Bereiche (z. B. Beschaffung) gemeinsam gesteuert oder die Verteilung der Arbeiten angeordnet werden. Damit durch die konzernweite Steuerung ein gemeinsamer Betrieb entsteht, müssten die Entscheidungsbefugnisse in sozialen und personellen Angelegenheiten des gemeinsamen Betriebs dort gebündelt sein. Die Berichtslinien als konzerninternes Steuerungsinstrument und deren Zusammenlaufen auf einer höheren Ebene in der Unternehmenshierarchie führen aber nicht automatisch dazu, dass ein gemeinsamer Betrieb begründet wird. Die Entscheidungen

---

[162] *Bauer/Herzberg*, NZA 2011, 713, 717; *Kort*, NZA 2013, 1318, 1322; *Reinhard/Kettering*, ArbRB 2014, 87, 89.
[163] *Witschen*, RdA 2016, 38, 44.
[164] *Bauer/Herzberg*, NZA 2011, 713, 717; *Günther/Böglmüller*, NZA 2015, 1025, 1026; *Kort*, NZA 2013, 1318, 1322; *Maywald*, Einsatz von Arbeitnehmern, S. 135; *Müller-Bonanni/Mehrens*, ZIP 2010, 2228, 2231; *Neufeld*, AuA 2012, 219, 221; *Neufeld/Michels*, KSzW 2012, 49, 56; *Reinhard/Kettering*, ArbRB 2014, 87, 89; *Witschen*, RdA 2016, 38, 44.

der Betriebsführung fallen vor allem vor Ort in Bezug auf die konkreten Betriebsstätten bzw. die Betriebsabläufe.

Auch das Weisungsrecht der Konzernobergesellschaft führt zu keinem anderen Ergebnis. Es stellt zwar die Einflussnahme auf die Tochtergesellschaften sicher und schränkt deren Geschäftsführung in ihren Entscheidungen ein. Die Entscheidungsbefugnisse in sozialen und personellen Angelegenheiten bleiben aber grundsätzlich beim Vertragsarbeitgeber und die Entscheidung des Matrixmanagers sind diesem zuzurechnen. Die Berichtslinien im Konzern bewirken „nur" die notwendige Koordinierung, die gerade in Matrixorganisationen in besonderer Weise erforderlich ist. Das Gleiche gilt, wenn eine unternehmerische Zusammenarbeit auf der Grundlage von Organisations- und Beherrschungsverträgen erfolgt, ohne dass eine einheitliche Leitung installiert wird.

Praktisch wird die Ausübung der Leitungsmacht durch den fachlich und disziplinarisch Weisungsberechtigten zumindest teilweise koordiniert erfolgen, so dass der Vertragsarbeitgeber Entscheidungen, die im Geschäftsbereich getroffen werden, umsetzen muss, wozu er sich auch verpflichtet hat. Damit fehlt es zwar an einem gemeinsamen Leitungsapparat, praktisch handelt es sich aber um eine gemeinsame Betriebsführung. Die wechselseitige Verpflichtung der Matrixmanager, die Entscheidungen des anderen bezüglich der Arbeitnehmer umzusetzen, führt zumindest zu einer Koordinierung. Diese kann sogar ein einheitliches Auftreten gegenüber den Arbeitnehmern des Betriebs nach sich ziehen, wenn die Koordinierung die wesentlichen personellen und sozialen Angelegenheiten betrifft.

Ein solches Vorgehen kann zur Bildung eines gemeinsamen Betriebes i. S. von § 1 Abs. 2 BetrVG führen. Die Einigung über die wechselseitige Anerkennung der von den Managern getroffenen Entscheidung ist eine Koordinierung, die als konkludente Führungsvereinbarung einzuordnen ist. Das rechtfertigt die Annahme eines gemeinsamen Betriebes allerdings nur, wenn alle wesentlichen personellen und sozialen Angelegenheiten koordiniert und die Entscheidungen dazu gemeinsam getragen werden. Das ist nicht immer der Fall. Vielmehr wird häufig der disziplinarische Vorgesetzte die Personalverantwortung weiterhin innehaben und nur einzelne Entscheidungen dem fachlichen Vorgesetzten übertragen. Zudem erfolgt die Koordinierung häufig auf höherer Ebene – für den Geschäftsbereich –, aber nicht vor Ort am Standort. Insofern besteht keine gemeinsame Betriebsführung, die zur Errichtung eines gemeinsamen Betriebes führt. Vielmehr setzen die Unternehmen jeweils die Entscheidungen des Geschäftsbereichs vor Ort am Standort um. Bei Unsicherheiten ist mit Hilfe eines Tarifvertrags nach § 3 BetrVG eine autonome Organisation der Betriebsverfassung möglich, die Zweifel an der Betriebsabgrenzung beseitigt.

3. Zusammenfassung

Die Matrixorganisation macht es nicht erforderlich, den Begriff des Betriebes zu ändern. Eine weitere Auflockerung des Betriebsbegriffs birgt Abgrenzungsschwierigkeiten, die die Funktionsfähigkeit der Betriebsverfassung für den Regelfall gefährden können. Außerdem bleibt der etablierte Betriebsbegriff so die sichere Grundlage, wenn eine autonome Gestaltung der Betriebsverfassung unzweckmäßig erscheint oder aus anderen Gründen scheitert.

Nichts anderes gilt für den Begriff des gemeinsamen Betriebs. Die Anwendung des § 1 Abs. 2 BetrVG bedarf einer präzisen Abgrenzung zwischen der bloßen Übertragung von Weisungsrechten an Dritte und einer Koordinierung von Betriebsabläufen in einem Maße, dass sie zur Bildung eines gemeinsamen Betriebes führt. Für das Vorliegen eines gemeinsamen Betriebes kommt es entscheidend darauf an, dass sich die Leitung der Unternehmen an einem Standort nicht nur koordinieren, sondern auch wesentliche personelle und soziale Angelegenheiten vor Ort entschieden und von beiden Unternehmen gemeinsam getragen werden.

II. Anpassung der betriebsverfassungsrechtlichen Organisation

1. Zur Notwendigkeit einer Strukturanpassung und ihrer Umsetzung

Angesichts der Abweichungen zwischen den Berichtslinien und Weisungsrechten der Matrixorganisation und den realen Betriebsstrukturen kann die Arbeitnehmerrepräsentation gegebenenfalls verbessert werden, indem die formelle Betriebsverfassung durch Tarifvertrag oder Betriebsvereinbarung modifiziert wird. Ob eine solche Anpassung notwendig ist oder zumindest eine effektive Verbesserung der Arbeitnehmerbeteiligung bewirkt, lässt sich für die Unternehmen und Konzerne mit Matrixorganisation nicht einheitlich beantworten.[165] Insbesondere die leichte Abänderbarkeit der Berichtslinien oder der Arbeitsablauforganisation kann zur Folge haben, dass es für die betriebliche Mitbestimmung angesichts der vierjährigen Amtszeit des Betriebsrats zielführender ist, es

---

[165] Dazu *Bauer/Herzberg*, NZA 2011, 713, 719; *Kort*, NZA 2013, 1318, 1321; *Witschen*, RdA 2016, 38, 44, die davon ausgehen, dass häufig keine Strukturanpassungen erforderlich sind.

bei der Anknüpfung an die Betriebe und Betriebsteile zu belassen. Sie sind dann das weiterhin vorhandene Organisationsgerüst für die Arbeitnehmerbeteiligung, das unabhängig von den Veränderungen in den Weisungsstrukturen existiert. Die Verlagerung der Leitungsmacht kann zwar auch für diese Organisation Folgen haben. Das ändert aber nichts daran, dass es gegebenenfalls sinnvoll erscheint, bei den tradierten Strukturen zu bleiben.

Die Vereinbarung der abweichenden Organisation der Betriebsverfassung muss in ihrer konkreten Ausgestaltung einer sachgerechten Wahrnehmung der Arbeitnehmerinteressen bzw. einer wirksamen und zweckgerechten Interessenvertretung dienen. Dies unterliegt der vollen Rechtskontrolle durch die Gerichte. § 3 BetrVG erlaubt eine Abweichung von einem zweiseitig zwingenden Gesetz nur in den dafür vorgegebenen Bereichen.[166] Für die Sachgerechtigkeit und Zweckmäßigkeit der tariflichen Regelungen haben die Tarifvertragsparteien einen Beurteilungsspielraum, wobei die Wahrung seiner Grenzen von den Gerichten zu prüfen ist.[167] Sachwidrig ist das Vorgehen der Tarifvertragsparteien, wenn es aus Gründen erfolgt, die nicht dem Zweck des § 3 Abs. 1 BetrVG (z. B. Verbesserung der Repräsentation, möglichst klare Funktionsabgrenzung) entsprechen.

Gründe für eine abweichende Gestaltung der Betriebsverfassung liegen vor allem in der Organisation des Unternehmens, aber auch in der Unsicherheit bei der Abgrenzung von Betrieben, gemeinsamen Betrieben und Betriebsteilen. Mit Hilfe einer Regelung nach § 3 BetrVG kann die Beteiligung der Arbeitnehmervertreter auf eine sichere Grundlage gestellt werden. Bisher erlaubt § 3 BetrVG eine solche Anpassung nur in den Grenzen der in Absatz 1 normierten Tatbestände. Eine Ergänzung des § 3 BetrVG ist angezeigt, wenn die vorhandenen Regelungsmöglichkeiten nicht ausreichen, um den praktischen Bedarf nach einer autonomen Gestaltung der Arbeitnehmerrepräsentation zu verwirklichen. Zudem sollte den Betriebspartnern in weitergehendem Maße als bisher die Möglichkeit gegeben werden, selbst Betriebsvereinbarungen nach § 3 BetrVG zu schließen, sofern es nicht zu einer tariflichen Regelung kommt.[168] Hierbei wird es aber auch darauf ankommen, das Verhältnis der Vereinbarungskompetenzen der Tarifvertragsparteien und der Betriebspartner zu klären.

---

[166] *Friese*, ZfA 2003, 237, 252 ff.; GK-BetrVG/*Franzen* § 3 Rn. 7.
[167] *Friese*, ZfA 2003, 237, 257; GK-BetrVG/*Franzen* § 3 Rn. 8; *Richardi* § 3 Rn. 96; weitergehend DKKW/*Trümner*, BetrVG, § 3 Rn. 216; s. auch BAG 13.3.2013, AP BetrVG 1972 § 3 Nr. 10 Rn. 42.
[168] Ausführlich unter D.II.6.c.

2. Unternehmenseinheitlicher Betriebsrat zur Zusammenfassung von Betrieben (§ 3 Abs. 1 Nr. 1 BetrVG)

§ 3 Abs. 1 Nr. 1 BetrVG erlaubt es, die Bildung von Betriebsräten dadurch zu erleichtern, dass ein unternehmenseinheitlicher Betriebsrat gewählt wird oder mehrere Betriebe zusammengefasst werden (statt eines Gesamtbetriebsrats). Dies kann zur sachgerechten Wahrnehmung der Arbeitnehmerinteressen erfolgen. Eine solche Anpassung der Betriebsverfassung wird bei Unternehmen und Konzernen mit Matrixstruktur in vielen Fällen nicht erforderlich sein. In Matrixorganisationen besteht ohnehin die Tendenz, dass wesentliche Entscheidungen nicht auf der betrieblichen Ebene, sondern unternehmens- oder konzerneinheitlich getroffen werden. Sofern für die einzelnen Einheiten, die zuvor Betriebe waren, nicht genügend Leitungsmacht bleibt, kann es ohnehin zu einer Vergrößerung des Betriebs als organisatorischer Einheit kommen mit der Folge, dass das Unternehmen insgesamt oder zumindest eine Mehrzahl der früheren Betriebe einen einheitlichen Betrieb bilden. Schließlich bietet § 4 Abs. 1 S. 2 BetrVG den Arbeitnehmern insoweit die Möglichkeit, über eine stärkere Zentralisierung abzustimmen. Daher wird eine zusätzliche Anpassung der Betriebsverfassung nach § 3 Abs. 1 Nr. 1 BetrVG keine oder allenfalls eine untergeordnete Rolle spielen.

Bei Unsicherheiten über die Betriebsabgrenzung kann ein Tarifvertrag oder eine Betriebsvereinbarung wertvoll sein, um die Betriebsverfassung auf sichere Füße zu stellen und damit die Bildung von Betriebsräten zu erleichtern. Davon ist insbesondere auszugehen, wenn sonst die Gefahr besteht, dass in einzelnen Betrieben oder Betriebsteilen kein Betriebsrat gewählt wird.[169] Das gilt auch, wenn die Regelung tatsächliche Zweifel an der Betriebsratsfähigkeit von Betriebsteilen oder Kleinstbetrieben beseitigt.[170]

Von einer sachgerechten Interessenwahrnehmung durch eine Vereinbarung nach § 3 Abs. 1 Nr. 1 BetrVG ist auszugehen, wenn die beteiligungspflichtigen Entscheidungen vor allem auf der Unternehmensebene getroffen werden.[171] Das Gleiche gilt, wenn nur durch einen unternehmenseinheitlichen Betriebsrat die Schwellenwerte im BetrVG (z. B. §§ 92a Abs. 2 S. 2, 95 Abs. 2 S. 1 BetrVG) und

---

[169] DKKW/*Trümner*, BetrVG, § 3 Rn. 43 f.; ErfK/*Koch* § 3 BetrVG Rn. 4; *Fitting*, BetrVG, § 3 Rn. 29, 34; GK-BetrVG/*Franzen* § 3 Rn. 11; *Kort*, AG 2003, 13, 18; *Richardi*, BetrVG, § 3 Rn. 22; *Robrecht*, Gesamtbetriebsvereinbarung, S. 84.
[170] DKKW/*Trümner*, BetrVG, § 3 Rn. 43 f.; ErfK/*Koch* § 3 BetrVG Rn. 4; GK-BetrVG/*Franzen* § 3 Rn. 11; *Robrecht*, Gesamtbetriebsvereinbarung, S. 85.
[171] BAG 24.4.2013, AP BetrVG 1972 § 3 Nr. 11; DKKW/*Trümner*, BetrVG, § 3 Rn. 42; ErfK/*Koch* § 3 BetrVG Rn. 3; *Fitting*, BetrVG, § 3 Rn. 30, 34; GK-BetrVG/*Franzen* § 3 Rn. 11; *Richardi*, BetrVG, § 3 Rn. 22; *Robrecht*, Gesamtbetriebsvereinbarung, S. 85.

die Professionalität der Arbeitnehmervertretung verbessert wird.[172] Damit ist den Arbeitnehmervertretern zugleich eine Handlungsmöglichkeit gegeben, um auf Organisationsentscheidungen des Arbeitgebers zu reagieren und eine angemessene Arbeitnehmerbeteiligung nach dem BetrVG sicherzustellen.

Sofern die Ausgestaltung der Matrixorganisation nicht dazu führt, dass sich die Abgrenzung der Betriebe infolge der Verlagerung von Entscheidungskompetenzen ändert, kann § 3 Abs. 1 Nr. 1 BetrVG eigenständige Bedeutung gewinnen. In der Literatur wird ein solcher Tarifvertrag allerdings nur dann für zulässig erachtet, wenn es tatsächlich zu einer Zentralisierung von Entscheidungsbefugnissen kommt und keine so gravierenden Unterschiede oder räumliche Entfernung zwischen den Standorten besteht, dass die Arbeitnehmerrepräsentation ineffektiv wird.[173] Die räumliche Entfernung mag als Kriterium in einer digitalen Arbeitswelt weniger bedeutsam erscheinen, irrelevant wird die Möglichkeit der persönlichen Präsenz jedoch nicht. Insbesondere das Zusammenwirken von Arbeitnehmervertretern, die in unterschiedlichen Betriebsstätten tätig sind, kann durch deren räumliche Entfernung erschwert werden. Die Beschlussfassung in der Betriebsratssitzung setzt weiter die persönliche Anwesenheit voraus und kann nicht durch Telefon- oder Videokonferenzen ersetzt werden.

Bei der Beurteilung, wann die Arbeitnehmerrepräsentation ineffektiv wird, sollte aber nicht außer Acht gelassen werden, dass ein unternehmenseinheitlicher Betriebsrat eine effektive Vertretung der Arbeitnehmerinteressen stärken kann, indem er Ausschüsse nach § 28 BetrVG bildet, die so zusammengesetzt sind, dass seine Mitglieder als Arbeitnehmer an einem Standort tätig sind. Das kann zwar nicht in der Vereinbarung nach § 3 BetrVG verbindlich festgelegt, aber vom jeweiligen Betriebsrat entschieden werden, in dessen Organautonomie die Ausschussbildung fällt.

Eine geeignete Regelung ist auf der Grundlage von § 3 Abs. 1 Nr. 1 BetrVG in vielen Fällen bei Organisationen mit Matrixstruktur deshalb nicht möglich, weil sie in der Regel unternehmensübergreifend sind und eine über das Unternehmen hinausgehende Regelung nicht von der Ermächtigung gedeckt ist.[174]

---

[172] DKKW/*Trümner*, BetrVG, § 3 Rn. 43; ErfK/*Koch* § 3 BetrVG Rn. 4; *Robrecht*, Gesamtbetriebsvereinbarung, S. 85.
[173] Vgl. *Witschen*, RdA 2016, 38, 44.
[174] BAG 13.3.2013, AP BetrVG 1972 § 3 Nr. 10 Rn. 35; *Kort*, AG 2003, 13, 18; *Peix*, Errichtung des Gesamtbetriebsrats, S. 169 f.; *Richardi*, BetrVG, § 3 Rn. 18; *Rügenhagen*, Mitbestimmung im Konzern, S. 189 f., 192.

3. Spartenbetriebsräte (§ 3 Abs. 1 Nr. 2 BetrVG)

§ 3 Abs. 1 Nr. 2 BetrVG erlaubt vor allem eine Abweichung vom Prinzip des Einheitsbetriebsrats, soweit dies der sachgerechten Wahrnehmung der Arbeitnehmerinteressen dient. Die Arbeitnehmerrepräsentation knüpft nicht mehr am Betrieb als organisatorischer Einheit, sondern an den Sparten des Unternehmens an. Auf diese Weise wird eine alternative Repräsentationsstruktur etabliert.

Sparten i. S. des § 3 Abs. 1 Nr. 2 BetrVG sind produkt- oder projektbezogene Geschäftsbereiche und insoweit Teile eines Unternehmens oder Konzerns.[175] Die Sparte ist nach diesem Verständnis umfassend für alle Vorgänge in ihrem Bereich zuständig (von der technischen Entwicklung über die Produktion, Verwaltung bis zum Vertrieb). Im Gegensatz dazu wird eine projektbezogene Organisation sonst nicht als Sparte bezeichnet. Allerdings ist der Produktbezug nur eine Möglichkeit der Organisation, so dass der Begriff der Sparte weit auszulegen ist.[176] *Franzen* verweist darüber hinaus darauf, dass der Gesetzgeber Unternehmen und Konzerne mit divisionaler objektbezogener Organisationsstruktur umfassend einbeziehen wollte, auch wenn diese nicht produkt-, sondern objektbezogen sind (z. B. Funktionen, Absatzmärkte oder Regionen).[177]

In jedem Fall muss der Tarifvertrag (bzw. die Betriebsvereinbarung) die Beteiligung der Arbeitnehmer und ihrer Repräsentanten verbessern („sachgerechte Wahrnehmung der Aufgaben des Betriebsrats").[178] Dies unterliegt der gerichtlichen Nachprüfung.[179] Die gesetzlichen Vorgaben sind insbesondere gewahrt, wenn die Repräsentationsorgane bei den maßgeblichen Entscheidungsträgern bzw. in räumlicher Nähe gebildet werden sollen.[180] Hierin spiegeln sich die Grundvorstellungen von der Gestaltung der Arbeitnehmerbeteiligung wider.

---

[175] GK-BetrVG/*Franzen* § 3 Rn. 12; s. auch *Konzen*, Unternehmensaufspaltungen, S. 100.
[176] Dazu GK-BetrVG/*Franzen* § 3 Rn. 12; kritisch *Friese*, RdA 2003, 92, 93.
[177] GK-BetrVG/*Franzen* § 3 Rn. 12; *Richardi*, BetrVG, § 3 Rn. 26; WPK/*Preis*, BetrVG, § 3 Rn. 13; a. A. *Bauer/Herzberg*, NZA 2011, 713, 718; DKKW/*Trümner*, BetrVG, § 3 Rn. 64; *Fitting*, BetrVG, § 3 Rn. 39.
[178] Begründung des Regierungsentwurfs, BT-Drs. 14/5741, S. 33; *Friese*, ZfA 2003, 237, 257; GK-BetrVG/*Franzen* § 3 Rn. 7.
[179] BAG 13.3.2013, AP BetrVG 1972 § 3 Rn. 43; *Friese*, ZfA 2003, 237, 257 f.; GK-BetrVG/*Franzen* § 3 Rn. 8; *Richardi*, BetrVG, § 3 Rn. 96; weitergehend DKKW/*Trümner*, BetrVG, § 3 Rn. 216 (nur bei groben Fehlern bei der Ausfüllung des Beurteilungsspielraums).
[180] BAG 24.1.2001, AP BetrVG 1972 § 3 Nr. 1; 13.3.2013, AP BetrVG 1972 § 3 Nr. 10 Rn. 41.

Ein Widerspruch zum Zweck des § 3 Abs. 1 BetrVG liegt vor allem vor, wenn Arbeitnehmervertretungen gegen ihren Willen abgeschafft werden.[181]

Bei Unternehmen und Konzernen mit Matrixorganisationen ist eine Einteilung von Sparten möglich[182], aber nicht zwingend erforderlich oder zielführend.[183] Die Matrix kennt Geschäftsbereiche und bündelt das fachliche Weisungsrecht in Bezug darauf. Das disziplinarische Weisungsrecht bleibt indes häufig beim Vertragsarbeitgeber. Daher wird zumindest ein erheblicher Teil der Entscheidungen in sozialen und personellen Angelegenheiten i. S. des BetrVG nicht durch die Spartenorganisation getroffen. Die Umstellung der Betriebsverfassung auf diese Organisationsform wird insofern nicht in jedem Fall eine substantielle Verbesserung bei der Vertretung der Arbeitnehmerinteressen bewirken.[184] Das gilt umso mehr, wenn der Betriebsrat, der für die Entscheidungen durch den fachlich Weisungsberechtigten zuständig ist, auch die Interessen der Arbeitnehmer wahrnimmt, die im Rahmen der Matrix hiervon betroffen sind. Zudem lässt sich die Einflussnahme der fachlich weisungsberechtigten Manager auch dadurch berücksichtigen, dass diese bei der Durchführung des Beteiligungsverfahrens auf Seiten des Arbeitgebers mitwirken müssen.[185] Insofern kommt eine Anpassung der Betriebsverfassung nach § 3 Abs. 1 Nr. 2 BetrVG eher nicht in Betracht.[186] Darüber hinaus ist die Spartenleitung gegebenenfalls mit der Leitung eines Betriebs oder eines gemeinsamen Betriebs identisch, so dass kein Tarifvertrag zur Anpassung der Mitbestimmung erforderlich ist.[187]

Schließlich muss die Matrixorganisation nicht das gesamte Unternehmen bzw. den Konzern erfassen. Gegebenenfalls sind nur Teile eines Betriebs in eine spartenförmige Organisation einbezogen. Eine solche unvollständige Erfassung ergibt sich dadurch, dass die Geschäftsbereiche bei der Matrixorganisation nicht alle Personen integrieren bzw. nicht für alle Angelegenheiten zuständig sind (z. B. Overhead-Bereiche wie Personalwesen, Controlling, Buchhaltung).[188] Sofern die Betriebsverfassung auf der Grundlage von § 3 Abs. 1 Nr. 2 BetrVG nach den Ge-

---

[181] GK-BetrVG/*Franzen* § 3 Rn. 8; vgl. BAG 24.1.2001, AP BetrVG 1972 § 3 Nr. 1.
[182] *Schumacher*, NZA 2015, 587, 590; von einem Fehlen einer spartenbezogenen funktionalen Steuerung ausgehend *Kort*, NZA 2013, 1318, 1322.
[183] *Bauer/Herzberg*, NZA 2011, 713, 718; *Fitting*, BetrVG, § 3 Rn. 39; *Kort*, NZA 2013, 1318, 1322; vgl. auch *Rieble*, NZA-Beilage 2014, 28, 29.
[184] *Bauer/Herzberg*, NZA 2011, 713, 719; *Kort*, NZA 2013, 1318, 1322.
[185] Dazu unter G sowie zu Vereinbarungsmöglichkeiten unter J.
[186] GK-BetrVG/*Franzen* § 3 Rn. 13.
[187] GK-BetrVG/*Franzen* § 3 Rn. 13; *Konzen*, RdA 2001, 76, 87.
[188] Vgl. auch *Rügenhagen*, Mitbestimmung im Konzern, S. 178 ff.; s. weiter GK-BetrVG/*Franzen* § 3 Rn. 16.

schäftsbereichen ausgerichtet wird, ist zumindest für die von der Matrix nicht erfassten Betriebe und Betriebsteile gem. §§ 1, 4 BetrVG zu entscheiden, ob der verbleibende Teil eine betriebsratsfähige Einheit ist.[189] Der dort gewählte Betriebsrat ist dann nur für den nicht in die Sparte integrierten Bereich zuständig. Eine doppelte Zuständigkeit des gesetzlichen Betriebsrats und des teilidentischen Spartenbetriebsrats lässt sich mit § 3 Abs. 1 Nr. 2 BetrVG nicht vereinbaren.[190] Ist der verbleibende Betriebsteil nicht betriebsratsfähig, so führt die Spartenorganisation der Betriebsverfassung zu einem Verlust der Arbeitnehmerrepräsentation und dient daher nicht der sachgerechten Wahrnehmung der Aufgaben des Betriebsrats i. S. von § 3 Abs. 1 Nr. 2 BetrVG.[191]

Zudem ist zumindest streitig, ob sich die Ermächtigung in § 3 Abs. 1 Nr. 2 BetrVG darauf beschränkt, dass an die Stelle des Betriebs die Sparte tritt oder ob auch die unternehmens- und konzernbezogene gestufte Arbeitnehmervertretung autonom vereinbart werden darf. Die Gesetzesbegründung spricht zwar von unternehmensübergreifenden Spartenbetriebsräten und Spartengesamtbetriebsräten[192], weshalb solche Vereinbarungen zum Teil als zulässig erachtet werden.[193] Spartengesamtbetriebsräte seien aus den unternehmensübergreifenden Spartenbetriebsräten gebildet und insofern ein zulässiger Teilkonzernbetriebsrat.[194]

Der Bezeichnung „Spartengesamtbetriebsrat" in der Gesetzesbegründung wird von der Gegenansicht indes nur klarstellende Bedeutung für die Bildung des Gesamtbetriebsrats aus den Spartenbetriebsräten beigemessen.[195] Zudem wird eine so weitgehende Regelungsbefugnis unter Verweis auf § 3 Abs. 5 S. 2 BetrVG abgelehnt, der darauf verweist, dass die tarifvertraglich festgelegten Organisationseinheiten Betriebe i. S. des BetrVG sind und die Arbeitnehmervertretung die Betriebsbelegschaft gegenüber der Leitung vertritt.[196] Danach können

---

[189] GK-BetrVG/*Franzen* § 3 Rn. 15.
[190] GK-BetrVG/*Franzen* § 3 Rn. 15; WHSS/*Hohenstatt* Kap. D Rn. 161; a. A. *Heinkel*, Organisationseinheit, S. 166 ff.; wohl auch *Kort*, AG 2003, 13, 20.
[191] GK-BetrVG/*Franzen* § 3 Rn. 16.
[192] Begründung des Regierungsentwurfs, BT-Drs. 14/5741, S. 34.
[193] *Friese*, RdA 2003, 92, 95; *Heinkel*, Die betriebsverfassungsrechtliche Organisationseinheit, S. 158 f.; *Kort*, AG 2013, 13, 20; s. auch *Peix*, Errichtung des Gesamtbetriebsrats, S. 172 f. (der die Spartengesamtbetriebsräte aber nur als kumulativ zur gesetzlichen Vertretung ansieht wegen § 3 Abs. 5 BetrVG).
[194] *Peix*, Errichtung des Gesamtbetriebsrats, S. 171; s. auch *Friese*, RdA 2003, 92, 95; *Heinkel*, Die betriebsverfassungsrechtliche Organisationseinheit, S. 158 f., die die Bezeichnung Konzernspartenbetriebsräte präferieren; vgl. auch *Konzen*, RdA 2001, 76, 87.
[195] So ErfK/*Koch* § 3 BetrVG Rn. 5; *Richardi*, BetrVG, § 3 Rn. 32.
[196] DKKW/*Trümner*, BetrVG, § 3 Rn. 78 ff.; *Fitting*, BetrVG, § 3 Rn. 45; *Giesen*, BB 2002, 1480 f.; GK-BetrVG/*Franzen* § 3 Rn. 17; *Peix*, Errichtung des Gesamtbetriebsrats,

Spartengesamtbetriebsräte oder Spartenkonzernbetriebsräte nicht auf der Grundlage von § 3 Abs. 1 Nr. 2 BetrVG geregelt werden.[197] Angesichts dieser Unklarheiten bzw. Unvollständigkeiten ist bereits eine Überarbeitung von § 3 Abs. 5 BetrVG durch den Gesetzgeber angezeigt.[198]

4. Andere Arbeitnehmervertretungsstrukturen (§ 3 Abs. 1 Nr. 3 BetrVG)

Im Vergleich dazu erlaubt § 3 Abs. 1 Nr. 3 BetrVG eine abweichende Ausgestaltung der Arbeitnehmervertretung, wenn wegen der Betriebs-, Unternehmens- oder Konzernorganisation oder aufgrund anderer Formen der Zusammenarbeit von Unternehmen eine wirksame oder zweckmäßige Interessenvertretung der Arbeitnehmer ins Werk gesetzt werden soll. Das gilt insbesondere, wenn die Stammbelegschaft gegenüber den kurzzeitig oder unregelmäßig beschäftigten Arbeitnehmern besonders niedrig ist (Beschäftigungs- und Qualifizierungsgesellschaft).[199] Auch bei der funktionalen Gliederung des Unternehmens in Geschäftsbereiche kommt eine abweichende Organisation der Arbeitnehmerbeteiligung in Betracht.[200] Das Gleiche gilt für Arbeitnehmervertretungen entlang der Produktionskette (vgl. Just-in-time-Produktion), bei der Zusammenarbeit von Fabriken (z. B. fraktale Fabrik) sowie bei Shop-in-Shop-Organisationen oder Unternehmensnetzwerken.[201] Zudem kann eine zwei- oder mehrstufige Interessenvertretung im Konzern geregelt werden.[202]

Auch in diesen Fällen gilt, dass die Bildung der vom Gesetz abweichenden Arbeitnehmervertretung eine wirksame und zweckmäßige Repräsentation der Arbeitnehmerinteressen sicherstellen muss.[203] Das BAG setzt voraus, dass zwi-

---

S. 175 ff.; *Richardi*, BetrVG, § 3 Rn. 32; *Rügenhagen*, Mitbestimmung im Konzern, S. 181 f.; *Thüsing*, ZIP 2003, 693, 703; *Utermark*, Organisation der Betriebsverfassung, S. 137.
[197] DKKW/*Trümner*, BetrVG, § 3 Rn. 78 ff.; *Fitting*, BetrVG, § 3 Rn. 45; *Giesen*, BB 2002, 1480, 1481; GK-BetrVG/*Franzen* § 3 Rn. 17; *Peix*, Errichtung des Gesamtbetriebsrats, S. 175 ff.; *Richardi*, BetrVG, § 3 Rn. 32; *Thüsing*, ZIP 2003, 693, 703; *Utermark*, Organisation der Betriebsverfassung, S. 137; s. auch Stege/Weinspach/*Schiefer*, BetrVG, § 3 Rn. 26.
[198] Zum Änderungsbedarf bei § 3 BetrVG vgl. *Hanau*, NJW 2016, 2613, 2615.
[199] *Fitting*, BetrVG, § 3 Rn. 50.
[200] *Kort*, AG 2003, 13, 21; *ders.*, NZA 2013, 1318, 1322.
[201] Siehe die Begründung des Regierungsentwurfs, BT-Drucks. 14/5641, S. 34; vgl. auch *Franzen*, in: Giesen/Junker/Rieble, Industrie 4.0, S. 107, 119; *Krebber*, Unternehmensübergreifende Arbeitsabläufe, 2005, S. 338 ff.
[202] Siehe die Begründung des Regierungsentwurfs, BT-Drucks. 14/5741, S. 34.
[203] *Annuß*, NZA 2002, 290, 292; GK-BetrVG/*Franzen* § 3 Rn. 22.

schen den organisatorischen Rahmenbedingungen bzw. der Kooperation beim Arbeitgeber und der zweckmäßigen Interessenwahrnehmung durch die Arbeitnehmervertretung ein Zusammenhang besteht.[204] Schwierigkeiten ergeben sich bei der Umsetzung vor allem bei virtuellen Unternehmen. Deren flexible Organisation, welche nach einem Vorhaben oder einer Problemlösung leicht aufgelöst und somit schnell an neue Aufgaben angepasst werden kann, ist so flüchtig[205], dass Zweifel bestehen, ob mit einem Tarifvertrag zur Verbesserung der Arbeitnehmervertretung an diese Strukturen angeknüpft werden kann. Vergleichbare Probleme können sich bei Organisationen mit Matrixstrukturen ergeben, so dass genau zu prüfen ist, ob und welche alternative Struktur etabliert wird.

Die Norm wird eng ausgelegt, so dass eine abweichende tarifliche Regelung nur dann zulässig ist, wenn die gesetzliche Regelung aufgrund besonderer Umstände nicht genügt, um eine wirksame Arbeitnehmervertretung zu verwirklichen.[206] Außerdem muss die neue Repräsentationsstruktur sowohl wirksamer als auch zweckmäßiger sein als die gesetzliche.[207] Daher wird bei Unternehmen und Konzernen mit Matrixorganisation nicht ohne weiteres die Möglichkeit bestehen, durch Tarifvertrag nach § 3 Abs. 1 Nr. 3 BetrVG alternative betriebsverfassungsrechtliche Strukturen zu entwickeln. In der Regel überträgt der Vertragsarbeitgeber dem Matrixmanager des Geschäftsbereichs nur das fachliche Weisungsrecht sowie punktuell Weisungsrechte, deren Ausübung die Beteiligungsrechte des Betriebsrats in sozialen und personellen Angelegenheiten betreffen. Insofern geht die Literatur überwiegend davon aus, dass sich auf der Grundlage von § 3 Abs. 1 Nr. 3 BetrVG keine bessere Betriebsverfassung organisieren lässt.[208]

Darüber hinaus bestimmt § 3 Abs. 5 BetrVG, dass die im Tarifvertrag festgelegten Organisationseinheiten als Betriebe gelten und im Übrigen das Betriebsverfassungsrecht Anwendung findet. Erneut ist daher streitig, ob nur eine Regelung der untersten betriebsverfassungsrechtlichen Vertretungsebene zulässig

---

[204] BAG 13.3.2013, AP BetrVG 1972 § 3 Nr. 10 Rn. 41.
[205] Dazu *Aalderks*, Virtuelle Unternehmen im arbeitsrechtlichen Kontext, S. 30 f.; *Krebber*, Arbeitsabläufe, S. 17 ff.
[206] BAG 13.3.2013, AP BetrVG 1972 § 3 Nr. 10 Rn. 41; *Bauer/Herzberg*, NZA 2011, 713, 719; ErfK/*Koch* § 3 BetrVG Rn. 6; *Fitting*, BetrVG, § 3 Rn. 48.
[207] *Bauer/Herzberg*, NZA 2011, 713, 719; ErfK/*Koch* § 3 BetrVG Rn. 6; *Fitting*, BetrVG, § 3 Rn. 48.
[208] *Bauer/Herzberg*, NZA 2011, 713, 719; *Kort*, NZA 2013, 1318, 1322; *Rieble*, NZA-Beilage 2014, 28, 30.

ist.[209] Die Autonomie der Tarifvertragsparteien ist auf den Zuschnitt der Betriebe beschränkt. Insofern kann versucht werden, die Abgrenzung der Betriebe derart zu ändern, dass jeder Arbeitnehmer nur noch einem Betrieb angehört. Das wird aber nicht in jedem Fall praktisch möglich oder sachgerecht sein. Das gilt insbesondere für Mitarbeiter, die in mehreren Geschäftsbereichen mitwirken und somit jeweils in den Betrieb eingegliedert sind. Daher ist jedenfalls eine Verbesserung der Arbeitnehmervertretung im Sinne der Norm nicht immer möglich.

Ausgeschlossen sind auch Regelungen, die z. B. die doppelte Betriebszugehörigkeit der Arbeitnehmer in der Matrixorganisation betreffen. Zudem ließe sich die Aufteilung der Beteiligungsrechte zwischen den Betriebsräten damit nicht präzisieren, ebenso wenig eine Kooperation zwischen den Betriebsräten regeln. Insoweit kommt höchstens die Einführung eines Konsultationsgremiums als zusätzliche Arbeitnehmervertretung nach § 3 Abs. 1 Nr. 4 BetrVG in Betracht[210], soweit sie dem Begriff der Arbeitsgemeinschaft entspricht. Eine Kooperation ohne Institutionalisierung in Form eines Gremiums kann jedoch nicht vereinbart werden.

Schließlich dürfen Anpassungen der Arbeitnehmervertretung nach § 3 Abs. 1 Nr. 3 BetrVG nur durch die Tarifvertragsparteien erfolgen. § 3 Abs. 2 BetrVG gewährt den Betriebspartnern wegen des Umfangs der Ermächtigung keine Regelungsbefugnis.

5. Zusätzliche betriebsverfassungsrechtliche Regelungen (§ 3 Abs. 1 Nr. 4 BetrVG)

Über die bereits genannten Möglichkeiten hinaus erlaubt § 3 Abs. 1 BetrVG es nicht, alternative Strukturen für die Arbeitnehmervertretung zu gestalten. Nach § 3 Abs. 1 Nr. 4 BetrVG können nur zusätzliche Gremien (Arbeitsgemeinschaften) geschaffen werden. Das kann bei Unternehmen mit Matrixorganisation zumindest als Ergänzung der gesetzlichen Strukturen hilfreich sein, wenn z. B. an einem Standort Arbeitnehmer mehrerer Betriebe tätig sind, ohne dass es sich um einen gemeinsamen Betrieb handelt. Das Gleiche gilt, wenn die Organisation nach Geschäftsbereichen erfolgt und an einem Standort mehrere davon mit

---

[209] *Hanau*, NJW 2001, 2513, 2514; *Jordan*, Wahrnehmung der Arbeitnehmerinteressen, S. 180 f.; *Krebber*, Unternehmensübergreifende Arbeitsabläufe, S. 338 ff.; a. A. *Engels/Trebinger/Löhr-Steinhaus*, DB 2001, 532, 533; *Fitting*, BetrVG, § 3 Rn. 51; *Hanau*, RdA 2001, 65, 66; *Hohenstatt/Dzida*, DB 2001, 2498, 2499; *Plander*, NZA 2002, 483, 485.
[210] Siehe D.II.5.

Mitarbeitern tätig sind, so dass es der Koordinierung bedarf. Die Zuständigkeit mehrerer Betriebsräte ist unter solchen Voraussetzungen nicht vorteilhaft, weil gegebenenfalls die Abstimmung zwischen den Gremien fehlt. Diese kann durch einen zusätzlich zu errichtenden Koordinierungsausschuss sichergestellt werden. Insofern kann die Kombination einer Arbeitnehmervertretung nach § 3 Abs. 1 Nr. 2 und 4 BetrVG zu einer Repräsentation führen, die der Organisation Rechnung trägt und zugleich eine Verschlechterung der Arbeitnehmerbeteiligung verhindert.

Allerdings erlaubt § 3 Abs. 1 Nr. 4 BetrVG nur eine unternehmensübergreifende Kooperation und sieht keine Vereinbarung über eine Kooperation zwischen Betriebsräten eines Unternehmens vor. Das ist sicher dann unproblematisch, wenn im Unternehmen als zweite Stufe der Arbeitnehmerrepräsentation ein Gesamtbetriebsrat besteht, der sich kraft originärer Zuständigkeit oder kraft Beauftragung der Koordinierung annehmen kann. Diese Möglichkeit besteht unternehmensübergreifend nicht in gleicher Weise. Konzernbetriebsräte bestehen nur bei Unterordnungskonzernen und sind zudem fakultativ. Sofern jedoch die Gestaltungsmöglichkeiten nach § 3 Abs. 1 Nr. 1–3 BetrVG nicht nur die unterste Ebene der Arbeitnehmervertretung erfasst, muss zumindest auch ein betriebsübergreifender Koordinierungsausschuss gebildet werden können.

6. Ergänzung des § 3 Abs. 1 und 2 BetrVG de lege ferenda

a) Erweiterung der Tatbestände in § 3 Abs. 1 BetrVG

§ 3 Abs. 1 BetrVG ist eine abschließende Regelung, so dass nur bei Vorliegen der Voraussetzungen die Vereinbarung einer alternativen oder ergänzenden Arbeitnehmervertretung möglich ist.[211] Die vorhandenen Tatbestände weisen Lücken oder zumindest eine Reihe von Unklarheiten über den Umfang der Regelungsbefugnis auf, die autonome Regelungen über die Organisation der Betriebsverfassung erschweren.[212] Für § 3 Abs. 1 BetrVG ergibt sich damit insbesondere ein Änderungsbedarf, um die begriffliche Unklarheit der bestehenden Regelungen zu beseitigen und ein Verständnis der Regelungen dergestalt sicherzustellen, dass die Unternehmen und Konzerne mit Matrixorganisation sachgerechte Gestaltungsmöglichkeiten zur Verfügung haben. Das ist durch den

---

[211] *Fitting*, BetrVG, § 3 Rn. 31; *Krebber*, Unternehmensübergreifende Arbeitsabläufe, S. 345; *Robrecht*, Gesamtbetriebsvereinbarung, S. 84.
[212] *Krause*, Gutachten 71. DJT, 2016, B 94; s. auch *Hanau*, RdA 2001, 65, 66; *Konzen*, RdA 2001, 76, 87.

weiten Spartenbegriff zwar möglich, aber nicht zwingend. Unbedingt notwendig ist allerdings die Klarstellung, dass auch eine Regelung von Arbeitnehmervertretungen jenseits der Betriebsebene zulässig ist.

Defizite ergeben sich aus Sicht eines Unternehmens mit Matrixorganisation vor allem daraus, dass § 3 Abs. 1 Nr. 2 BetrVG nur an einer Spartenorganisation anknüpft, wobei vorausgesetzt wird, dass die Sparte umfassend alle Vorgänge einer produkt- oder projektbezogenen Produktion zusammenfasst. Das lässt zumindest zweifeln, ob eine solche Organisation bei Matrixunternehmen angesichts der Zusammenfassung von allgemeinen Unternehmensaufgaben in Funktionsbereiche (functional units) eine abweichende Regelung nach § 3 Abs. 1 Nr. 2 BetrVG zulässig ist. Insofern bedarf es einer Ergänzung des § 3 Abs. 1 BetrVG, die auch solche Gestaltungsformen zulässt. Dabei kann auf die Begriffe Geschäfts- und Funktionsbereich oder Matrixeinheit zurückgegriffen werden, die sich im betriebswirtschaftlichen Kontext zur Beschreibung der Unternehmensorganisation entwickelt haben. Ein solches Vorgehen ist im Betriebsverfassungsrecht nicht ohne Vorbild, zumal der Begriff der Sparte in § 3 Abs. 1 Nr. 2 BetrVG ebenfalls in den Wirtschaftswissenschaften geprägt wurde.

Eine solche Erweiterung ist auch sachgerecht. Die Zusammenfassung der Arbeitnehmer in Funktions- oder Geschäftsbereichen (Matrixeinheiten) bringt in der Regel solche Arbeitnehmer in einen organisatorischen Zusammenhang, deren Tätigkeit aufeinander abgestimmt ist. Damit entstehen Koordinierungsbedarfe. Die räumliche Entfernung der einzelnen Teile eines Geschäftsbereichs kann diesen zwar wieder relativieren. Insofern haben die Arbeitnehmer nach § 4 Abs. 1 BetrVG und die Arbeitnehmervertreter nach § 28 BetrVG Möglichkeiten, um auf diese Umstände zu reagieren, so dass es jedenfalls nicht per se ausgeschlossen ist, auch in Bezug auf Geschäfts- und Funktionsbereiche, so wie sie bei Matrixorganisationen üblich sind, Regelungen zuzulassen. Die Tarifvertragsparteien oder Betriebspartner werden jeweils entscheiden, ob die konkrete Ausgestaltung der Matrixorganisation eine Arbeitnehmervertretung in Anpassung an ihre Struktur zielführend erscheinen lässt. Zudem stellt die zusätzliche gesetzliche Anforderung wie bei § 3 Abs. 1 Nr. 2 BetrVG, die eine sachgerechte Wahrnehmung der Arbeitnehmerinteressen verlangt, sicher, dass es nicht zu einer Verschlechterung der Arbeitnehmervertretung kommt.

Darüber hinaus stehen Anpassungen nach § 3 Abs. 1 Nr. 3 BetrVG nur den Tarifvertragsparteien offen. Will man an dem grundsätzlichen Regelungskonzept des § 3 Abs. 1 BetrVG festhalten und soll die Konkretisierung der Generalklausel in § 3 Abs. 1 Nr. 3 BetrVG nicht generell den Betriebspartnern zugänglich gemacht werden, bedarf es auch deshalb der Einfügung eines neuen Tatbestands in § 3 Abs. 1 BetrVG, der auf die Matrixorganisation Bezug nimmt.

Unabhängig davon legt bereits die mangelnde Aussagekraft der bisherigen Gesetzesfassung nahe, die zulässigen abweichenden Regelungen nach § 3 Abs. 1 Nr. 3 BetrVG klarzustellen.[213]

Eine Lücke in § 3 Abs. 1 BetrVG ergibt sich auch daraus, dass es keinen Tatbestand gibt, der die Regelung einer Arbeitnehmervertretung vorsieht, die nur für die durch die Unternehmenskooperation betroffenen Beteiligungsrechte zuständig ist. Eine solche Verkoppelung von Arbeitnehmervertretung und bestimmten Beteiligungsrechten erscheint sinnvoll, weil sich gerade bei Matrixorganisationen doppelte Betriebszugehörigkeiten ergeben können und somit Auseinandersetzungen darüber entstehen können, welche Arbeitnehmervertretung, welches Beteiligungsrecht wahrnimmt. An sich kann nach § 3 Abs. 1 Nr. 4 BetrVG in diesem Fall eine Arbeitsgemeinschaft gebildet werden. Dies hat aber nicht zur Folge, dass ihr originär die Beteiligungsrechte zustehen. Insofern besteht ein Bedarf klarzustellen, welche Beteiligungsrechte von welcher Arbeitnehmervertretung wahrgenommen werden. Eine solche Vereinbarung darf freilich nicht zur Verkürzung der Beteiligungsrechte führen.

Darüber hinaus ist es zweckmäßig § 3 Abs. 1 BetrVG generell für Unternehmenskooperationen dergestalt zu öffnen, dass die Möglichkeit besteht, eine zusätzliche Arbeitnehmervertretung für Beteiligungsrechte zu etablieren, die bei der konkreten Unternehmenskooperation unternehmensübergreifend durch die Entscheidungen der Unternehmen angesprochen werden.[214] Das bedeutet nicht, dass die betriebsverfassungsrechtliche Organisation vollständig vertraglich geregelt werden müsste, wenn von der gesetzlichen Gestaltung abgewichen werden soll. Vielmehr kann die gesetzliche Regelung auch durch vertragliche Gestaltung ergänzt werden.

Ein solches Vorgehen muss auch den verfassungsrechtlichen Vorgaben Rechnung tragen. Das BAG geht davon aus, dass die Tarifautonomie auch Regelungen über die Organisation der Betriebsverfassung einschließt.[215] Selbst wenn man sich dieser Ansicht nicht anschließt, so sind die Tarifvertragsparteien aufgrund ihrer Sachnähe geeigneter Delegatar im Bereich der Betriebsverfassung,

---

[213] *Franzen*, in: Giesen/Junker/Rieble, Industrie 4.0, S. 107, 121.
[214] *Krause*, Gutachten 71. DJT, 2016, B 94; ebenso *Franzen*, in Giesen/Junker/Rieble, Industrie 4.0, S. 107, 125.
[215] BAG 29.7.2009, AP BetrVG 1972 § 3 Nr. 7 Rn. 38, 40; ebenso *Wendeling-Schröder*, NZA 1999, 1065, 1070; a. A. *Franzen*, ZfA 2000, 285, 299; *Friese*, ZfA 2003, 237, 242 ff.; *Henssler*, ZfA 1998, 1, 34 f.

auch wenn sie vor allem die Interessen ihrer Mitglieder vertreten.[216] Eine Übertragung von Regelungsbefugnissen zur Abweichung von der gesetzlichen Arbeitnehmervertretung nach dem BetrVG als zweiseitig zwingendem Gesetz muss den Anforderungen des Demokratie- und Rechtsstaatsprinzips entsprechen. Das BVerfG geht davon aus, dass die Ordnung eines nach demokratischen Grundsätzen staatlicher Regelung offenstehenden Lebensbereichs durch Sätze objektiven Rechts auf eine Willensentschließung der vom Volke bestellten Gesetzgebungsorgane zurückgeführt werden muss.[217] Das setzt voraus, dass die staatliche Rechtsnorm, die eine abweichende Regelung erlaubt, deren Inhalt im Wesentlichen festlegt.[218] Die bestehende Regelung wahrt diese Vorgaben, so dass sich eine Erweiterung der Regelungsbefugnisse in § 3 Abs. 1 BetrVG hieran orientieren kann.[219]

Die Anpassung der Betriebsverfassung an die Eigenarten der Matrixorganisation endet allerdings an den Grenzen des räumlichen Anwendungsbereichs der Norm. Das BetrVG gilt, soweit das Territorialitätsprinzip reicht, darüber geht auch § 3 BetrVG nicht hinaus.[220] Eine deutsche Norm, die weitergehende Regelungen erlaubt, die auch Betriebe und Unternehmen in anderen Mitgliedstaaten einbezieht, wäre eine Eingriffsnorm, die exterritoriale Wirkung entfaltet. Eine darauf beruhende Vereinbarung verstößt gegebenenfalls gegen den ordre public des Staates, in dem der Betrieb oder das Unternehmen belegen ist. Die Harmonisierung der Information und Konsultation der Arbeitnehmer durch die Richtlinie 2002/14/EG beschränkt sich zum einen auf die EU, zum anderen handelt es sich nur um eine Mindestharmonisierung, die keine echten Mitbestimmungsrechte enthält. Eine grenzüberschreitende Regelung der Arbeitnehmerbeteiligung erlaubt bisher nur das EBRG auf der Grundlage der Richtlinie 2009/38/EG. Dem Europäischen Betriebsrat stehen gegenwärtig aber nur Informations- und

---

[216] Begründung des Regierungsentwurfs, BT-Drs. 14/5741, S. 33 ff.; *Friese*, ZfA 2003, 237, 245.
[217] BVerfG 14.6.1983, BVerfGE 64, 208, 214 ff. – Bergmannversorgungsschein; unter Verweis auf BVerfG 9.5.1972, BVerfGE 33, 125, 128.
[218] BVerfG 14.6.1983, BVerfGE 64, 208, 215; abweichend *Giesen*, Tarifvertragliche Rechtsgestaltung, S. 223 f., der eine bis in die Einzelheiten konkrete gesetzliche Regelung verlangt; auf die Abweichung zu den Anforderungen des BVerfG verweisend *Friese*, ZfA 2003, 237, 248.
[219] BAG 29.7.2009, AP BetrVG 1972 § 3 Nr. 7 Rn. 22; *Annuß*, NZA 2002, 290, 291 f.; *Friese*, ZfA 2003, 237, 248; GK-BetrVG/*Franzen* § 3 Rn. 69; a. A. *Giesen*, Tarifvertragliche Rechtsgestaltung, S. 307 ff.; ebenso *Picker*, RdA 2001, 257, 279 ff.; *Rolf*, Betriebsratsstruktur 198 ff.
[220] Vgl. auch *Schumacher*, NZA 2015, 587, 590.

Konsultationsrechte zu.[221] Eine Änderung der europäischen Rechtslage wäre zwar hilfreich, ist aber in nächster Zeit nicht zu erwarten.[222]

b) **Ergänzende oder alternative Arbeitnehmerrepräsentation**

Ebenso wie für die Spartenorganisation sollte auch den Unternehmen bzw. Konzernen mit Matrixorganisation die Möglichkeit offenstehen, eine alternative Form der Arbeitnehmerrepräsentation einzuführen. Die Matrixorganisation hat zwar keine starren Konturen, allerdings ist auch der Begriff der Sparte relativ weit. Zudem verhindert die zusätzliche Anforderung, dass es sich um eine sachgerechte Wahrnehmung der Betriebsratsaufgaben handeln muss, keine Verschlechterung der Arbeitnehmervertretung.

Ergänzend zur Arbeitnehmervertretung des Geschäftsbereichs bzw. Funktionsbereichs muss es möglich sein, Koordinierungsausschüsse zu errichten, die insbesondere die Abstimmung zwischen den Arbeitnehmervertretungen sicherstellt, wenn an einem Standort mehrere Geschäfts- oder Funktionsbereiche angesiedelt sind. Dies lässt sich nach § 3 Abs. 1 Nr. 4 BetrVG verwirklichen bzw. im Rahmen des § 3 Abs. 1 Nr. 2 BetrVG bei der Schaffung der übergeordneten Arbeitnehmervertretungen. Diese haben nach dem Vorbild des BetrVG zwar grundsätzlich eine originäre Zuständigkeit, allerdings können zumindest die Betriebsräte einzelne Angelegenheiten zur Erfüllung übertragen. A maiore ad minus muss es aber auch möglich sein, ein Gremium zur bloßen Koordinierung der Tätigkeit der Arbeitnehmervertretung auf der untersten Repräsentationsebene sicherzustellen. Abschließend sei darauf hingewiesen, dass die vereinbarte Betriebsverfassung und die gesetzlich geregelte Betriebsverfassung kombiniert werden können. Das gilt gerade für die Vereinbarung zusätzlicher Gremien wie den Koordinierungsausschuss.

Schließlich sollte die Möglichkeit eingeräumt werden, diese Koordinierung vorzuschreiben, ohne ein eigenes Gremium hierfür vorzusehen. Die Institutionalisierung in Form eines Koordinierungsgremiums ist kein zwingend notwendiger Schritt. Die Zuständigkeit der Arbeitnehmervertreter auf der betreffenden Repräsentationsebene wird somit dahingehend erweitert, dass ihnen auch die Koordinierung der Tätigkeit mehrerer Arbeitnehmervertretungen an einem Standort eingeräumt wird. Damit wird zwar nicht die formelle Betriebsverfassung, also die Organisation der Arbeitnehmervertretung, geändert, sondern die

---

[221] Zur autonomen Erweiterung der Beteiligungsrechte GK-BetrVG/*Oetker* § 17 EBRG Rn. 9; HWK/*Giesen* EBRG Rn. 70; MünchArbR/*Joost* § 274 Rn. 103.
[222] *Schumacher*, NZA 2015, 587, 591.

Zuständigkeit der Arbeitnehmervertretung erweitert. Eine solche – auf bloße Abstimmung am Standort ausgerichtete – Erweiterung der Zuständigkeit ist jedenfalls ein milderes Mittel zur Einrichtung einer zusätzlichen Arbeitnehmervertretung. § 3 BetrVG sollte daher um diese Möglichkeit ergänzt werden, auch wenn die Regelung ursprünglich ausschließlich auf die Änderung der Organisation der Betriebsverfassung ausgerichtet war. Ein Verstoß gegen die verfassungsrechtlichen Vorgaben ist nicht ersichtlich. Eine Erweiterung der materiellen Betriebsverfassung ist grundsätzlich auch ohne eine solche Regelung zulässig.

c) Erweiterung der Gestaltungsmöglichkeiten für betriebsverfassungsrechtliche Gremien

Die bestehende Regelung des § 3 BetrVG erlaubt den Betriebspartnern selbst in nur sehr eingeschränktem Maße eine Regelung alternativer oder ergänzender betriebsverfassungsrechtlicher Strukturen. Lediglich wenn keinerlei tarifvertragliche Regelung für den Betrieb bestehen, können die Betriebspartner Vereinbarungen treffen (§ 3 Abs. 2 BetrVG).[223] Ein so weit reichender Tarifvorbehalt zugunsten der Tarifvertragsparteien ist jedoch verfassungsrechtlich nicht zwingend geboten. Auch wenn man Tarifverträge nach § 3 BetrVG als Teil der Tarifautonomie ansieht, wie das BAG[224], ist der Regelungsgegenstand nicht Teil des Kernbereichs der Tarifautonomie. Die Tarifvertragsparteien modifizieren eine gesetzlich geregelte Arbeitnehmervertretung in den Grenzen der gesetzlichen Öffnungsklausel in § 3 BetrVG.

Die Betriebsräte sind – im Gegensatz zu den Tarifvertragsparteien – durch die Wahl der Arbeitnehmer im Betrieb legitimiert und repräsentieren die gesamte Belegschaft des Betriebs. Die Tarifvertragsparteien können zwar nach § 3 Abs. 2 TVG Betriebsnormen und betriebsverfassungsrechtliche Normen in Tarifverträge aufnehmen. Ihre besondere Sachnähe versetzt sie in die Lage, solche Vereinbarungen zu treffen. Die Betriebsräte sind aber aufgrund ihrer Legitimation nicht weniger zu solchen Vereinbarungen in der Lage. Zudem kennen sie die Verhältnisse im Betrieb genau und verfügen über eine vergleichbare Sachnähe. Insofern spricht sachlich viel für eine Erweiterung der Regelungs-

---

[223] Vgl. Begründung des Regierungsentwurfs, BT-Drs. 14/5741, S. 34. BAG und herrschende Lehre setzen eine normative Wirkung der Tarifverträge für deren Sperrwirkung voraus s. BAG 24.4.2013, AP BetrVG 1972 § 3 Nr. 11 Rn. 40; GK-BetrVG/*Franzen* § 3 Rn. 38; *Hanau*, NJW 2001, 2513, 2514; *Hohenstatt/Dzida*, DB 2001, 2498, 2501; a. A. DKKW/*Trümner*, BetrVG, § 3 Rn. 164 f.
[224] BAG 29.7.2009, AP BetrVG 1972 § 3 Nr. 7 Rn. 38, 40.

befugnis der Betriebspartner. Das macht es allerdings notwendig, das Verhältnis zwischen Tarifvertragsparteien und Betriebspartner zu justieren.[225] § 3 Abs. 2 BetrVG nimmt von der Regelungsbefugnis des Betriebsrats zudem § 3 Abs. 1 Nr. 3 BetrVG wegen der besonderen Tragweite der Regelung aus und beschränkt sie auf die Tarifvertragsparteien.[226] Verfassungsrechtlich geboten ist diese Differenzierung nicht. Letztlich besteht ein Beurteilungsspielraum des Gesetzgebers.

Die Literatur befürwortet jedenfalls zu Recht eine Ausweitung der Regelungsbefugnisse der Betriebspartner für alternative betriebsverfassungsrechtliche Strukturen und zusätzliche Arbeitnehmervertretungen durch eine Änderung des § 3 Abs. 2 BetrVG.[227] Vereinbarungen der Betriebspartner haben Vorteile, weil es keinen Konzerntarifvertrag gibt und bei Mischkonzernen zudem branchenübergreifende Regelungen notwendig werden können, die eine Gewerkschaft allein nicht vereinbaren kann, ein Konzernbetriebsrat hingegen schon.[228]

Es ist zwar nicht ausgeschlossen, durch ein abgestimmtes Vorgehen der Tarifvertragsparteien einen Tarifvertrag für alle konzernangehörigen Unternehmen zu schließen. Praktische Schwierigkeiten können sich dabei aber ergeben, wenn ein Teil der Unternehmen anderen Branchen angehören, so dass es nicht nur der Mitwirkung aller Unternehmen bedarf, sondern auch der Abstimmung der Gewerkschaften untereinander. Diese können natürlich eine Tarifgemeinschaft bilden. Sofern diese nicht zustande kommen, kann in der Regelung durch den Konzernbetriebsrat mit der Konzernobergesellschaft eine Abhilfe im Interesse einer effektiven Arbeitnehmervertretung liegen.

Parteien der abweichenden Regelung sind bei § 3 Abs. 1 Nr. 1 BetrVG der Arbeitgeber und der Gesamtbetriebsrat.[229] Das gilt auch bei § 3 Abs. 1 Nr. 2 BetrVG, es sei denn, die Spartenorganisation ist unternehmensübergreifend.[230] Das Gleiche muss für eine Regelung zur Matrixorganisation nach Geschäfts- und

---

[225] Siehe unten D.II.6.d.
[226] Begründung des Regierungsentwurfs, BT-Drs. 14/5741, S. 34.
[227] Vgl. *Krebber*, Unternehmensübergreifende Arbeitsabläufe, S. 330; *Richardi*, NZA 2001, 346, 350; *Schiefer/Korte*, NZA 2001, 71, 73; zurückhaltender *Reichold*, NZA 2001, 857, 859; s. auch *Franzen*, ZfA 2000, 285, 299; *Hohenstatt/Dzida*, DB 2001, 2498, 2501; *Picker*, RdA 2001, 280 f.; speziell zur Matrixorganisation *Franzen*, in: ZAAR, Industrie 4.0, S. 107, 121; *Günther/Böglmüller*, NZA 2015, 1025, 1027 f.
[228] *Rieble*, NZA-Beilage 2014, 28, 30; *Witschen*, RdA 2016, 38, 44.
[229] DKKW/*Trümner*, BetrVG, § 3 Rn. 170; *Richardi*, BetrVG, § 3 Rn. 80; *Robrecht*, Gesamtbetriebsvereinbarung, S. 84.
[230] DKKW/*Trümner*, BetrVG, § 3 Rn. 171 f.; *Fitting*, BetrVG, § 3 Rn. 72; *Richardi*, BetrVG, § 3 Rn. 80 f.; *Robrecht*, Gesamtbetriebsvereinbarung, S. 86.

Funktionsbereichen gelten. Bei Regelungen in Bezug auf den Konzern oder sonstigen Regelungen zu Unternehmenskooperationen ist der Konzernbetriebsrat zuständig. Zudem kann er auch kraft Beauftragung zuständig sein.

d) Vorrang der tarifvertraglichen Regelung

Die Regelung der Organisation der Betriebsverfassung steht derzeit unter einem sehr engen Tarifvorbehalt. Dieser ist verfassungsrechtlich nicht zwingend geboten. Die Ausgestaltung der Betriebsverfassung als gesetzlich geregelte Arbeitnehmerbeteiligung gehört nicht zum Kernbereich der Tarifautonomie. Vielmehr ergänzen sie die gesetzlich geregelte Arbeitnehmervertretung nach Maßgabe des § 3 BetrVG. Insofern erzwingt Art. 9 Abs. 3 GG keinen Tarifvorbehalt i. S. von § 77 Abs. 3 BetrVG. Das macht die Betriebspartner aber nicht notwendig zu gleichberechtigten Adressaten nach § 3 BetrVG. Allerdings besteht ein rechtspolitischer Gestaltungsspielraum, der sowohl durch einen weitgehenden Vorbehalt wie in § 77 Abs. 3 BetrVG als auch durch eine weitergehende Regelungsbefugnis der Betriebspartner ausgeschöpft werden kann.

Ungeachtet der Diskussion über das Eingreifen von Art. 9 Abs. 3 S. 1 GG[231] spricht vieles dafür, einen Vorrang der tariflichen Gestaltung im Einklang mit der übrigen Betriebsverfassung für deren organisatorische Ausgestaltung vorzusehen. Die Regelung der formellen und materiellen Arbeitsbedingungen erfolgt nicht nur in Bezug auf das einzelne Arbeitsverhältnis, sondern hat häufig einen konkreten Bezug zu den bestehenden Betrieben (vgl. Betriebsnormen und betriebsverfassungsrechtliche Normen). Der für den Tarifvertrag bestehende Vorrang sollte auch für die Regelung der Organisation der Betriebsverfassung gelten.

Grundsätzlich muss ein geltender Tarifvertrag nach § 3 BetrVG Vorrang vor einer Gesamt- oder Konzernbetriebsvereinbarung haben.[232] Alternativ zu einem Tarifvorbehalt, wie ihn § 77 Abs. 3 BetrVG regelt, und zum Tarifvorrang entsprechend § 87 Abs. 1 Einleitungssatz BetrVG lässt sich als dritte Gestaltungsalternative ein Widerspruchsrecht der zuständigen Tarifvertragsparteien erwägen, auch wenn es hierfür kein unmittelbares Vorbild im BetrVG gibt. Um

---

[231] Vgl. BAG 29.7.2009, AP BetrVG 1972 § 3 Nr. 7 Rn. 38, 40; ebenso *Wendeling-Schröder*, NZA 1999, 1065, 1070; a. A. *Franzen*, ZfA 2000, 285, 299; *Friese*, ZfA 2003, 237, 242 ff.; *Henssler*, ZfA 1998, 1, 34 f.
[232] Das Verhältnis zwischen mehreren Tarifverträgen bestimmt sich nach den Regeln der Tarifkonkurrenz.

zu verhindern, dass zwischen den Betriebspartnern und den Tarifvertragsparteien Konflikte dadurch entstehen, dass die Betriebspartner dem Abschluss eines Tarifvertrages durch den Abschluss einer Gesamt- oder Konzernbetriebsvereinbarung zuvorkommen. Zur Umsetzung bietet sich insoweit ein Widerspruchsrecht der Tarifvertragsparteien an. Sofern mehrere Gewerkschaften im Betrieb vertreten sind, sollte das Widerspruchsrecht jeder Vereinigung zukommen. Das Widerspruchsrecht ist so auszugestalten, dass die Betriebsvereinbarung erst wirksam wird, wenn die berechtigte Gewerkschaft nicht innerhalb einer bestimmten Frist (z. B. vier Wochen) ihren Widerspruch gegenüber einem der Betriebspartner erklärt, die die Vereinbarung geschlossen haben.

Sofern eine der Gewerkschaften widersprochen hat, tritt die Betriebsvereinbarung nicht in Kraft. Zur Ausübung des Widerspruchs genügt eine einfache Erklärung, die dem Betriebspartner zugehen muss. Der Wirksamkeit des Widerspruchs steht nicht entgegen, dass nicht die repräsentativste Gewerkschaft widersprochen hat. Immerhin kann auch diese Gewerkschaft in wirksamer Weise einen Tarifvertrag nach § 3 BetrVG schließen. Dieser wird aus Gründen der Tarifkonkurrenz schließlich nur verdrängt, wenn die repräsentativere Gewerkschaft tatsächlich einen Tarifvertrag nach § 3 BetrVG geschlossen hat.

Eine Bindung des Widerspruchsrechts an Sachgründe erscheint nicht geboten. Schließlich soll den Gewerkschaften so die Möglichkeit gegeben werden, die Regelungsbefugnis an sich zu ziehen. Damit lässt sich zugleich dem Bedenken der Gewerkschaften Rechnung tragen, dass beim Handeln der Gesamt- und Konzernbetriebsräte die Gefahr von Koppelungsgeschäften besteht. Allerdings darf die Ausübung des Widerspruchsrechts nicht willkürlich sein.

e) Änderung des § 3 Abs. 5 BetrVG

Die bestehende Regelung des § 3 BetrVG weist auch in Absatz 5 Schwächen auf. Insbesondere bedarf es einer Klarstellung, dass die Regelung nicht nur die Arbeitnehmervertretung im Betrieb betrifft, sondern auch die Arbeitnehmervertretung im Unternehmen und Konzern. Dies sollte in § 3 Abs. 5 BetrVG ausdrücklich aufgenommen werden, indem § 3 Abs. 5 S. 2 BetrVG ergänzt wird.[233] Darüber hinaus sollten bereits die Tatbestände in § 3 Abs. 1 BetrVG nicht nur auf

---

[233] *Franzen*, in: ZAAR, Industrie 4.0, S. 107, 121.

den Betriebsrat, sondern die Arbeitnehmervertretungen Bezug nehmen, um den Regelungsspielraum zu vergrößern bzw. klarzustellen.

Die Regelung in § 3 Abs. 5 BetrVG beschränkt die Regelungen der Tarifvertragsparteien oder Betriebspartner darauf, die organisatorischen Einheiten, die für Arbeitnehmervertretungen errichtet werden, abweichend vom Gesetz zu bestimmen. Unzulässig sind de lege lata Regelungen über die Zahl der Organmitglieder oder dessen Zusammensetzung.[234] Lediglich für den Gesamt- und Konzernbetriebsrat erlauben §§ 47 Abs. 4, 55 Abs. 4 BetrVG den Betriebspartnern, die Größe des betriebsverfassungsrechtlichen Gremiums zu ändern. Auch die Freistellung von Betriebsratsmitgliedern kann abweichend geregelt werden (§ 38 Abs. 1 S. 4 BetrVG). Eine Möglichkeit zur Verkleinerung der Gremien besteht grundsätzlich nicht (vgl. aber §§ 47 Abs. 5–9, 55 Abs. 4 BetrVG). Für eine Änderung ergibt sich bei den Unternehmen und Konzernen mit Matrixorganisationen in diesem Punkt kein besonderer Bedarf.

Vereinbarungen nach § 3 Abs. 1 Nr. 1–3 BetrVG führen zur Abgrenzung neuer Betriebe. Anders als bei der Anwendung der §§ 1, 4 BetrVG sind somit nicht die tatsächlichen Verhältnisse maßgebend, sondern die Vereinbarung.[235] Solange sie gilt, ist sie anzuwenden. Typischerweise werden Regelungen über die Laufzeit und die Kündbarkeit in der Vereinbarung vorgesehen. Solange keine besondere Vereinbarung erfolgt, ist der Arbeitgeber durch einen Tarifvertrag nach § 3 BetrVG indes nicht gehindert, das Unternehmen oder einzelne Betriebe umzustrukturieren.[236] Insofern kann eine Veränderung der tatsächlichen Verhältnisse dazu führen, dass die Geschäftsgrundlage für eine solche Vereinbarung entfällt. Das ist aber nur der Fall, wenn der Repräsentationsbereich seine Identität verliert, insbesondere wenn das Substrat (Betriebsmittel, Arbeitnehmer) verloren gehen, die die Repräsentationseinheit ausmacht.[237] Die vertragliche Abgrenzung der Repräsentationseinheit ist zwar vereinbart, bleibt aber zumindest in ihrer Grundlage von den realen Verhältnissen des Unternehmens abhängig. Die bloß veränderte Zuordnung von Mitarbeitern und die abweichende Bündelung von Entscheidungsbefugnissen im Unternehmen lassen die Wirksamkeit der Vereinbarung nicht ohne weiteres entfallen. Die Zulässigkeit einer Kündigung ist allerdings zu prüfen.

---

[234] *Hohenstatt/Dzida*, DB 2001, 2498, 2500.
[235] LAG Köln 13.5.2015 – 9 TaBV 29/15, Rn. 56 (juris).
[236] *Fitting*, BetrVG, § 3 Rn. 86.
[237] *Fitting*, BetrVG, § 3 Rn. 86; GK-BetrVG/*Franzen* § 3 Rn. 61 f.; vgl. auch BAG 21.9.2011 – 7 ABR 54/10, NZA-RR 2012, 186 Rn. 43; *K. Schmidt*, Jahrbuch Arbeitsrecht 49 (2012), 79, 89.

f) Wirkung der Vereinbarung auf spätere organisatorische Änderungen

Die Regelung nach § 3 BetrVG ist grundsätzlich eine Vereinbarung, die an die bestehenden Organisationsstrukturen des Unternehmens bzw. Konzerns anknüpft. Sie hat nicht zur Folge, dass es dem Unternehmen bzw. den konzernangehörigen Unternehmen nicht erlaubt ist, die Organisationsstruktur des Unternehmens bzw. Konzerns zu ändern. Das ergibt sich bereits aus § 3 Abs. 1, 5 BetrVG, die nur eine Anpassung der Gremien für die Arbeitnehmervertretung vorsehen, ohne die Betriebsverfassung im Übrigen zu ändern. Das BetrVG ist akzessorisch zur Organisation des Unternehmens bzw. Konzerns, konserviert diese indes nicht. Das belegen einerseits § 21a BetrVG und § 21b BetrVG, die gerade erforderlich wurden, weil die bestehenden betriebsverfassungsrechtlichen Gremien organisatorischen Änderungen nicht entgegenstehen. Andererseits beschränken sich die Beteiligungsrechte des Betriebsrats in wirtschaftlichen Angelegenheiten grundsätzlich auf die Information und Beratung. Echte Mitbestimmungsrechte, die eine Änderung der Organisation von der positiven Mitwirkung des Betriebsrats abhängig machen, sind nicht vorgesehen.

Das schließt allerdings nicht aus, dass durch Tarifvertrag oder Betriebsvereinbarung weitergehende Beteiligungsrechte vorgesehen werden. Solange es sich um freiwillige Vereinbarungen handelt, stehen diesen auch keine grundrechtlichen Vorgaben entgegen. Ob und inwieweit solche Beteiligungsrechte vorgesehen werden, kann im Zusammenhang mit einer Vereinbarung nach § 3 BetrVG verhandelt werden. Alternativ kann eine eigenständige Betriebsvereinbarung abgeschlossen werden, die auf die Eigenarten der Matrixorganisation – insbesondere die sich ändernden Weisungsrechte und das Zurverfügungstellen eines kompetenten Ansprechpartners für den Betriebsrat – reagiert und Regelungen vorsieht, um die Durchführung der betrieblichen Mitbestimmung zu unterstützen.[238]

---

[238] Siehe unten J.

7. Zusammenfassender Vorschlag zur Gesetzgebung

Die bisherigen Überlegungen legen folgende Änderung des § 3 BetrVG nahe:

1. *Änderung von § 3 Abs. 1 Nr. 2 BetrVG:*

In der Klammer wird hinter „Spartenbetriebsräte" angefügt „Spartengesamtbetriebsräte und Spartenkonzernbetriebsräte".

2. *Ergänzung von § 3 Abs. 1 BetrVG um eine neue Nr. 3:*

„für Unternehmen und Konzerne mit Matrixorganisation die Bildung von Betriebsräten bei Funktions- bzw. Geschäftsbereichen bzw. deren Untereinheiten (Matrixeinheiten) unabhängig von deren unternehmens- oder konzernübergreifendem Charakter, sowie Gesamt- und Konzernbetriebsräten, wenn deren Leitung Entscheidungen in beteiligungspflichtigen Angelegenheiten trifft und dies der sachgerechten Wahrnehmung der Aufgaben der Arbeitnehmervertretung dient"

3. *Ergänzung von § 3 Abs. 1 BetrVG um eine neue Nr. 5:*

„eine zusätzliche Arbeitnehmervertretung für kooperierende Unternehmen oder Teile eines Unternehmens, insbesondere einen Koordinierungsrat für deren Zusammenwirken an einem Standort, wenn dies der wirksamen und zweckgerechten Vertretung der Interessen der Arbeitnehmer dient"

4. *Die bisherige Nr. 3 wird zur Nr. 4; die bisherigen Nr. 4 und 5 werden zu Nr. 6 und 7.*

5. *Ergänzung von § 3 Abs. 1 BetrVG um eine neue Nr. 8[239]:*

„für einen Konzern (§ 18 Abs. 1 des Aktiengesetzes) einen Konzernwirtschaftsausschuss."

---

[239] Vgl. zur bisherigen Rechtslage BAG 23.8.1989, AP BetrVG 1972 § 106 Nr. 7 („Der Konzernbetriebsrat kann keinen Wirtschaftsausschuß errichten."). Für die Zulässigkeit einer freiwilligen Vereinbarung über die Errichtung eines Ausschusses des Konzernbetriebsrats DKKW/*Däubler*, BetrVG, § 106 Rn. 19; Schaub/*Koch*, Arbeitsrechts-Handbuch, § 243 Rn. 11; vgl. auch GK-BetrVG/*Oetker* § 106 Rn. 30; a. A. Richardi/*Annuß*, BetrVG, § 106 Rn. 9.

6. In § 3 Abs. 1 BetrVG ist ein neuer Satz 2 einzufügen:

„Statt einer zusätzlichen Arbeitnehmervertretung nach Satz 1 Nr. 6 und 7 kann vereinbart werden, dass die nach dem Gesetz oder einer Vereinbarung nach § 3 Abs. 1 Nr. 1-5 BetrVG errichteten Arbeitnehmervertretungen die Ausübung ihrer Beteiligungsrechte koordinieren, soweit die Angelegenheiten der Arbeitnehmer an einem Standort betroffen sind und dies der sachgerechten Wahrnehmung der Beteiligungsrechte dient."

7. Änderung des § 3 Abs. 2 BetrVG:

„Gilt kein Tarifvertrag mit einer abweichenden Regelung im Sinne dieser Vorschrift, so können in den Fällen des Absatzes 1 Nr. 1, 2, 3, 5, 6 und 7 abweichende Regelungen durch Betriebsvereinbarung getroffen werden. Die Betriebsvereinbarung tritt erst in Kraft, wenn sie nach ihrem Abschluss den tarifzuständigen Gewerkschaften zugegangen ist und diese ihr nicht innerhalb von [vier] Wochen widersprochen haben. Der Widerspruch muss gegenüber einem an der Betriebsvereinbarung beteiligten Betriebspartner erklärt werden."

8. Ergänzung des § 3 Abs. 5 BetrVG um folgende Sätze 3 und 4:

„Für übergeordnete Arbeitnehmervertretungen gelten die Vorschriften zum Gesamt- oder Konzernbetriebsrat entsprechend."

8. Formulierungsbeispiele

Tarifvertrag nach § 3 Abs. 1 BetrVG in der geltenden Fassung:

Zwischen dem Unternehmen X[240], vertreten durch [...]

und

der Gewerkschaft Y, vertreten durch [...]

wird zur Errichtung einer betrieblichen Mitbestimmung in einer Matrixorganisation folgender Tarifvertrag vereinbart:

---

[240] Alternativ: Abschluss durch den Arbeitgeberverband oder durch eine Tarifgemeinschaft der Unternehmen eines Unterordnungskonzerns i. S. von § 18 Abs. 1 AktG.

Präambel

[Einbindung des Unternehmens in eine internationale Unternehmensgruppe]
[Organisation in Form einer Matrixstruktur und deren Kurzbeschreibung]

§ 1 – Geltungsbereich

Dieser Tarifvertrag gilt für alle Arbeitnehmer i. S. von § 5 Abs. 1, 2 BetrVG, die einem der in Deutschland belegenen Betriebe des Unternehmens[241] angehören.[242] Er regelt die Arbeitnehmervertretung in den Matrixeinheiten [sowie die übergeordnete Arbeitnehmervertretung im Unternehmen] [und im Konzern[243]].

§ 2 – Betriebsverfassungsrechtliche Organisationseinheiten[244]

(1) Im Geltungsbereich des BetrVG werden vom Unternehmen infolge der Umsetzung der Matrixstruktur folgende Funktions- und Geschäftsbereiche [samt Untergliederungen] (Matrixeinheiten) gebildet, in denen jeweils ein Betriebsrat[245] gewählt werden kann:

– Matrixeinheit [Name],

– Matrixeinheit [Name] [...].

Die Zuordnung der [Betriebsstätten, Arbeitsgruppen, Abteilungen] zu den Matrixeinheiten regelt der Anhang. Die Größe des Betriebsrats richtet sich nach den Vorgaben des BetrVG.

---

[241] Der Geltungsbereich kann auch auf einen Teil der Betriebe des Unternehmens beschränkt werden, sofern nicht alle Betriebe in die Matrixorganisation einbezogen sind. Sofern der Tarifvertrag durch eine Tarifgemeinschaft geschlossen wird, sind alle einbezogenen Unternehmen bzw. die betroffenen Betriebe aufzuzählen.

[242] Alternativ kann die Vereinbarung auf alle Arbeitnehmer bezogen werden, die in einem Teil der Betriebe oder Anlagen tätig sind, die in der Anlage des Tarifvertrages benannt werden. Solche Einschränkungen sind vor allem erforderlich, wenn nicht das gesamte Unternehmen in die Matrixorganisation eingebunden ist.

[243] Sofern der Abschluss durch den Arbeitgeberverband für alle konzernangehörigen Unternehmen erfolgt oder die Konzernunternehmen eine Tarifgemeinschaft bilden.

[244] Bei einem Abschluss des Tarifvertrages mit einer Tarifgemeinschaft mehrerer Unternehmen kann auch eine Regelung über einen gemeinsamen Betriebsrat aufgenommen werden.

[245] Der Begriff wurde hier trotz des Bezugs auf die Matrixeinheit beibehalten, zumal das Betriebsverfassungsrecht diesen verwendet und das Gesetz im Übrigen Anwendung findet.

[Für alle Betriebe, die nicht in die Matrixorganisation einbezogen sind, können Betriebsräte nach Maßgabe des BetrVG errichtet werden.²⁴⁶]

Für den Fall der Auflösung einer Matrixeinheit erfolgt die Organisation der betrieblichen Mitbestimmung für die betroffenen Arbeitnehmer nach Maßgabe des BetrVG. In den Betrieben und betriebsratsfähigen Betriebsteilen kann ein Betriebsrat gewählt werden. Im Übrigen hat der Betriebsrat der Matrixeinheit ein Übergangs- oder ein Restmandat i. S. von § 21a bzw. § 21b BetrVG²⁴⁷.

(2) Solange mehr als eine Matrixeinheit bzw. Betrieb besteht, wird für das Unternehmen, ein Gesamtbetriebsrat gebildet, in den nach Maßgabe von § 47 Abs. 2 BetrVG alle Betriebsräte Mitglieder entsenden.²⁴⁸

(3) Für [...] wird [werden] ein Konzernbetriebsrat [und ein Konzernwirtschaftsausschuss] errichtet. Die Errichtung des Konzernbetriebsrats erfolgt nach Maßgabe von § 54 Abs. 2 BetrVG durch Entsendung von Mitgliedern der Gesamtbetriebsräte bzw. Betriebsräte.

[(4) Zur Koordinierung der betrieblichen Angelegenheiten am Standort [...] bilden die Betriebsräte der Matrixeinheiten einen Koordinierungsausschuss. Er ist kraft Delegation²⁴⁹ für alle betriebsverfassungsrechtlichen Angelegenheiten am Standort zuständig, die mehr als eine Matrixeinheit betreffen. Die Betriebs-

---

246 Die klarstellende Aufzählung in einer Anlage ist in Betracht zu ziehen.
247 Dabei handelt es sich nur um eine Klarstellung. Die Anwendung von § 21b BetrVG ergibt sich aus § 3 Abs. 5 BetrVG.
248 Alternativ kann statt des Gesamtbetriebsrats ein Gremium errichtet werden, dass alle Geschäftsbereiche in Deutschland erfasst. Diese geografische Beschränkung ist wegen der Verschränkung der Vereinbarung nach § 3 BetrVG und dem materiellen Betriebsverfassungsrecht, das wegen des Geltungsbereichs des Gesetzes nur für die in Deutschland belegenen betriebsratsfähigen Einheiten gilt, notwendig. Sofern ein solches Gremium nicht alle Betriebe des Unternehmens erfasst, bedarf es daneben eines Gesamtbetriebsrats. Um solche Doppelstrukturen zu vermeiden, ist ein einheitlicher Gesamtbetriebsrat zu bilden, in den sowohl die Betriebsräte der Matrixeinheiten als auch die Betriebsräte der außerhalb der Matrixorganisation stehenden Betriebe des Unternehmens Vertreter entsenden.
249 Das BetrVG regelt keinen originären Zuständigkeitsbereich für einen solchen Koordinierungsausschuss. Sofern man den Tarifvertragsparteien nicht die Befugnis einräumt, eine originäre Zuständigkeit zu definieren, so ergibt sich diese letztlich aus der Delegation der Befugnisse der einzelnen Betriebsräte. Der Tarifvertrag nach § 3 BetrVG ersetzt die Delegation durch den Betriebsrat nicht. Diese muss eigens beschlossen werden.

räte entsenden je einen Vertreter in den Koordinierungsausschuss. Für die Geschäftsführung gelten die Bestimmungen für Betriebsräte entsprechend.][250]

§ 3 – Freistellungen

Die durch diese Vereinbarung geschaffenen betriebsverfassungsrechtlichen Organisationseinheiten haben in der Regel

- [...] Arbeitnehmer in Matrixeinheit [...],
- [...] Arbeitnehmer in Matrixeinheit [...].

Die Parteien vereinbaren, dass abweichend von § 38 Abs. 1 [...] Mitglieder des Betriebsrats der Matrixeinheit [...] freigestellt werden.

§ 4 – Zuständigkeiten und Befugnisse

(1) Die Zuständigkeit und die Befugnisse der Betriebsräte, Gesamtbetriebsräte und des Konzernbetriebsrat richten sich nach dem BetrVG.

(2) Für den Konzernwirtschaftsausschuss[251] gelten die §§ 106 ff. BetrVG in Bezug auf die wirtschaftlichen Verhältnisse des Konzerns entsprechend.

Alternativ:

Der Vorstand der [Konzernobergesellschaft] informiert den Konzernwirtschaftsausschuss

Nr. 1 einmal im Kalenderhalbjahr über die wirtschaftliche und finanzielle Situation des Konzerns anhand der Konzernergebnisrechnung, des Cashflows, der Höhe der Verbindlichkeiten und des Liquiditätsstatus und der Absatzlage. Etwaige Abweichungen von den Planzahlen werden erläutert, die möglichen Konsequenzen beraten,

Nr. 2 er informiert und berät einmal jährlich über die gesamte Konzernplanung (Umsatz und Investitionsplanung, Personal-, Kosten- und Gewinnpla-

---

[250] Die gesetzlich geregelte Arbeitnehmervertretung kann durch einer Vereinbarung nach § 3 BetrVG ergänzt werden, so dass gesetzlich geregelte Gremien und vereinbarte Gremien nebeneinander bestehen. Dies kommt insbesondere bei Konzernen mit Matrixorganisation in Betracht, die nur einen Teil der Konzernunternehmen erfasst, während andere Teile weiterhin in einer hierarchischen Struktur organisiert sind, die sich an gesellschaftsrechtlichen Einheit orientiert.

[251] Alternativ kann ein Ausschuss beim Konzernbetriebsrat errichtet werden, der diese Aufgaben übernimmt.

nung) einschließlich der Erläuterungen des Konzernjahresabschlusses anhand der Konzernbilanz und der Konzerngewinn- und -verlustrechnung sowie

Nr. 3 fallweise auf Verlangen des Konzernwirtschaftsausschusses über beabsichtigte Betriebsänderungen, Rationalisierungsvorhaben, Veräußerung oder Erwerb von Beteiligungen und über alle sonstigen Vorhaben, die die Interessen der Beschäftigten beeinträchtigen können.

§ 5 – Unterrichtung der Mitarbeiter

Die Arbeitnehmer des Unternehmens werden über die neue Organisationsstruktur und die anstehenden Betriebsratswahlen durch die Geschäftsführung am [...] unterrichtet.

§ 6 – Inkrafttreten, Dauer, Schlussvorschriften[252]

(1) Dieser Tarifvertrag tritt zum [...] in Kraft.

(2) Der Tarifvertrag kann von jeder Tarifvertragspartei mit einer Frist von drei [sechs] Monaten vor Ablauf der allgemeinen Amtsperiode der Betriebsräte gekündigt werden. Die Kündigung wird wirksam zum Ende der Amtsperiode, in der er gekündigt wurde. Die Kündigung bedarf der Schriftform[253] [Nach Zugang der Kündigung nehmen die Tarifvertragsparteien Verhandlungen über den Abschluss einer Anschlussvereinbarung auf.]

(3) Im Falle einer grundlegenden Reorganisation des Unternehmens in Deutschland hat jede Tarifvertragspartei das Recht, den Tarifvertrag außerordentlich zu kündigen, und einen Anspruch, diesen Tarifvertrag neu zu verhandeln. Das gilt insbesondere, wenn [...][254].

(4) Sollten einzelne Bestimmungen der Vereinbarung ganz oder teilweise unwirksam sein, bleibt die Wirksamkeit der übrigen Bestimmungen unberührt. Die Parteien verpflichten sich, die unwirksame Bestimmung durch eine wirksame und zumutbare Regelung zu ersetzen.

Ort, Datum ...   Ort, Datum ...

---

[252] Ergänzend kann eine Regelung zu Streitigkeiten über die Auslegung des Tarifvertrages vorgesehen werden.
[253] Im Interesse der Rechtssicherheit ist eine solche Maßgabe sinnvoll, wenngleich nicht zwingend.
[254] Aufzunehmen wäre insbesondere eine Änderung der Beteiligungsverhältnisse, die zur Auflösung des Unterordnungskonzerns führt.

Konzernbetriebsvereinbarung nach § 3 Abs. 2 BetrVG in der geltenden Fassung:

Zwischen dem Unternehmen X[255], vertreten durch [...]

und

dem Konzernbetriebsrat, vertreten durch [...]

wird zur Errichtung einer betrieblichen Mitbestimmung in einer Matrixorganisation folgende Konzernbetriebsvereinbarung geschlossen:

Präambel

§ 1 – Geltungsbereich

§ 2 – Betriebsverfassungsrechtliche Organisationseinheiten[256]

§ 3 – Neuwahlen[257]

(1) Die Parteien sind sich darüber einig, dass für die durch diese Vereinbarung gebildeten betriebsverfassungsrechtlichen Organisationseinheiten am [...] Betriebsratswahlen stattfinden.

(2) Die Matrixbetriebsräte werden von allen nach § 7 wahlberechtigten Arbeitnehmern der jeweiligen Matrixeinheit nach den in § 14 BetrVG normierten Grundsätzen gewählt.

(3) Wählbar sind entsprechend § 8 Abs. 1 BetrVG alle wahlberechtigten Arbeitnehmer der jeweiligen Einheit.

§ 4 – Ansprechpartner der Betriebsräte

Die Geschäftsführung der Unternehmen ist verpflichtet, den Betriebsräten und den Gesamtbetriebsräten kompetente Ansprechpartner mit Entscheidungsbefugnissen in den mitbestimmungsrelevanten Angelegenheiten zu benennen.

---

[255] Alternativ: Abschluss durch den Arbeitgeberverband oder durch eine Tarifgemeinschaft der Unternehmen eines Unterordnungskonzerns i. S. von § 18 Abs. 1 AktG.

[256] Bei einem Abschluss des Tarifvertrages mit einer Tarifgemeinschaft mehrerer Unternehmen kann auch eine Regelung über einen gemeinsamen Betriebsrat aufgenommen werden.

[257] Diese Regelung wird entbehrlich, wenn der zeitliche Geltungsbereich des Tarifvertrages auf die nächste reguläre Betriebsratswahl bezogen wird. Insofern ist festzuhalten, wer die Wahlvorbereitungen für die Matrixeinheiten übernimmt.

Diese müssen bei der Ausübung der Beteiligungsrechte auf Seiten des Arbeitgebers mitwirken, soweit ihre Zuständigkeit betroffen ist.

§ 5 – Zuständigkeiten und Befugnisse

§ 6 – Bestehende Betriebsvereinbarungen und Regelungsabreden

Die bestehenden Betriebsvereinbarungen gelten in ihrem sachlichen, persönlichen und betrieblichen Geltungsbereich mit normativer Wirkung fort. Das Gleiche gilt für Regelungsabreden. [Im Hinblick auf den betrieblichen Geltungsbereich der Vereinbarung ist auf die im Zeitpunkt des Abschlusses der Betriebsvereinbarung maßgebende Abgrenzung der Betriebe abzustellen.] Die Betriebsräte der Matrixeinheit haben alle Gestaltungsrechte aus den Betriebsvereinbarungen.

§ 7 – Unterrichtung der Mitarbeiter

Die Arbeitnehmer des Unternehmens werden über die neue Organisationsstruktur und die anstehenden Betriebsratswahlen durch die Geschäftsführung [und den Konzernbetriebsrat] am [...] unterrichtet.

§ 8 – Inkrafttreten, Dauer, Schlussvorschriften[258]

Ort, Datum ...   Ort, Datum ...

(Nicht ausgeführte Vorschriften entsprechen den gleichnamigen Vorschriften des oben abgedruckten Musters für einen Tarifvertrag nach § 3 Abs. 1 BetrVG.)

III. Betriebszugehörigkeit bei Betrieben in einer Matrixorganisation

1. Arbeitsvertrag und Eingliederung als Voraussetzungen für die Betriebszugehörigkeit

Die Zugehörigkeit der Arbeitnehmer (§ 5 Abs. 1 BetrVG) zum Betrieb entscheidet zum einen über dessen Wahlberechtigung nach § 7 S. 1 BetrVG („Arbeitnehmer des Betriebs") und dessen Wählbarkeit, zum anderen über den Schutz

---

[258] Ergänzend kann eine Regelung zu Streitigkeiten über die Auslegung des Tarifvertrages vorgesehen werden.

des Arbeitnehmers durch die Beteiligung des Betriebsrats bei Maßnahmen des Betriebsinhabers. Beide Aspekte müssen bei einer Auseinandersetzung mit der Betriebszugehörigkeit von Arbeitnehmern in einem Unternehmen oder Konzern mit Matrixstruktur Berücksichtigung finden, zumal die Ausübung von Weisungsrechten durch unternehmensfremde Dritte kennzeichnend ist. Eine dem § 14 AÜG vergleichbare Regelung besteht nicht. Zudem sind § 7 S. 2 BetrVG und § 14 AÜG eine Sonderregelung für die wirtschaftliche Arbeitnehmerüberlassung, die bei der Umsetzung einer Matrixorganisation gerade nicht vorliegt.

Lange haben die Rechtsprechung und die überwiegende Literatur die Betriebszugehörigkeit des Arbeitnehmers nach der sog. Zwei-Komponenten-Lehre beurteilt.[259] Danach ist nur derjenige Arbeitnehmer betriebszugehörig, der mit dem Betriebsinhaber in einem Arbeitsverhältnis steht und in den Betrieb eingegliedert ist. Zum Teil wurde in der Literatur zwar ausschließlich darauf abgestellt, dass ein Arbeitsverhältnis zum Betriebsinhaber als Arbeitgeber besteht.[260] Das führt aber zu Rechtsanwendungsschwierigkeiten, wenn der Arbeitgeber ein Unternehmen mit mehreren Betrieben leitet.

Angesichts der Tätigkeit von Arbeitnehmern in Betrieben, zu deren Inhaber sie in keinem Arbeitsverhältnis stehen, wurde vorgeschlagen, die Betriebszugehörigkeit generell nur von der Eingliederung des Arbeitnehmers in den Betrieb abhängig zu machen und somit an der tatsächlichen Beziehung des Arbeitnehmers zum Betrieb anzuknüpfen.[261] Die Betriebszugehörigkeit sollte stärker an der Organisation ausgerichtet werden, innerhalb der die Arbeitsleistung erfolgt.

---

[259] St. Rspr., BAG 18.1.1989, AP BetrVG 1972 § 9 Nr. 1 (B.II.1.b); 22.3.2000, AP AÜG § 14 Nr. 8 (B.II.2.a.aa); 16.4.2003, AP BetrVG 2002 § 9 Nr. 1 (II.2.a.aa); 22.10.2003, AP BetrVG 1972 § 38 Nr. 28 (B.II.2.a.bb); s. auch BAG 17.2.2010, AP BetrVG 1972 § 111 Nr. 70 Rn. 16; einschränkend für drittbezogenen Personaleinsatz BAG 5.12.2012, AP BetrVG 1972 § 5 Nr. 81 Rn. 18 ff.; 13.3.2013, AP BetrVG 1972 § 9 Nr. 15 Rn. 22 f.; ebenso *Hueck/Nipperdey*, Arbeitsrecht, Bd. II/2, S. 1131; ErfK/*Koch* § 7 BetrVG Rn. 2; *Kraft*, FS Pleyer, 1986, S. 383, 386; *Kreutz*, GS Dietrich Schultz, 1987, S. 209, 212; *G. Müller*, ZfA 1990, 607, 616; *Oetker*, AuR 1991, 359, 363; HWK/*Reichold* § 7 BetrVG Rn. 8 (aber zustimmend zur Berücksichtigung bei den Schwellenwerten); *Richardi*, NZA 1987, 145, 146; *Rieble/Gutzeit*, BB 1998, 638, 639; *Windbichler*, Arbeitsrecht im Konzern, S. 268.

[260] *Hess/Schlochauer/Glaubitz*, BetrVG, 3. Aufl., § 7 Rn. 3.

[261] LAG Frankfurt a. M. 25.1.1985, BB 1985, 2173; *Hanau*, ZGR 1984, 468, 487; DKKW/*Homburg*, BetrVG, § 7 Rn. 5; MünchArbR/*Joost* § 216 Rn. 43; *Säcker*, FS Quack, 1991, S. 421, 425 ff.; *Säcker/Joost*, Betriebszugehörigkeit, S. 21, 39 ff.; Schüren/*Hamann*, AÜG, § 14 Rn. 22 ff.; DKKW/*Trümner* § 5 Rn. 25 ff.; *Zeuner*, FS Hilger/Stumpf, 1983, S. 771, 774 (für Tätigkeit eines Arbeitnehmers bei der Tochtergesellschaft; ausschließliche Betriebszugehörigkeit bei der Tochtergesellschaft); *Ziemann*, AuR 1990, 58, 62; vgl. auch *Rüthers/Bakker*, ZfA 1990, 245, 306 ff.

Das nimmt auf die mit der Eingliederung verbundene einseitige Einwirkungsmöglichkeit des Betriebsinhabers Rücksicht, zu deren Kompensation eine Beteiligung des Betriebsrats erfolgen soll. Gleichwohl bedarf es der Abgrenzung der Arbeitnehmer des Betriebs von Fremdfirmenmitarbeitern, die auch nach dieser Ansicht nicht in die Arbeitnehmerrepräsentation des Betriebs einbezogen sein sollen.[262] Das bloße Abstellen auf die tatsächlichen Verhältnisse erschwert allerdings die Abgrenzung der betriebszugehörigen Arbeitnehmer und belastet sie mit erheblichen Unsicherheiten.

Für die Außendienstmitarbeiter und gegen deren Betriebszugehörigkeit wird darauf verwiesen, dass eine Vielzahl von Betriebsvereinbarungen, die für das Zusammenwirken im Betrieb (als räumlicher Einheit) gemacht sind, für die Außendienstmitarbeiter nicht passe.[263] Sie arbeiten einzeln; der übrige Betrieb dient vor allem ihrer Koordinierung. Die Diskussion über die Betriebszugehörigkeit solcher Arbeitnehmer hat der Gesetzgeber durch § 5 Abs. 1 S. 1 a. E. BetrVG geklärt. Insofern ist zumindest für diejenigen Fälle, in denen kein drittbezogener Personaleinsatz erfolgt, sondern ein typisches Zwei-Personen-Verhältnis besteht, die Zwei-Komponenten-Lehre maßgebend.

Bereits vor Inkrafttreten von § 14 Abs. 2 S. 5, 6 AÜG hat die Rechtsprechung die Zwei-Komponenten-Lehre bei den Leiharbeitnehmern zugunsten eines normzweckorientierten Ansatzes aufgegeben, der es insbesondere für die Schwellenwerte des BetrVG erlaubte, die Leiharbeitnehmer unabhängig vom Vorliegen eines Arbeitsverhältnisses mit dem Betriebsinhaber mitzuzählen.[264] Ob dieser normzweckorientierte Ansatz dazu führt, dass generell die Betriebszugehörigkeit nur nach der Eingliederung des Arbeitnehmers und unabhängig vom Vorliegen eines Arbeitsverhältnisses zum Betriebsinhaber zu beurteilen ist, ergibt sich aus den Entscheidungen des BAG jedenfalls nicht eindeutig.[265] Betont wird, dass differenzierende Lösungen geboten sind.[266] Für die Personalgestellung und die Arbeitnehmerüberlassung nach dem AÜG bestehen besondere gesetzliche Regelungen, die für die Beurteilung der Betriebszugehörigkeit maßgebend sind (§ 5 Abs. 1 S. 3 BetrVG, § 14 AÜG, § 7 S. 2 BetrVG).

---

[262] Vgl. z. B. *Säcker/Joost*, Betriebszugehörigkeit, S. 45.
[263] *Säcker*, FS Quack, 1991, S. 421, 425 ff.; *Säcker/Joost*, Betriebszugehörigkeit, S. 21 ff.
[264] BAG 18.10.2011, NZA 2012, 221 Rn. 17 ff.; 5.12.2012, NZA 2013, 793 Rn. 20 ff.; 13.3.2013, NZA 2013, 789 Rn. 21 f.; ebenso der 2. Senat hinsichtlich der Kleinbetriebsklausel in § 23 Abs. 1 KSchG BAG 24.1.2013, AP KSchG 1969 § 23 Nr. 49.
[265] Siehe Fn. 264.
[266] BAG 5.12.2012, NZA 2013, 793 Rn. 25; 13.3.2013, NZA 2013, 789 Rn. 22.

Für die übrigen Fälle des drittbezogenen Personaleinsatzes bedarf die Beurteilung der Betriebszugehörigkeit einer Klärung. Trotz der Rechtsprechung des BAG soll die Betriebszugehörigkeit als allgemeines Kriterium nicht völlig gegenüber einem normzweckspezifischen Verständnis in den Hintergrund treten. Die Betriebszugehörigkeit ist für die Betriebsverfassung eine Ordnungsentscheidung, die Arbeitnehmer jeweils einem vom Betriebsrat repräsentierten Kollektiv zuordnet. Das stellt die Sachnähe des Betriebsrats als Repräsentanten sicher. Die betriebsangehörigen Arbeitnehmer sind von den Entscheidungen des Betriebsrats betroffen, und sie sind auch diejenigen, die den Betriebsrat – ungeachtet etwaiger Sonderregelungen – legitimieren müssen.

2. Betriebszugehörigkeit von Arbeitnehmern einer Matrixorganisation mit Arbeitsverhältnis zum Betriebsinhaber

Die Umsetzung der Matrixorganisation kann individualarbeitsrechtlich in sehr unterschiedlicher Form erfolgen, so dass bereits auf der Grundlage der Zwei-Komponenten-Lehre ein Teil der Fälle einer Lösung zugeführt werden kann, ohne dass es der Diskussion bedarf, wie die Betriebszugehörigkeit von Arbeitnehmern beim drittbezogenen Personaleinsatz zu beurteilen ist. Zumindest für die Arbeitnehmer der Matrixorganisation, die ein solches Arbeitsverhältnis haben und in den Betrieb eingegliedert sind, gilt, dass sie auch betriebszugehörig sind. Das Arbeitsverhältnis hat zur Folge, dass der Arbeitgeber daraus das Weisungsrecht hat, an dessen einseitige Ausübung die Beteiligung des Betriebsrats anknüpft.[267] Zudem setzt die Eingliederung als rein tatsächliche Zuordnung zum Betrieb voraus, dass der Arbeitnehmer in die organisatorische Einheit integriert ist. Ansonsten ergeben sich für ihn nicht die gleichen Abstimmungsbedarfe wie für die übrige Belegschaft. Gerade die Mitbestimmung in sozialen und personellen Angelegenheiten nimmt auf die Einbeziehung des Arbeitnehmers in ein Kollektiv Bezug und wirkt an der Schaffung betriebseinheitlicher Regelungen mit, auch wenn einzelne Tatbestände des BetrVG einen individuellen Bezug haben (z. B. § 87 Abs. 1 Nr. 7 BetrVG).

Für die Arbeitnehmer in Matrixorganisationen lässt sich daher zunächst festhalten, dass die Betriebsangehörigkeit keine Zweifelsfragen aufwirft, wenn der Arbeitnehmer zum Betriebsinhaber ein Arbeitsverhältnis hat.[268] Der bloße Umstand, dass ein Dritter aufgrund der Übertragung des fachlichen Weisungsrechts auf das Arbeitsverhalten des Arbeitnehmers einwirken kann, ändert

---

[267] Dazu *Christiansen*, Betriebszugehörigkeit, S. 78 f.
[268] *Witschen*, RdA 2016, 38, 45.

nichts an seiner Betriebszugehörigkeit im Betrieb des Vertragsarbeitgebers, solange dort räumlich-organisatorisch sein Arbeitsplatz ist. Das muss auch dann gelten, wenn einzelne Entscheidungen der Arbeitsorganisation (z. B. Arbeitszeitgestaltung, Urlaubsplanung) auf den Matrixmanager außerhalb des Betriebs übertragen sind.

3. Betriebszugehörigkeit unabhängig vom Arbeitsverhältnis mit dem Betriebsinhaber beim drittbezogenem Personaleinsatz

Matrixorganisationen beschränken sich regelmäßig nicht auf ein Unternehmen als Rechtsträger. Sofern es zu einem Einsatz des Arbeitnehmers im Betrieb eines anderen Konzernunternehmens kommt, ohne dass zu diesem ein Arbeitsvertrag besteht, kommt es ebenso wie bei den Leiharbeitnehmern oder anderen Formen eines drittbezogenen Personaleinsatzes darauf an, ob der Arbeitnehmer auch dem Betrieb zugehört, in dem er eingesetzt wurde, ohne dass ein Arbeitsverhältnis zum Betriebsinhaber besteht. In solchen Fällen wird dem Inhaber des Einsatzbetriebs das Weisungsrecht vom Vertragsarbeitgeber übertragen. Hierdurch kommt es zu einer Aufteilung des Weisungsrechts des Vertragsarbeitgebers. Die Betriebszugehörigkeit im ursprünglichen Einsatzbetrieb des Arbeitnehmers bleibt bestehen, wenn die Personalverwaltung für sein Arbeitsverhältnis dort verbleibt.[269] Das gilt umso mehr, wenn der Arbeitnehmer ein Rückkehrrecht in den Betrieb oder der Arbeitgeber ein Rückholrecht hat.[270]

Die Betriebszugehörigkeit im Einsatzbetrieb scheiterte indes an dem fehlenden Arbeitsverhältnis, solange die Zwei-Schranken-Lehre galt und für den drittbezogenen Personaleinsatz – jenseits der gesetzlichen Sonderregelungen – keine generelle Ausnahme begründet werden kann. Die Weisungen der Leitung des Einsatzbetriebs mögen dem Vertragsarbeitgeber zuzurechnen sein. Dessen Betriebsrat ist jedoch mit den Verhältnissen des Einsatzbetriebs nicht vertraut. Außerdem erscheint es weder zweckmäßig noch sachgerecht, wenn der Betriebsrat des Vertragsarbeitgebers ein Beteiligungsrecht gegenüber diesem hätte. Es bedarf zumindest einer analogen Anwendung der Beteiligungsrechte für solche Arbeitnehmer im Einsatzbetrieb, so dass der dortige Betriebsrat ein Beteiligungsrecht gegenüber dem Betriebsleiter hat.[271] Ohne die Betriebszugehörig-

---

[269] *Fitting*, BetrVG, § 5 Rn. 226b; *Kort*, NZA 2013, 1318, 1324; *Maywald*, Einsatz von Arbeitnehmern, S. 158.
[270] *Fitting*, BetrVG, § 5 Rn. 226b; *Kort*, NZA 2013, 1318, 1324; *Maywald*, Einsatz von Arbeitnehmern, S. 158.
[271] Weitergehend DKKW/*Klebe*, BetrVG, § 87 Rn. 9, der die Betriebszugehörigkeit im Wege des Erst-recht-Schlusses zu § 7 S. 2 BetrVG annimmt und § 87 BetrVG anwen-

keit sind die Arbeitnehmer ohne Arbeitsvertrag zum Betriebsinhaber jedoch weder wahlberechtigt noch haben sie die individuellen Rechte aus §§ 81, 82 Abs. 1, 84–86 BetrVG.

Eine gesetzliche Regelung für den drittbezogenen Personaleinsatz besteht nur für die unechte Leiharbeit. § 7 S. 2 BetrVG und § 14 AÜG stellen klar, dass die Leiharbeitnehmer weiterhin dem Betrieb des Verleihers angehören, obwohl sie im Betrieb des Entleihers eingesetzt sind (§ 14 Abs. 1 AÜG). Die Betriebszugehörigkeit zum Betrieb des Entleihers ist streitig. Die überwiegende Meinung geht davon aus, dass die Leiharbeitnehmer nur dem Betrieb des Verleihers angehören, auch wenn die Eingliederung in den Betrieb aufgrund des Einsatzes beim Entleiher gelockert sei.[272] Die Übertragung des Weisungsrechts könne höchstens zur analogen Anwendung einzelner Mitbestimmungstatbestände führen.[273] Zudem erkläre § 14 Abs. 2, 3 AÜG das BetrVG partiell für anwendbar.[274] Ein anderes Verständnis komme nicht in Betracht, ansonsten sei § 7 S. 2 BetrVG, der die Wahlberechtigung erst begründe, überflüssig.[275] Zudem belege § 14 Abs. 1 AÜG, dass tatsächliche Eingliederung nicht genüge.[276]

Das BAG hat die Zwei-Komponenten-Lehre aufgegeben, so dass die Berücksichtigung der Leiharbeitnehmer nunmehr davon abhängt, ob sie nach dem Normzweck geboten ist.[277] Die Zwei-Komponenten-Lehre erfasse nur den Normalfall,

---

det. Vgl. zur Arbeitnehmerüberlassung, die ebenfalls durch eine gespaltene Arbeitgeberstellung gekennzeichnet ist, und für die Wahrnehmung nur eines Teils der betriebsverfassungsrechtlichen Beteiligungsrechte durch den Betriebsrat beim Entleiherbetrieb BAG 13.3.2013, NZA 2013, 789 Rn. 32 f.; 15.10.2014, NZA 2015, 563 Rn. 28 f.; 24.8.2016, NZA 2017, 269 Rn. 19 ff.

[272] GK-BetrVG/*Raab* § 7 Rn. 20; s. auch ErfK/*Wank* § 14 AÜG Rn. 4 f.; *Thüsing*, AÜG, § 14 Rn. 5; a. A. Urban-Crell/Germakowski/Bissels/Hurst/*Germakowski*, AÜG, § 14 Rn. 3; Schüren/*Hamann*, AÜG Rn. 28; für eine „partielle" doppelte Betriebszugehörigkeit Ulber/*zu Dohna-Jaeger*, AÜG, § 14 Rn. 10 f.

[273] GK-BetrVG/*Raab* § 7 Rn. 20; *Kraft*, FS Pleyer, 1986, S. 383, 387 ff.; *Raab*, ZfA 2003, 389, 438 ff.

[274] GK-BetrVG/*Raab* § 7 Rn. 19; vgl. aber *Erdlenbruch*, Die betriebsverfassungsrechtliche Stellung gewerbsmäßig überlassener Arbeitnehmer, S. 64 ff., partielle Zuordnung der Leiharbeitnehmer durch § 14 Abs. 2, 3 AÜG zum Entleiherbetrieb.

[275] GK-BetrVG/*Raab* § 7 Rn. 23; ebenso BAG 17.2.2010 AP BetrVG 1972 § 8 Nr. 14 Rn. 16, 31.

[276] BAG 18.1.1989, AP BetrVG 1972 § 9 Nr. 1 (B.II.1.b); s. auch *Richardi*, NZA 1987, 145, 146; *Rost*, NZA 1999, 113, 116.

[277] BAG 5.12.2012, AP BetrVG 1972 § 5 Nr. 81 Rn. 18 ff.; 13.3.2013, AP BetrVG 1972 § 9 Nr. 15 Rn. 22; s. auch BAG 18.10.2011, AP BetrVG 1972 § 111 Nr. 70 Rn. 19; zustimmend *Fitting*, BetrVG, § 5 Rn. 16a, 265; *Richardi*, AP BetrVG 1972 § 5 Nr. 81; vgl. auch *Linsenmaier/Kiel*, RdA 2014, 135, 138 f.

bei dem die Eingliederung in einen Betrieb des Vertragsarbeitgebers erfolge.[278] Zum Teil wird von der Literatur angenommen, dass die Aufgabe der Zwei-Komponenten-Lehre zur Folge habe, dass alle Arbeitnehmer Dritter, bei denen es zur Aufspaltung der Arbeitgeberstellung und zur Eingliederung in den Einsatzbetrieb kommt, betriebszugehörig seien.[279] Zu diesem Ergebnis ist ein Teil der Literatur bereits vor dieser Rechtsprechungsänderung des BAG gekommen.[280] Die Betriebsverfassung wirke gerade der einseitigen Ausübung des Weisungsrechts durch den Betriebsinhaber entgegen, dies sei wegen der Übertragung des Weisungsrechts oder der Bevollmächtigung zur Ausübung auch bei den Leiharbeitnehmern im Einsatzbetrieb erforderlich.[281] Entscheidend sei daher nur die tatsächliche Eingliederung, so dass ein Leiharbeitnehmer sowohl zum Betrieb des Verleihers (§ 14 Abs. 1 AÜG) als auch zum Betrieb des Entleihers gehöre.[282]

Unabhängig davon, ob § 7 S. 2 BetrVG und § 14 AÜG ein solches Verständnis zulassen oder gebieten, ist in allen Fällen des drittbezogenen Personaleinsatzes, bei dem es sich nicht um Leiharbeit handelt, zu ermitteln, ob der Arbeitnehmer im Einsatzbetrieb betriebszugehörig ist, obwohl es an einem Arbeitsverhältnis fehlt. Überlegungen zu einer Analogie zu § 7 S. 2 BetrVG bzw. einer Auslegung der Formulierung „zur Arbeitsleistung überlassen" in einem über das AÜG hinausgehenden Umfang müssen jedoch daran scheitern, dass die Regelung gerade wegen der Arbeitnehmerüberlassung nach dem AÜG eingeführt wurde.[283] Jedenfalls ist nicht ersichtlich, dass der Gesetzgeber durch die Bestimmung generell die Betriebszugehörigkeit beim drittbezogenen Personaleinsatz – auch außerhalb der (unechten) Leiharbeit – regeln wollte.[284]

Für die Beurteilung der Betriebszugehörigkeit bei einem drittbezogenen Personaleinsatz ist zu berücksichtigen, dass der Arbeitnehmer – auch wenn kein Arbeitsvertrag besteht – vom Einsatzbetrieb wie ein eigener Arbeitnehmer ein-

---

[278] BAG 5.12.2012, AP BetrVG 1972 § 5 Nr. 81 Rn. 19; 13.3.2013, AP BetrVG 1972 § 9 Nr. 15 Rn. 22.
[279] *Fitting*, BetrVG, § 5 Rn. 16a, 265; *Richardi*, AP BetrVG 1972 § 5 Nr. 81; differenzierend *Linsenmaier/Kiel*, RdA 2014, 135, 138 ff.
[280] *Christiansen*, Betriebszugehörigkeit, S. 31 ff., 78 f.; DKKW/*Trümner*, BetrVG, § 5 Rn. 19 ff., 27, 90; *Fitting*, BetrVG, § 5 Rn. 264 f., § 7 Rn. 37; *Schüren/Hamann*, AÜG, § 14 Rn. 23 (Tätigkeit vergleichbar den eigenen Arbeitnehmern des Betriebsinhabers); *Ziemann*, AuR 1990, 58, 62 ff.
[281] *Christiansen*, Betriebszugehörigkeit, S. 31 ff., 78 f.
[282] *Christiansen*, Betriebszugehörigkeit, S. 31 ff., 78 f.; *Schüren/Hamann*, AÜG Rn. 28, Urban-Crell/Germakowski/Bissels/Hurst/*Germakowski*, AÜG, § 14 Rn. 3.
[283] Vgl. Begründung des Regierungsentwurfs, BT-Drs. 14/5741, S. 36.
[284] *Krebber*, Unternehmensübergreifende Arbeitsabläufe, S. 228.

gesetzt wird. Sie haben somit eine andere Stellung als Fremdfirmenmitarbeiter, die zur Erfüllung von Werk- oder Dienstverträgen im Betrieb des Unternehmens mitwirken. Versteht man die Betriebsverfassung in erster Linie als Kompensationsinstrument für das einseitig ausgeübte Weisungsrecht des Arbeitgebers, in dessen Betrieb sie eingegliedert sind, so muss auch beim drittbezogenen Personaleinsatz eine Betriebszugehörigkeit möglich sein, selbst wenn kein Arbeitsverhältnis zum konkreten Betriebsinhaber besteht.[285] Bliebe es ausschließlich bei der Betriebszugehörigkeit im Betrieb des Vertragsarbeitgebers, liefe der Schutz durch die Betriebsverfassung leer.[286] Zudem ist es gerade die Leitung des Einsatzbetriebs, die die konkreten Arbeitsbedingungen des Arbeitnehmers beeinflusst.[287] Darüber hinaus wird zu Recht darauf verwiesen, dass die Zuständigkeit des Betriebsrats im Einsatzbetrieb zur Folge haben müsse, dass der Arbeitnehmer, der in diesem Betrieb eingegliedert ist, auch den Betriebsrat durch Wahl legitimieren müsse, der an der Regelung seiner Arbeitsbedingungen beteiligt sei.[288]

Dem widersprechen auch § 7 S. 2 BetrVG und § 14 AÜG nicht grundsätzlich. Sie haben vielmehr stärker darauf Bezug genommen, dass die Leiharbeitnehmer nur vorübergehend im Betrieb des Entleihers tätig sind. Die Einsatzzeiten wurden im Rahmen der Liberalisierung der Leiharbeit zwar erheblich verlängert, bezogen auf das Betriebsverfassungsrecht hat der Gesetzgeber aber keine darauf bezogene Anpassung vorgenommen. Insofern kann aus den Bestimmungen zur Arbeitnehmerüberlassung aber auch nicht ohne weiteres auf die Rechtslage beim drittbezogenen Personaleinsatz im Übrigen geschlussfolgert werden. Im Ergebnis müssen daher Arbeitnehmer im Rahmen eines drittbezogenen Personaleinsatzes bei Eingliederung in den Einsatzbetrieb als betriebszugehörige

---

[285] Vgl. GK-BetrVG/*Kreutz* § 7 Rn. 37; *Krebber*, Unternehmensübergreifende Arbeitsabläufe, S. 229; *Rüthers/Bakker*, ZfA 1990, 245, 310 ff.; *v. Hoyningen-Huene*, FS Stahlhacke, 1995, S. 173, 182 (differenziert zwischen endgültiger Abordnung, bei der der Arbeitnehmer die Betriebszugehörigkeit im Betrieb des Vertragsarbeitgebers verliert, und ergänzender Betriebszugehörigkeit im Einsatzbetrieb der Abordnung).
[286] Vgl. auch *Birk*, ZGR 1984, 53; *Henssler*, Arbeitsvertrag im Konzern, S. 68, der auf die Regelungsbefugnis des Betriebsrats verweist und darauf, dass ihm auch derjenige gegenüberstehen müsse, der die Personalentscheidungen treffe.
[287] Dazu *Krebber*, Unternehmensübergreifende Arbeitsabläufe, S. 230; *Kreutz*, GS Schultz, 1987, S. 209, 221.
[288] *Krebber*, Unternehmensübergreifende Arbeitsabläufe, S. 230 f.; vgl. auch *Kreutz*, GS Schultz, 1987, S. 209, 221; *Oetker*, AuR 1991, 359, 361, 363 f. Zur Zuständigkeit des Betriebsrats für die im fremden Betrieb eingegliederten Arbeitnehmer *Kraft*, FS Pleyer, 1986, S. 383, 386, 393; *Müllner*, Aufgespaltene Arbeitgeberstellung, S. 80; *Zöllner*, ZfA 1983, 93, 97.

Arbeitnehmer betrachtet werden.[289] Insbesondere die Tätigkeit eines Arbeitnehmers für zwei Konzernunternehmen hat eine doppelte Betriebszugehörigkeit zur Folge, wenn er in beide Betriebe eingegliedert ist.[290] Darüber hinaus wird zum Teil darauf verwiesen, dass es beim drittbezogenen Personaleinsatz für die Betriebszugehörigkeit ausreiche, wenn ein Arbeitsverhältnis mit einem anderen Arbeitgeber bestehe.[291] Insoweit liege eine „arbeitsrechtliche Drittbeziehung" vor[292], wobei es auf den Vertrag zwischen Vertragsarbeitgeber und Inhaber des Drittbetriebs ankommt.[293]

Arbeitnehmer in einer Matrixorganisation, die in einem Einsatzbetrieb tätig werden, zu dem kein Arbeitsvertrag besteht, sind daher (auch) in diesem Betrieb betriebszugehörig. Die Betriebszugehörigkeit zur steuernden Einheit besteht zumindest, wenn der Arbeitnehmer nicht nur kurzfristig im Rahmen der Matrix eingesetzt wird und der steuernden Einheit im Rahmen des fachlichen Weisungsrechts zuarbeitet.[294] Dabei ist in Anlehnung an § 7 S. 2 BetrVG eine Betriebszugehörigkeit anzunehmen, wenn der Arbeitnehmer mehr als drei Monate im Drittbetrieb eingesetzt wird.[295] § 7 S. 2 BetrVG betrifft zwar nur das Wahlrecht, diese eingeschränkte Regelung ist jedoch im Zusammenhang mit

---

[289] Vgl. *Krebber*, Unternehmensübergreifende Arbeitsabläufe, S. 233; *Säcker/Joost*, Betriebszugehörigkeit, S. 39 ff.; vgl. auch BAG 11.4.1958, AP BetrVG § 6 Nr. 1; LAG Köln 3.9.2007 – 14 TaBV 20/07 Rn. 28 (juris); 22.10.2013 – 12 TaBV 64/13, BeckRS 2014, 65221; LAG Rheinland-Pfalz 24.8.2012, NZA-RR 2012, 636; LAG Thüringen 20.10.2011 – 6 TaBV 8/10 Rn. 36 (juris); *Fitting*, BetrVG, § 7 Rn. 25, 81, 83; GK-BetrVG/*Raab* § 7 Rn. 37; *Richardi/Thüsing*, BetrVG, § 7 Rn. 34, mehrere Betriebe eines Unternehmens.

[290] *Richardi*, NZA 1987, 145, 147, der aber danach differenziert, ob das andere Konzernunternehmen die Fachaufsicht hat; gerade diese wird bei Matrixorganisationen bestehen; ebenso *Kort*, NZA 2013, 1318, 1323.

[291] GK-BetrVG/*Raab* § 7 Rn. 50; *Konzen*, ZfA 1982, 259, 264, 272; Staudinger/*Richardi/Fischinger*, BGB, § 611 Rn. 118 ff.; *Weber*, Das aufgespaltene Arbeitsverhältnis, S. 38 ff.; s. auch BAG 5.12.2012, AP BetrVG 1972 § 5 Nr. 81 Rn. 18.

[292] GK-BetrVG/*Raab* § 7 Rn. 50; *Konzen*, ZfA 1982, 259, 264, 272; Staudinger/*Richardi/Fischinger*, BGB, § 611 Rn. 118 ff. (ohne Bezug zum Betriebsverfassungsrecht); *Weber*, Das aufgespaltene Arbeitsverhältnis, S. 38 ff.

[293] *Becker*, ZfA 1978, 131, 133 ff.; GK-BetrVG/*Raab* § 7 Rn. 50; *Heinze*, ZfA 1976, 183, 201 ff., 211 f. (der von einem Vertragsbeitritt des Entleihers ausgeht und eine doppelte Betriebszugehörigkeit annimmt); *Ramm*, ZfA 1973, 263, 291 ff. (gegen eine aus der Aufspaltung resultierende Schlechterstellung).

[294] *Fitting*, BetrVG, § 5 Rn. 226c; *Maywald*, Einsatz von Arbeitnehmern, S. 155 ff.; vgl. auch *Henssler*, NZA-Beilage 2014, 95, 102 f.; a. A. *Neufeld*, AuA 2012, 219, 222.

[295] *Fitting*, BetrVG, § 5 Rn. 224; *Lambrich/Schwab*, NZA-RR 2013, 169, 170; ohne Bezug auf § 7 S. 2 BetrVG *Rüthers/Bakker*, ZfA 1990, 245, 313 f.; s. auch *Christiansen*, Betriebszugehörigkeit, S. 43, 116 ff., ohne Einschränkung in Bezug auf die Dauer.

§ 14 Abs. 1 AÜG zu sehen, der die Betriebszugehörigkeit zum Verleiherbetrieb festlegt. Genau daran fehlt es für den drittbezogenen Personaleinsatz. Daher geht es in diesem Fall um mehr als das Wahlrecht, nämlich die Betriebszugehörigkeit, an die die Rechtsstellung des Arbeitnehmers in der Betriebsverfassung und die Beteiligungsrechte des Betriebsrats in personeller Hinsicht anknüpfen.

Grundsätzlich erfolgt die tatsächliche Eingliederung in den Betrieb zwar sofort mit dem Arbeitseinsatz. Für eine volle betriebsverfassungsrechtliche Rechtsstellung besteht bei einem nur kurzzeitigen drittbezogenen Personaleinsatz indes kein zwingender Grund. Immerhin gehört der Arbeitnehmer einem Betrieb seines Vertragsarbeitgebers an und wird in diesen zurückkehren. In solchen Fällen genügt an sich die entsprechende Anwendung des Betriebsverfassungsrechts, soweit der Arbeitnehmer beim drittbezogenen Personaleinsatz in den Betrieb eingegliedert ist und mitbestimmungspflichtige Angelegenheiten bestehen. Sofern jedoch der Einsatz mehr als drei Monate dauern soll, besteht kein sachlicher Grund für eine Schlechterstellung im Vergleich zu den Leiharbeitnehmern.

Für die Betriebszugehörigkeit im Einsatzbetrieb ist zu beachten, dass es unerheblich ist, ob der Arbeitnehmer räumlich beim Vertragsarbeitgeber verbleibt.[296] Eine Eingliederung erfolgt auch, wenn die Ausübung des Weisungsrechts durch die steuernde Einheit zu einer organisatorischen Verknüpfung führt und der Arbeitnehmer in die Arbeitsabläufe dieses Betriebs eingeordnet ist.[297] Für eine Eingliederung ist die Anwesenheit vor Ort nicht entscheidend.

Die Literatur verweist dazu zum Teil auf die Rechtsprechung zu den Leiharbeitnehmern und deren Übertragbarkeit auf andere Fälle eines drittbezogenen Personaleinsatzes.[298] Sofern die Abordnung in die steuernde Einheit auf Dauer vorgesehen ist, so gehört der Arbeitnehmer allerdings ausschließlich dem Einsatzbetrieb zu[299].[300] Darüber hinaus sollte erwogen werden, dem vorübergehend abgeordneten Arbeitnehmer ebenso wie im Personalvertretungsrecht das Wahl-

---

[296] *Fitting*, BetrVG, § 5 Rn. 226c; *Kort*, NZA 2013, 1318, 1324; vgl. zur Eingliederung auch LAG Baden-Württemberg 28.5.2014 – 4 TaBV 7/13, BeckRS 2014, 70642.
[297] *Fitting*, BetrVG, § 5 Rn. 226c; vgl. zur Eingliederung auch LAG Baden-Württemberg 28.5.2014 – 4 TaBV 7/13, BeckRS 2014, 70642.
[298] *Henssler*, NZA-Beilage 2014, 95, 102 f.; *Kort*, NZA 2013, 1318, 1323 f.; *Witschen*, RdA 2016, 38, 45.
[299] *Fitting*, BetrVG, § 5 Rn. 225; *Konzen*, Unternehmensaufspaltungen, S. 113; *Windbichler*, Arbeitsrecht im Konzern, S. 278, 280; s. auch *Zeuner*, FS Hilger/Stumpf, 1983, S. 771, 774.
[300] Einzelne Beteiligungsrechte im Hinblick auf den Arbeitsvertrag finden höchstens analoge Anwendung.

recht nur im Betrieb der Abordnung zuzuerkennen, wenn er dort mehr als drei Monate eingegliedert ist (vgl. § 13 Abs. 2 BPersVG). Das Wahlrecht im Betrieb des Vertragsarbeitgebers lebt wieder auf, wenn die Abordnung endet und der Arbeitnehmer dorthin zurückkehrt. Abschließend ist darauf hinzuweisen, dass selbst bei der Bejahung der Betriebszugehörigkeit die Anwendung der einzelnen Bestimmungen des BetrVG zum Teil davon abhängt, ob es sich um eine in der Regel beschäftigte oder ständig beschäftigte Person handelt, so dass die Dauer der Tätigkeit im Einsatzbetrieb weitergehende Bedeutung hat.

Zweifel ergeben sich vor allem, wenn der Arbeitnehmer über längere Zeit ständig wechselnde Einsatzorte hat und räumlich weit entfernt vom Vertragsarbeitgeber eingesetzt wird.[301] In solchen Fällen ist im Einzelfall zu prüfen, ob die Eingliederung an den Einsatzorten so weit reicht, dass sie dort jeweils betriebsangehörig sind. Für die Betriebszugehörigkeit beim Vertragsarbeitgeber muss zudem maßgebend sein, dass keine Rückkehrmöglichkeit für den Arbeitnehmer – sei es aus eigenem Recht oder durch Rückruf des Arbeitgebers – besteht.

4. Doppelte Betriebszugehörigkeit von Arbeitnehmern in Matrixorganisationen

a) Vertragsarbeitgeber mit mehreren Betrieben

Unproblematisch besteht eine Betriebszugehörigkeit nach der Zwei-Komponenten-Lehre sogar zu mehreren Betrieben, wenn der Arbeitnehmer in mehrere Betriebe eingegliedert ist und diese demselben Vertragsarbeitgeber gehören.[302] Die Tätigkeit in der Matrixorganisation kann zur Folge haben, dass Arbeitnehmer projektbezogen in mehreren Betrieben eingegliedert werden. Nach deren Abschluss wird dies gegebenenfalls zur Rückkehr in den „Stammbetrieb" führen.

b) Delegation von Weisungsrechten

Davon zu trennen ist die Frage, ob die Delegation von Weisungsrechten zu einer doppelten Betriebszugehörigkeit des Arbeitnehmers führt, mit der Folge, dass ein anderer Betriebsrat bei der Ausübung des delegierten Weisungsrechts

---

[301] Fitting, BetrVG, § 5 Rn. 226b; Kort, NZA 2013, 1318, 1324.
[302] Witschen, RdA 2016, 38, 45; vgl. auch LAG Köln 22.10.2013, LAGE BetrVG 2001 § 78 Nr. 7a.

einzuschalten ist.³⁰³ Die Eingliederung setzt voraus, dass der Arbeitnehmer in die Organisation des Betriebs integriert ist.³⁰⁴ Das ist nur der Fall, wenn er an dessen Arbeitsabläufen teil hat und von deren Organisation betroffen ist. Der bloße Umstand, dass ein anderer Vorgesetzter im Rahmen einer Matrixorganisation fachliche Weisungen erteilen kann, integriert den Arbeitnehmer nicht in dessen Betrieb, solange er die betriebliche Einrichtung des Vertragsarbeitgebers weiterhin nutzt (z. B. Büro, Produktionsstätte, Parkplatz, Sozialräume). Für die Eingliederung kann zudem eine lockere Verbindung zum Vertragsarbeitgeber genügen, wie die Einordnung der Telearbeitnehmer und der Außendienstmitarbeiter zeigt. Die Arbeitsorganisation, in die der Arbeitnehmer integriert ist, muss aber weiterhin die des Vertragsarbeitgebers sein. Die Weisung durch betriebsfremde Personen führt nicht zwangsläufig zu einer Änderung der Betriebszugehörigkeit, so dass es bei der Betriebszugehörigkeit beim Vertragsarbeitgeber bleibt.³⁰⁵

Das gilt selbst dann, wenn der Matrixmanager Vorgaben zur Arbeitszeitgestaltung, Schichtplänen, Überstunden oder Urlaubsgewährung sowie den Einsatz von technischen Überwachungseinrichtungen machen darf. Diese Entscheidungen betreffen zwar jeweils mitbestimmungspflichtige Angelegenheiten (§ 87 Abs. 1 Nr. 2, 3, 5, 6 BetrVG), von einer Eingliederung in den Betrieb der anderen Betriebsleitung ist nur dann auszugehen, wenn die Vorgaben zur Arbeitszeit und zur Urlaubsgewährung in Abstimmung mit den Arbeitsprozessen in dem Betrieb dieser Leitung erfolgen. Insofern wird es darauf ankommen, ob der Arbeitnehmer nicht nur dem Betrieb seines Vertragsarbeitgebers, sondern auch einem weiteren Betrieb, nämlich dem des Matrixmanagers, angehört.³⁰⁶ Die Entscheidungen betreffen den Arbeitnehmer genauso wie die übrigen Arbeitnehmer in diesem Betrieb unter der dortigen Betriebsleitung, so dass es insoweit einer einheitlichen Mitbestimmung bedarf, soll der Schutz der Arbeitnehmerinteressen nicht leer laufen bzw. die Abstimmung der Arbeitnehmerinteressen innerhalb des betrieblichen Kollektivs in der vom BetrVG gedachten Weise erfolgen.

Daraus ergibt sich zugleich, dass in Unternehmen und Konzernen mit Matrixorganisationen nicht in jedem Fall oder in umfassender Weise doppelte bzw.

---

303 Siehe unten D.III.
304 *Fitting*, BetrVG, § 7 Rn. 70 ff.; krit. zur begrifflichen Unschärfe des Begriffs der Eingliederung *Säcker/Joost*, Betriebszugehörigkeit, S. 23 ff.
305 *Neufeld*, AuA 2012, 219, 222; *Reinhard/Kettering*, ArbRB 2014, 87, 89; s. auch *Reinhard*, ArbRB 2015, 309, 312.
306 Siehe unten D.III.

mehrfache Betriebszugehörigkeiten auftreten. Aus der Übertragung des Weisungsrechts auf einen Dritten entsteht sicher häufiger, aber keineswegs immer ein drittbezogener Personaleinsatz, der es notwendig macht, von einer Betriebszugehörigkeit in einem anderen Betrieb als dem des Vertragsarbeitgebers auszugehen. Im Übrigen agiert der Weisungsberechtigte, der selbst einem anderen Betrieb angehören mag, nur als Vertreter bzw. Ermächtigter des Vertragsarbeitgebers und übt dessen Weisungsrecht aus. Sein Handeln ist dem Vertragsarbeitgeber zuzurechnen, so dass der Betriebsrat sein Mitbestimmungsrecht gegenüber der Betriebsleitung des Vertragsarbeitgebers wahrnimmt. Es ist dann Sache der Betriebsleitung bei der Erfüllung der Pflichten, die sich aus den Beteiligungsrechten des Betriebsrats ergeben, und im Rahmen der vertrauensvollen Zusammenarbeit sicherzustellen, dass der Betriebsrat jeweils die notwendigen Informationen erhält und einen Gesprächspartner hat, der kompetent an der Verwirklichung der mitbestimmungspflichtigen Angelegenheiten mitwirken kann.[307] Schließlich ändert sich die Betriebszugehörigkeit des Arbeitnehmers nicht dadurch, dass die Konzernspitze eine bestimmte Verteilung von Arbeiten vorgibt oder dass die bestehenden Organisations- und Beherrschungsverträge zu einer unternehmerischen Zusammenarbeit führen.

c) Betriebszugehörigkeit bei einer Versetzung in einen Betrieb eines anderen Unternehmens innerhalb der Matrixorganisation

Bei der Durchführung der Matrixorganisation kann es zu Versetzungen von Arbeitnehmer kommen. Dadurch erlischt die Betriebszugehörigkeit zum Stammbetrieb, wenn der Arbeitnehmer aus dem ursprünglichen Einsatzbetrieb ausscheidet und kein Rückkehrrecht des Arbeitnehmers oder eine Rückholberechtigung des Arbeitgebers besteht. In der Regel wird eine Rückkehr zum ursprünglichen Einsatzbetrieb indes möglich sein, zumal ein Arbeitsverhältnis mit dem Betriebsinhaber besteht. Selbst bei einem ruhenden Arbeitsverhältnis besteht die Betriebszugehörigkeit fort.[308] Nichts anderes kann in diesem Fall gelten.[309] Falls es sich nur um einen vorübergehenden, flexiblen Einsatz eines Arbeitnehmers in einem anderen Betrieb eines Konzernunternehmens handelt, so bleibt es bei der Betriebszugehörigkeit des Arbeitnehmers im Stammbetrieb,

---

[307] Siehe unten G.
[308] Siehe oben Fn. 318.
[309] Vgl. zur Abordnung eines Arbeitnehmers aus dem Stammarbeitsverhältnis *Fitting*, BetrVG, § 5 Rn. 223; *Windbichler*, Arbeitsrecht im Konzern, S. 81 ff.

auch wenn die Beziehung zu diesem Betrieb aufgrund der Tätigkeit für einen anderen Betrieb vorübergehend gelockert wird.[310]

Der Arbeitnehmer ist daneben in dem Betrieb, in den er versetzt wird, ohne Zweifel betriebszugehörig, wenn der Betrieb ebenfalls zum Unternehmen des Vertragsarbeitgebers gehört. Nach dem hier zugrunde gelegten Verständnis führt die Eingliederung aber auch unabhängig vom Vorliegen eines Arbeitsvertrages infolge der Eingliederung zur Betriebszugehörigkeit. Sofern der Arbeitnehmer mit der Versetzung vollständig aus dem Betrieb des Vertragsarbeitgebers, in dem er ursprünglich seinen Arbeitsplatz hatte, ausscheidet, ist er allein bei dem neuen Betrieb betriebszugehörig. Kommt der Arbeitnehmer indes nach der Versetzung in zwei Betrieben des Vertragsarbeitgebers zum Einsatz, liegt eine doppelte Betriebszugehörigkeit vor.

Enthält der Arbeitsvertrag eine Konzernversetzungsklausel, so kann es auch zu einem Einsatz im Betrieb eines anderen Konzernunternehmens kommen. Sofern mit dem Betriebsinhaber ein zweites Arbeitsverhältnis besteht, ist eine Betriebszugehörigkeit im Einsatzbetrieb unzweifelhaft gegeben.

d) Einheitliches Arbeitsverhältnis

Sofern der Arbeitnehmer in einer Matrixorganisation in einem einheitlichen Arbeitsverhältnis mit mehreren Vertragsarbeitgebern steht[311] und gleichzeitig in mehreren Betrieben eingegliedert ist, kommt es ebenfalls zu einer mehrfachen Betriebszugehörigkeit.[312] Das gilt insbesondere für Beschäftigte, die selbst Leitungsfunktion haben und diese im Rahmen der Matrixorganisation in mehreren Betrieben wahrnehmen[313]. Die digitale Kommunikation erleichtert ein solches Vorgehen. Das setzt allerdings voraus, dass die Eingliederung in den Betrieb nicht von der räumlichen Nähe abhängt, sondern eine bloße Koordinierung mit den Arbeitsabläufen des jeweiligen Betriebs ausreicht, um von einer Eingliederung auszugehen. Entscheidend ist die Integration in eine Organisation, so dass sie von den Entscheidungen der Leitung in sozialen Angelegenheiten ebenso

---

310 DKKW/*Trümner*, BetrVG, § 5 Rn. 101 (zur Arbeitnehmerüberlassung); *Fitting*, BetrVG, § 5 Rn. 224; *Lambrich/Schwab*, NZA-RR 2013, 169, 170; *Rüthers/Bakker*, ZfA 1990, 245, 314; *Windbichler*, Arbeitsrecht im Konzern, S. 278.
311 Siehe oben C.
312 ErfK/*Koch* § 5 BetrVG Rn. 9 (scheint von mehreren Arbeitsverhältnissen auszugehen); *Fitting*, BetrVG, § 5 Rn. 221; *Lambrich/Schwab*, NZA-RR 2013, 169, 170; *Windbichler*, Arbeitsrecht im Konzern, S. 268 f.
313 Zu dem Problem des Weisungsunterworfenseins in den einzelnen Betrieben siehe E.I.2.a.

betroffen sind wie alle anderen Arbeitnehmer. Das gilt selbst bei einer nur geringfügigen Beschäftigung[314], da die Betriebsverfassung die Betriebszugehörigkeit nicht vom Umfang der Beschäftigung abhängig macht. Das Gleiche ist auch auf die Einstellung nach § 99 Abs. 1 BetrVG übertragbar.[315]

e) Mehrere Arbeitsverträge

Auch Arbeitnehmer in einem Unternehmen mit Matrixorganisation, die in mehreren eigenständigen Arbeitsverhältnissen zu den beteiligten Unternehmen stehen, können ebenfalls mehreren Betrieben zugehören. Dabei kommt es darauf an, ob sie in mehreren Betrieben eingegliedert sind. Werden beide Arbeitsverhältnisse durchgeführt, so besteht regelmäßig eine doppelte Betriebszugehörigkeit.[316] Der Arbeitnehmer ist an den Arbeitsprozessen in beiden Betrieben beteiligt und fördert den Zweck des jeweiligen Betriebs. Selbst wenn die Tätigkeit im Stammbetrieb vorübergehend unterbrochen ist, bleibt die Betriebszugehörigkeit bestehen.[317] Etwas anderes gilt nur, wenn und soweit er aus einem Betrieb ausscheidet.

Auch wenn jeweils nur ein Arbeitsverhältnis aktiv durchgeführt wird, während das andere ruht, bleibt es nach der gegenwärtigen Rechtslage bei der Betriebszugehörigkeit in dem Betrieb. Das Arbeitsverhältnis besteht als solches fort und wird vom Vertragsarbeitgeber verwaltet. Insofern kann nichts anderes gelten als sonst, wenn es zu einer vorübergehenden Arbeitsbefreiung oder Suspendierung der Hauptleistungspflichten aus dem Arbeitsverhältnis kommt.[318] Daher kommt

---

[314] BAG 29.1.1992 NZA 1992, 894 Rn. 40; s. auch ErfK/*Koch* § 5 BetrVG Rn. 9 (scheint von mehreren Arbeitsverhältnissen auszugehen); *Fitting*, BetrVG, § 5 Rn. 221; *Lambrich/Schwab*, NZA-RR 2013, 169, 170; *Windbichler*, Arbeitsrecht im Konzern, S. 268 f.

[315] Ausführlich dazu unter E.II.

[316] *Fitting*, BetrVG, § 5 Rn. 222; *Lambrich/Schwab*, NZA-RR 2013, 169, 170; *Windbichler*, Arbeitsrecht im Konzern, S. 269 f., 275.

[317] *Fitting*, BetrVG, § 5 Rn. 222; *Lambrich/Schwab*, NZA-RR 2013, 169, 170; *Windbichler*, Arbeitsrecht im Konzern, S. 269 f., 275.

[318] Vgl. zur Betriebszugehörigkeit bei Langzeiterkrankungen und Erwerbsunfähigkeitsrente: ArbG Göttingen 7.3.2007 – 3 BV 14/06 Rn. 29 (juris); GK-BetrVG/*Raab* § 7 Rn. 26; ebenso bei unbezahlter Freistellung GK-BetrVG/*Raab* § 7 Rn. 26; Elternzeit ohne Arbeitsleistung BAG 16.4.2003 AP BetrVG 2002 § 9 Nr. 1 (II.2.b); 25.5.2005 AP BetrVG 1972 § 24 Nr. 13 (II.2.b); *Christiansen*, Betriebszugehörigkeit, S. 90 ff.; ErfK/*Koch* § 7 BetrVG Rn. 3, § 9 BetrVG Rn. 2; *Fitting*, BetrVG, § 7 Rn. 32; GK-BetrVG/*Raab* § 7 Rn. 27; *Lindemann/Simon*, NZA 2002, 365, 369 f.; *Richardi/Thüsing*, BetrVG, § 7 Rn. 48, § 9 Rn. 8; *Rieble/Gutzeit*, BB 1998, 638, 639 f.; anders bei Altersteil-

es zu einer doppelten Betriebszugehörigkeit des Arbeitnehmers. Das gilt erst recht, wenn der ruhend gestellte Arbeitsvertrag nur vorübergehend nicht vollzogen wird.[319] Etwas anderes gilt höchstens, wenn nicht zu erwarten ist, dass der Arbeitnehmer je in den Betrieb zurückkehrt.

f) Zwischenergebnis

Die Tätigkeit in Unternehmen und Konzernen wird in einer Reihe von Fällen mit einer doppelten Betriebszugehörigkeit verbunden sein, wenngleich nicht in allen. Grundsätzlich kommt es für die Betriebszugehörigkeit auf die Eingliederung an. Diese wird für den Betrieb des Vertragsarbeitgebers selbst dann angenommen, wenn der Arbeitnehmer temporär in einem anderen Betrieb tätig ist, solange nur ein Rückkehrrecht in den Betrieb besteht. Auch das Ruhen eines Arbeitsverhältnisses schadet der Betriebszugehörigkeit nicht.

Die Delegation von Weisungsrechten auf einen betriebs- oder unternehmensfremden Dritten führt aber nicht zwingend zu einer doppelten Betriebszugehörigkeit. Nur wenn eine organisatorische Eingliederung in den Betrieb des Weisungsberechtigten erfolgt, liegt tatsächlich eine Betriebszugehörigkeit vor. Das hat eine doppelte Betriebszugehörigkeit zur Folge. Etwas anderes gilt nur, wenn es zu einer Versetzung kommt, in deren Folge der Arbeitnehmer endgültig aus dem Einsatzbetrieb des Vertragsarbeitgebers ausscheidet und nur dem Betrieb des fachlich Weisungsberechtigten angehört. In solchen Fällen wird es im Hinblick auf das Arbeitsverhältnis beim Vertragsarbeitgeber aber (entsprechend) zur Anwendung von Beteiligungsrechten kommen.

5. Sachverhalte mit Auslandsbezug

Für die Tätigkeit in der Matrixorganisation mit Auslandsbezug findet das BetrVG nach den allgemeinen Maßgaben für dessen persönlichen und räumlichen Geltungsbereich Anwendung. Die deutsche Betriebsverfassung hat nur dann Ausstrahlungswirkung ins Ausland, wenn der Arbeitnehmer weiterhin einen Bezug zum inländischen Betrieb hat.[320] Das gilt insbesondere für Arbeitnehmer, die vorübergehend im Ausland außerhalb der inländischen betrieblichen Orga-

---

zeit in der Freistellungsphase wegen fehlender Rückkehr in den Betrieb *Däubler*, AiB 2001, 685, 688; *Rieble/Gutzeit*, BB 1998, 638, 640 f.

[319] *Fitting*, BetrVG, § 5 Rn. 222; *Kort*, NZA 2013, 1318, 1325; *Lambrich/Schwab*, NZA-RR 2013, 169, 170; *Windbichler*, Arbeitsrecht im Konzern, S. 269 f., 275.

[320] *Witschen*, RdA 2016, 38, 45; zu den allgemeinen Voraussetzungen BAG 7.12.1989, AP Internat. Privatrecht, Arbeitsrecht Nr. 27 (I.4); *Fitting*, BetrVG, § 1 Rn. 25 f.

nisation (Montagearbeiter, Fahrer) tätig sind.[321] Auch Arbeitnehmer, die Weisungen aus dem Inlandsbetrieb erhalten, bleiben in dessen Betriebsabläufe integriert, wenn keine Eingliederung in einen ausländischen Betrieb feststellbar ist.[322]

Zum Teil wird es als ausreichend angesehen, wenn der Arbeitnehmer in Berichtslinien einbezogen ist, die weiterhin ins Inland reichen, so dass die Auslandstätigkeit des Arbeitnehmers noch dem Betrieb im Inland zuzurechnen ist.[323] Solange jedoch keine Weisungen aus dem Inland erfolgen oder dem inländischen Arbeitgeber zumindest zugerechnet werden können und somit die Organisation der Tätigkeit allein von einem ausländischen Betrieb ausgeht, entfällt der Anknüpfungspunkt für die betriebliche Mitbestimmung, die insbesondere eine Kompensation für die einseitige Ausübung des Weisungsrechts des Arbeitgebers sein und Verteilungskonflikte in der Betriebsbelegschaft auflösen soll.

Die Rechtsprechung hat sich von dieser organisatorischen Eingliederung gelöst und sieht es bereits als ein Indiz für einen fortbestehenden Inlandsbezug an, wenn sich der Arbeitgeber ein Rückrufrecht vorbehalten hat und dieses auch praktische Relevanz besitzt.[324] Wenn man diesem weiten Ansatz folgt, wird es auch bei Auslandssachverhalten zu Fällen doppelter Betriebszugehörigkeit führen. Bei der Eingliederung in einen ausländischen Betrieb des Vertragsarbeitgebers besteht die Betriebszugehörigkeit zunächst zu diesem.[325] Bleibt die Eingliederung im inländischen Betrieb erhalten, kommt es zu einer doppelten Betriebszugehörigkeit. Der Arbeitnehmer wird daher weiterhin, aber ausschließlich durch den inländischen Betriebsrat repräsentiert. Die Tätigkeit im Ausland ist aber nicht folgenlos, da der Betriebsrat nur für die Entscheidungen des Arbeitgebers in Bezug auf den inländischen Betrieb zuständig ist.

---

[321] BAG 7.12.1989, AP Internat. Privatrecht-Arbeitsrecht Nr. 27 (Leitsatz); ErfK/*Koch* § 1 BetrVG Rn. 4; *Fitting*, BetrVG, § 1 Rn. 23; GK-BetrVG/*Franzen* § 1 Rn. 16; *Richardi*, BetrVG, Einl. Rn. 75.

[322] BAG 7.12.1989, AP Internat. Privatrecht, Arbeitsrecht Nr. 27 [II.4]; *Witschen*, RdA 2016, 38, 45.

[323] *Witschen*, RdA 2016, 38, 45.

[324] BAG 20.2.2001, AP BetrVG 1972 § 101 Nr. 23 (B.II.2); ebenso BAG 25. 4. 1978, AP Internat. Privatrecht, Arbeitsrecht Nr. 16; 21.10.1980, AP Internat. Privatrecht, Arbeitsrecht Nr. 17; 30.4.1987, AP SchwbG § 12 Nr. 15 (II.2).

[325] *Fitting*, BetrVG, § 1 Rn. 25 f.; GK-BetrVG/*Raab* § 7 Rn. 46 f; *Richardi*, BetrVG, Einl. Rn. 76; s. auch BAG 25.4.1978, AP Internat. Privatrecht, Arbeitsrecht Nr. 16 (II.2.c), anders bei einer zeitlich begrenzten Tätigkeit.

6. Einschränkung des Wahlrechts bei doppelter Betriebszugehörigkeit mit Rücksicht auf deren Dauer

Bei einer temporären Mitwirkung in einem anderen Betrieb kann über die formale Eingliederung hinaus von Bedeutung sein, wie lange der Arbeitnehmer im Betrieb tätig ist. Seine Verwurzelung dort ist – je nach der Dauer seiner Eingliederung – durchaus verschieden. Eine solche Vorgabe sieht das BetrVG allerdings nicht generell vor, sondern reagiert auf eine nur temporäre Mitarbeit im Betrieb dadurch, dass insbesondere bei den Schwellenwerten auf die in der Regel bzw. ständig beschäftigten Arbeitnehmer abgestellt wird.[326]

Das aktive und passive Wahlrecht hat der Arbeitnehmer jedoch unabhängig davon, wie lange er voraussichtlich dem Betrieb zugehören wird, solange der vorübergehende Einsatz im Einsatzbetrieb zur Folge hat, dass der Arbeitnehmer (auch) diesem Betrieb angehört. Anders als bei der Leiharbeit fehlt es an einer § 7 S. 2 BetrVG vergleichbaren Regelung. Angesichts der Langfristigkeit der Arbeitnehmervertretung im Betrieb, die in der Amtszeit des Betriebsratsmitglieds von vier Jahren Ausdruck findet, sollte erwogen werden, ob das Wahlrecht davon abhängig gemacht wird, dass die geplante Tätigkeit eine bestimmte Mindestdauer überschreitet. Das sollte zumindest in den Fällen einer doppelten Betriebszugehörigkeit geregelt werden. Die damit einhergehende Einschränkung steht in Einklang mit der Konzeption der Betriebsverfassung und stellt den Arbeitnehmer nicht schutzlos. Er bleibt einerseits Arbeitnehmer im Betrieb seines (bzw. des anderen) Vertragsarbeitgebers. Andererseits sind dann im zweiten Einsatzbetrieb die einschlägigen Beteiligungsrechte zu seinen Gunsten zumindest analog anzuwenden.

Für eine solche Beschränkung des aktiven Wahlrechts kann sich der Gesetzgeber an der bestehenden Regelung in § 7 S. 2 BetrVG orientieren, auch wenn die dort genannte Frist von drei Monaten recht kurz bemessen ist. Jedenfalls sollte im Falle einer Regelung darauf geachtet werden, dass es nicht zu unterschiedlichen Regelungen für die Leiharbeitnehmer und die übrigen Fälle eines drittbezogenen Personaleinsatzes bzw. einer doppelten Betriebszugehörigkeit kommt. Hierfür fehlt es an einem sachlichen Grund. Beide Arbeitnehmergruppen sind in den Einsatzbetrieb eingegliedert. Sie haben betriebsverfassungsrechtliche Individualrechte und der Betriebsrat nimmt mit Bezug auf ihre Person Beteiligungsrechte wahr.

---

[326] Z. B. §§ 9 Abs. 1 S. 1, 38 Abs. 1 S. 1, 99 Abs. 1 S. 1, 106 Abs. 1 S. 1, 111 S. 1 BetrVG.

Eine Beschränkung ist in diesen Fällen auch für das passive Wahlrecht zu erwägen. Das muss gerade im Hinblick auf die Amtszeit des Betriebsratsmitglieds gelten, es sei denn, man will es der Entscheidung der Arbeitnehmer überlassen, auch Arbeitnehmer als Repräsentanten zu wählen, die nur für eine begrenzte Frist ihr Amt ausüben werden.

Ein Regelungsbedarf ergibt sich darüber hinaus, wenn der Arbeitnehmer mehrere Arbeitsverhältnisse mit Unternehmen in einer Matrixorganisation geschlossen hat, wobei jeweils nur das Arbeitsverhältnis mit dem Unternehmen durchgeführt wird, in das der Arbeitnehmer eingegliedert ist, während die anderen Arbeitsverhältnisse ruhen. Einen ähnlichen Sachverhalt regelt für den öffentlichen Dienst § 13 Abs. 1 S. 2 BPersVG, der bestimmt, dass die Betriebszugehörigkeit erlischt, wenn der Arbeitnehmer unter Wegfall der Bezüge für mehr als sechs Monate beurlaubt ist. Eine analoge Anwendung dieser Regelung im Betriebsverfassungsrecht wird zu Recht einhellig abgelehnt.[327] Allerdings sollte es der Gesetzgeber in Betracht ziehen, dieses Erlöschen des Wahlrechts auch im Betriebsverfassungsrecht vorzusehen, jedenfalls in Fällen doppelter Betriebszugehörigkeit. Ein Arbeitnehmer, dessen Arbeitsverhältnis ruht und der somit nicht (mehr) in der Organisation des Arbeitgebers seine Arbeitsleistung erbringt, ist damit weder den Weisungen des Arbeitgebers noch den üblichen Konflikten im Betrieb ausgesetzt. Es fehlt an der tatsächlichen Eingliederung[328], so dass er nicht notwendig an der Wahl des Betriebsrats aktiv beteiligt werden muss. Das Wahlrecht lebt mit der Aktivierung des Arbeitsverhältnisses und der Wiedereingliederung wieder auf.

7. Zusammenfassung

Die Betriebszugehörigkeit von Arbeitnehmern in Matrixunternehmen beschränkt sich nicht auf die Betriebe des Vertragsarbeitgebers. Die Eingliederung in Betriebe anderer Matrixunternehmen bei der Umsetzung der Matrixorganisation führt ebenfalls zur Betriebszugehörigkeit. Das bedeutet indes nicht, dass jede Übertragung von Weisungsrechten eine Betriebszugehörigkeit in einem anderen Betrieb nach sich zieht. Es kommt darauf an, dass der Arbeitnehmer in die Betriebsabläufe des Betriebs eingebunden wird, den der fachlich Weisungsberechtigte leitet.

---

[327] LAG Hamm 27.4.2005, NZA-RR 2005, 590, 592; GK-BetrVG/*Kreutz* § 7 Rn. 27; HWK/*Reichold* § 7 BetrVG Rn. 13.

[328] So zu § 13 Abs. 1 S. 2 BPersVG Begründung des Regierungsentwurfs, BT-Drs. VI/3721, S. 28 = 7/176; dazu Richardi/Dörner/Weber/*Dörner*, Personalvertretungsrecht, § 13 Rn. 18.

Diese Erweiterung des Begriffs der Betriebszugehörigkeit wird in Matrixorganisationen zum Teil zu doppelten Betriebszugehörigkeiten führen.

Das mit der Betriebszugehörigkeit einhergehende Wahlrecht der Arbeitnehmer sollte zumindest bei einer doppelten Betriebszugehörigkeit (durch den Gesetzgeber) nicht uneingeschränkt bestehen. Ein kurzzeitiger Einsatz eines Arbeitnehmers in einen anderen Betrieb sollte ebenso wie bei den Leiharbeitnehmern kein Wahlrecht auslösen. Insofern ist § 7 S. 2 BetrVG zu erweitern. Die dort geregelte Frist ist zwar sehr kurz bemessen, jedenfalls wird man eine Beschränkung des Wahlrechts nicht abweichend von dem der Leiharbeit regeln können, ohne gegen Art. 3 Abs. 1 GG zu verstoßen. Eine Einschränkung ist zudem für das passive Wahlrecht bei doppelter Betriebszugehörigkeit zu erwägen.

Einer gesetzlichen Ausgestaltung bedarf schließlich die Fallgruppe, bei der ein Arbeitnehmer mehrere Arbeitsverhältnisse mit Unternehmen in der Matrixorganisation geschlossen hat, wobei nur eines betrieben wird, während die anderen ruhen. In Anlehnung an § 13 Abs. 1 S. 2 BPersVG sollte ebenfalls vorgesehen werden, dass das Wahlrecht aus dem ruhenden Arbeitsverhältnis entfällt, wenn das Ruhen mehr als sechs Monate andauert.

IV. Zusammenfassung

Die Matrixorganisation macht es nicht erforderlich, den Begriff des Betriebes und des gemeinsamen Betriebs grundsätzlich zu ändern. Lediglich die Anwendung des § 1 Abs. 2 BetrVG bedarf einer präzisen Abgrenzung zwischen der bloßen Übertragung von Weisungsrechten an Dritte und einer Koordinierung von Betriebsabläufen in einem Maße, dass sie zur Bildung eines gemeinsamen Betriebes führt. Änderungen bedarf vor allem § 3 BetrVG, der eine spezifische Regelungsmöglichkeit für Matrixorganisationen vorsehen sollte. Diese darf sich nicht auf die unterste Ebene der Arbeitnehmervertretung beschränken. Wegen der Abgrenzungsschwierigkeiten sollte zudem eine klarstellende Regelung im Hinblick auf das Vorliegen eines gemeinsamen Betriebes ermöglicht werden.

Die Betriebszugehörigkeit von Arbeitnehmern besteht bei drittbezogenem Personaleinsatz unabhängig vom Arbeitsverhältnis, wenn der Arbeitnehmer in den Betrieb des anderen Unternehmens eingegliedert ist. Das folgt nicht bereits aus der Übertragung des fachlichen Weisungsrechts, sondern es bedarf einer Einbindung in die Betriebsabläufe. In Fällen der doppelten Betriebszugehörigkeit sollte jedoch das aktive Wahlrecht beschränkt werden. Das aktive Wahlrecht sollte erst bestehen, wenn die Einsatzzeit (wie bei den Leiharbeitnehmern) drei Monate überschreiten soll. Zudem sollte bei Abschluss mehrerer Arbeitsverhältnisse aus dem ruhenden Arbeitsverhältnis nach Ablauf von sechs Monaten kein Wahlrecht mehr resultieren.

Fehlt es an der Betriebszugehörigkeit, so hat der Betriebsrat beim Vertragsarbeitgeber weiterhin die Beteiligungsrechte im Hinblick auf die Entscheidungen des fachlich weisungsberechtigten Matrixmanagers aus dem anderen Unternehmen. Dessen Entscheidungen sind dem Vertragsinhaber zuzurechnen. Bei der Durchführung der Beteiligungsverfahren wird es dann darauf ankommen, dass der Arbeitgeber dem Betriebsrat entsprechend dem Beteiligungsrecht und nach Maßgabe der vertrauensvollen Zusammenarbeit gemäß § 2 Abs. 1 BetrVG einen kompetenten Gesprächspartner anbietet.

E. Folgerungen für die Beteiligungsrechte des Betriebsrats

I. Beteiligungsrechte des Betriebsrats bei der Einführung einer Matrixorganisation

1. Überblick

Die Einführung einer Matrixorganisation im Unternehmen bzw. Konzern kann die Beteiligung des Betriebsrats erforderlich machen. Die Beteiligungsrechte ergeben sich zum einen in den wirtschaftlichen Angelegenheiten aus § 106 BetrVG und §§ 111, 112 BetrVG, zum anderen in personellen Angelegenheiten aus § 99 Abs. 1 BetrVG, soweit mit der Einführung der neuen Organisation Einstellungen und Versetzungen verbunden sind.

Unabhängig davon kann die Einführung der Matrix auch von anderen Maßnahmen im Betrieb bzw. Unternehmen begleitet werden, die auch Beteiligungsrechte aus § 87 BetrVG auslösen (z. B. Einführung von Englisch als allgemeiner Sprache der betrieblichen Kommunikation[329]).

2. Mitbestimmung in wirtschaftlichen Angelegenheiten nach § 111 BetrVG

Die Einführung einer Matrixorganisation im Unternehmen bzw. Konzern kann für die Betriebe zu einer Betriebsänderung i. S. von § 111 BetrVG führen, ohne dass in jedem Fall eine solche vorliegt.[330] Das beruht zum einen darauf, dass Matrixstrukturen auf Teile des Unternehmens oder Konzerns beschränkt werden können. Zum anderen hängt der Umfang der Änderungen von der bereits bestehenden Organisation ab.

In Betracht kommt vor allem eine Betriebsänderung nach § 111 S. 1, 3 Nr. 4 oder 5 BetrVG. Dazu muss die organisatorische Maßnahme zu einer grundlegenden Änderung der Betriebsorganisation, des Betriebszwecks oder der Betriebsanla-

---

[329] LAG Köln 9.3.2009, LAGE ArbGG 1979 § 98 Nr. 53.
[330] *Kort*, NZA 2013, 1318, 1326; *Müller-Bonanni/Mehrens*, ZIP 2010, 2228, 2230.

gen führen (§ 111 S. 3 Nr. 4 BetrVG). Der Begriff der Betriebsorganisation meint eine Organisation, die zur Verfolgung des arbeitstechnischen Zwecks im Betrieb geschaffen wird.[331] Sie ist von der Unternehmensorganisation zu unterscheiden. Eine Änderung der Betriebsorganisation ist daher eine Änderung des Betriebsaufbaus oder der Organisation des Leitungsapparats (in seiner Gliederung, seinen Zuständigkeiten), wenn damit wesentliche Nachteile für die Arbeitnehmer verbunden sind.[332]

Daher ist insbesondere die Spaltung eines Betriebs eine Betriebsänderung, es sei denn, es erfolgt lediglich eine Aufspaltung des Unternehmens in eine Besitz- und Produktionsgesellschaft, ohne dass sich die konkrete Verfolgung des arbeitstechnischen Zwecks im Betrieb ändert.[333] Eine Betriebsänderung ist auch die Verlagerung der Entscheidungsbefugnisse mit dem Ziel der Dezentralisierung, indem ein Profitcenter oder eine Spartenorganisation eingeführt wird.[334] Ausreichend ist zudem die Umwandlung des Betriebsaufbaus, insbesondere der Zuständigkeit und Verantwortlichkeit, sofern sie den Betriebsablauf erheblich ändern und somit grundlegende Bedeutung erlangen (z. B. vollständiger Wegfall einer organisatorischen Zwischenstufe, der Regionalleiter, durch unmittelbare Unterstellung der Außendienstmitarbeiter unter einen Außendienstleister[335]).[336] Dabei sind nicht die wirtschaftliche Tätigkeit und ihr Ziel maßgebend, sondern wie dieses arbeitstechnisch erreicht wird (z. B. Einführung eines Automatenspielsaals in einem Casino).[337] Ob die Änderung grundlegend ist, muss danach beurteilt werden, welche Bedeutung die Änderung für das betriebliche Gesamtgeschehen hat.[338] Indiz ist die Zahl der von der Änderung betroffenen

---

[331] BAG 16.6.1987, AP BetrVG 1972 § 111 Nr. 19 (II.1); 26.10.2004, AP BetrVG 1972 § 113 Nr. 49 (A.I.2); 18.3.2008, AP BetrVG 1972 § 111 Nr. 66 Rn. 22 f.; 26.3.2009, AP KSchG 1969 § 9 Nr. 57 Rn. 36; DKKW/*Däubler*, BetrVG, § 111 Rn. 105; ErfK/*Kania* § 111 BetrVG Rn. 17; *Fitting*, BetrVG, § 111 Rn. 92; GK-BetrVG/*Oetker* § 111 Rn. 147; HSWGNR/*Hess*, BetrVG, § 111 Rn. 171; Richardi/*Annuß*, BetrVG, § 111 Rn. 108; Schaub/*Koch*, Arbeitsrechts-Handbuch, § 244 Rn. 19.
[332] Siehe Fn. 331.
[333] BAG 17.2.1981, AP BetrVG 1972 § 111 Nr. 9; ErfK/*Kania* § 111 BetrVG Rn. 16; GK-BetrVG/*Oetker* § 111 Rn. 152; vgl. auch *Fitting*, BetrVG, § 111 Rn. 88.
[334] DKKW/*Däubler*, BetrVG, § 111 Rn. 105; ErfK/*Kania* § 111 BetrVG Rn. 17; *Vogt*, Sozialpläne, S. 61.
[335] BAG 26.10.2004, AP BetrVG 1972 § 113 Nr. 49 (A.I.2); DKKW/*Däubler*, BetrVG, § 111 Rn. 108; allg. dazu GK-BetrVG/*Oetker* § 111 Rn. 147.
[336] *Fitting*, BetrVG, § 111 Rn. 92; HSWGNR/*Hess*, BetrVG, § 111 Rn. 172.
[337] BAG 17.12.1985, AP BetrVG 1972 § 111 Nr. 15 (B.II.1); *Fitting*, BetrVG, § 111 Rn. 91; HSWGNR/*Hess*, BetrVG, § 111 Rn. 172; vgl. auch LAG Düsseldorf 20.4.2016 – 4 TaBV 70/15 (juris).
[338] LAG Düsseldorf 20.4.2016 – 4 TaBV 70/15 (juris).

Arbeitnehmer. Wenn ein erheblicher Teil der Belegschaft betroffen ist, spricht dies für die erhebliche Bedeutung der Änderung für den Gesamtbetrieb.[339]

Die Einführung der Matrixorganisation kann eine solche grundlegende Änderung der Betriebsorganisation bewirken.[340] Das gilt insbesondere, wenn es zu einer Verlagerung von Zuständigkeiten durch die Zusammenfassung von Entscheidungsbefugnissen in Geschäftsbereichen kommt. Insofern findet nicht selten eine Zentralisierung statt, die die Betriebsorganisation ändert. Damit sind Zuständigkeitsverlagerungen verbunden. Die Einführung der Matrixorganisation kann zudem zu einer Straffung der Organisation führen[341], zumal zentrale Aufgaben im Unternehmen für mehrere Betriebe zusammengefasst werden. Dazu können Betriebsteile einem anderen Betrieb angegliedert werden. Es können bisher bestehende Zwischenebenen in der Hierarchie entfallen, weil die Leitung von einem Matrixmanager in einem Betrieb für den gesamten betriebs- oder sogar unternehmensübergreifenden Geschäftsbereich erfolgt. Auch der Wegfall der eigenen Forschung und Entwicklung ist eine Maßnahme, die § 111 S. 3 Nr. 4 BetrVG erfasst.[342] Zugleich kann § 111 S. 3 Nr. 1 BetrVG eingreifen. Diese Änderungen der Betriebsorganisation sind grundlegend, wenn sie eine große Zahl von Arbeitnehmern des Betriebs betrifft.[343] Eine bloße Änderung des Berichtswesens ist jedoch keine grundlegende Änderung der Betriebsorganisation, wenn nicht gleichzeitig Weisungsrechte übertragen werden und sich damit die Zuständigkeiten oder Verantwortlichkeiten ändern.[344]

Eine Betriebsänderung nach § 111 S. 3 Nr. 5 BetrVG setzt die Einführung grundlegend neuer Arbeitsmethoden und Fertigungsverfahren voraus. Als Arbeitsmethode gelten nicht nur die Betriebsmittel, die zur Verfolgung des arbeitstechnischen Zwecks des Betriebs eingesetzt werden, sondern auch die Gestaltung der menschlichen Arbeit und deren Einfügen in die arbeitstechnische Zweckverfolgung.[345] Dabei kommt es nicht nur darauf an, wie die menschliche Arbeitskraft eingesetzt wird, sondern auch welche Hilfsmittel bei der Arbeitsleis-

---

339 LAG Düsseldorf 20.4.2016 – 4 TaBV 70/15 (juris).
340 *Fitting*, BetrVG, § 111 Rn. 92; *Kort*, NZA 2013, 1318, 1326.
341 LAG Düsseldorf 20.4.2016 – 4 TaBV 70/15 (juris).
342 LAG Düsseldorf 20.4.2016 – 4 TaBV 70/15 (juris).
343 *Kort*, NZA 2013, 1318, 1326; vgl. auch *Dörfler/Heidemann*, AiB 2012, 196, 199.
344 BAG 26.10.1982, AP BetrVG 1972 § 111 Nr. 10 (Einführung eines neuen [zentralisierten] Finanzberichtssystems unter Einsatz von Datensichtgeräten in der Finanzbuchhaltung); *Fitting*, BetrVG, § 111 Rn. 95, 101 (erhebliche Auswirkung auf den Betriebsablauf erforderlich); *Kort*, NZA 2013, 1318, 1326.
345 DKKW/*Däubler*, BetrVG, § 411 Rn. 112; *Fitting*, BetrVG, § 111 Rn. 98; GK-BetrVG/*Oetker* § 111 Rn. 166; Schaub/*Koch*, Arbeitsrechts-Handbuch, § 244 Rn. 20.

tung heranzuziehen sind und wie die Arbeit organisatorisch gestaltet wird.[346] Daher ist auch die Einführung von Gruppenarbeit eine Betriebsänderung[347], ebenso die Einführung von Desk-Sharing-Arbeitsplätzen[348].

Um die Unterrichtungspflicht nach § 111 BetrVG erfüllen zu können, muss sich der Arbeitgeber notwendigenfalls Informationen bei der Konzernleitung beschaffen.[349] Im Rahmen des Interessenausgleichs kann der Betriebsrat über das Ob und das Wie der Betriebsänderung beraten. Dabei kann es insbesondere von Interesse sein, die Durchführung der einzuführenden Matrixorganisation zum Gegenstand zu machen. Der Betriebsrat hat insoweit zwar kein Mitbestimmungsrecht, er kann jedoch mit dem Arbeitgeber eine Regelungsabrede schließen, um die Folgen der einzuführenden Matrixorganisation für die Mitbestimmung im Betrieb auszugestalten und potentielle Konflikte zu vermeiden.[350] Das gilt umso mehr, als die weisungsberechtigten Führungskräfte im Ausland arbeiten und mit der deutschen Mitbestimmung des Betriebsrats nicht vertraut sind.

Das Auseinanderfallen von Betriebsinhaber und Weisungsberechtigten hat gegebenenfalls zur Folge, dass am Beteiligungsverfahren auf Arbeitgeberseite Personen mitwirken, die nicht sachkundig sind. Der Grundsatz der vertrauensvollen Zusammenarbeit gibt zwar vor, dass der Arbeitgeber dafür Sorge zu tragen hat, dass sachkundige Personen mitwirken[351], dies wird praktisch aber nicht immer umgesetzt. Zudem kann genauer vereinbart werden, nach welchen Prämissen die Beteiligung der weisungsberechtigten Matrixmanager erfolgen soll. Darüber hinaus ist es angesichts der Veränderlichkeit der Matrixorganisation sinnvoll die Weisungsberechtigung zu dokumentieren und auch für zukünftige Änderungen eine Form der Dokumentation vorzusehen.

Schließlich kann es hilfreich sein, als flankierende Maßnahme eine Weiterbildung für die neuen Führungskräfte zu vereinbaren, wenn diese in Staaten arbeiten, wo es keine vergleichbare betriebliche Mitbestimmung gibt.

Bei einem Verstoß gegen das Beteiligungsrecht kann der Betriebsrat sein Unterrichtungsrecht im arbeitsgerichtlichen Beschlussverfahren bzw. mittels einst-

---

[346] Siehe Fn. 345.
[347] LAG Nürnberg 1.8.2000, AiB 2004, 438 f.; DKKW/*Däubler*, BetrVG, § 111 Rn. 113; Fitting, BetrVG, § 111 Rn. 98; GK-BetrVG/*Oetker* § 111 Rn. 168; WHSS/*Schweibert* Kap. C Rn. 76.
[348] ArbG Frankfurt a. M. 8.1.2003, AiB 2003, 697 f.
[349] *Kort*, NZA 2013, 1318, 1326; *Müller-Bonanni/Mehrens*, ZIP 2010, 2228, 2232 f.
[350] Siehe auch unter J.
[351] Siehe dazu unter G.

weiliger Verfügung durchsetzen.[352] Ob darüber hinaus ein Unterlassungsanspruch besteht ist nach wie vor umstritten und wird von einem Teil der Landesarbeitsgerichte abgelehnt[353], während andere den Unterlassungsanspruch bejahen.[354]

3. Beteiligung in personellen Angelegenheiten

a) Einstellung

aa) Einstellungsbegriff i. S. von § 99 Abs. 1 BetrVG

Mit der Einführung der Matrixorganisation werden nicht selten Einstellungen verbunden sein, zumal die Rechtsprechung einen sehr weiten Einstellungsbegriff zugrunde legt. In Matrixorganisationen, die gerade von den gesellschaftsrechtlichen Grenzen des Unternehmens unabhängig sind, kommt es auch zum Einsatz von Arbeitnehmern in konzernangehörigen Unternehmen, mit denen kein Arbeitsvertrag besteht. Insofern kommt es darauf an, ob unabhängig vom Bestehen eines Arbeitsverhältnisses eine Einstellung i. S. von § 99 Abs. 1 BetrVG vorliegt. Charakteristisch ist zum anderen das Einsetzen von Matrixmanagern als Vorgesetzte, die mit Hilfe von Informations- und Kommunikationstechnologie über große räumliche Distanzen hinweg einen oder mehrere Betriebe im Geschäftsbereich leiten. Diese können einem oder mehreren Unternehmen angehören, so dass der Vorgesetzte gegebenenfalls nicht in einem Arbeitsverhältnis zum Inhaber des von ihm geführten Betriebs steht. Daher hat er kein eigenes Weisungsrecht aus dem Arbeitsvertrag. Gerade diese Fallgruppe ist höchstrichterlich noch nicht entschieden.

---

[352] DKKW/*Däubler*, BetrVG, § 111 Rn. 190; ErfK/*Kania* § 111 BetrVG Rn. 26; GK-BetrVG/*Oetker* § 111 Rn. 260 ff.; HWK/*Hohenstatt/Willemsen* § 111 BetrVG Rn. 79; WPK/*Preis/Bender*, BetrVG, § 111 Rn. 37.
[353] LAG Baden-Württemberg 21.10.2009 – 20 TaBVGa 1/09 (juris); LAG Düsseldorf 14.12.2005, LAGE § 111 BetrVG 2001 Nr. 4; LAG Köln 27.5.2009 – 2 TaBVGa 7/09 (juris); LAG Nürnberg 9.3.2009, ZTR 2009, 554 f.; LAG Rheinland-Pfalz 30.3.2006 – 11 TaBV 53/05; 27.8.2014, NZA-RR 2015, 197.
[354] LAG Hamburg 26.6.1997, NZA-RR 1997, 296; LAG Hamm 20.4.2012 – 10 TaBVGa 3/12 (juris); 17.2.2015, NZA-RR 2015, 247; LAG Thüringen 18.8.2003, ZIP 2004, 1118, 1119 f.; s. auch LAG Niedersachsen 4.5.2007, LAGE BetrVG 2001 § 111 Nr. 7; LAG Schleswig-Holstein 15.12.2010, DB 2011, 714; LAG München 22.12.2008, BB 2010, 896 ff.

Eine Einstellung i. S. von § 99 Abs. 1 BetrVG liegt nach ständiger Rechtsprechung vor, wenn Personen in den Betrieb des Arbeitgebers eingegliedert werden, um dort zusammen mit den übrigen beschäftigten Arbeitnehmern dessen arbeitstechnischen Zweck durch weisungsgebundene Tätigkeit zu verwirklichen.[355] Das Rechtsverhältnis zwischen Betriebsinhaber und Beschäftigtem ist danach unerheblich.[356] Die zu verrichtende Tätigkeit muss lediglich nach ihrer Art weisungsgebunden und vom Arbeitgeber organisiert sein, um den arbeitstechnischen Betriebszweck zu verwirklichen.[357] Entscheidend sei, dass der Beschäftigte so in die fremde Arbeitsorganisation eingegliedert ist, dass der Betriebsinhaber das für ein Arbeitsverhältnis typische Weisungsrecht bzgl. Zeit, Ort und Art der Tätigkeit ausübt.[358] Das Arbeitsverhältnis kann daher auch mit einem Dritten bestehen, solange der Betriebsinhaber Weisungen wie ein Arbeitgeber erteilen kann.[359] Das BAG hält selbst bei Fremdfirmenarbeitnehmern eine Eingliederung im Einsatzbetrieb für möglich, lässt für die Einstellung aber eine nur der Art nach weisungsgebundene Tätigkeit der Fremdfirmenarbeitnehmer

---

[355] BAG 15.4.1986, AP BetrVG 1972 § 99 Nr. 35 (B.II.2.a); 16.12.1986, AP BetrVG 1972 § 99 Nr. 40 (B.II.2.a); 18.4.1989, AP BetrVG 1972 § 99 Nr. 73 (II.1); 19.6.2001, AP BetrVG 1972 § 99 Einstellung Nr. 35 (B.II.2); 12.11.2002, AP BetrVG 1972 § 99 Einstellung Nr. 43 (B.II.2.a.aa); 23.1.2008, AP AÜG § 14 Nr. 14 Rn. 21; 30.9.2008, DB 2009, 350 Rn. 16; 15.10.2013, AP BetrVG 1972 § 93 Nr. 10 Rn. 21; ebenso DKKW/*Bachner*, BetrVG, § 99 Rn. 38 ff.; *Fitting*, BetrVG, § 99 Rn. 33 ff.; *Richardi*, NZA 2009, 1 ff.; Richardi/*Thüsing*, BetrVG, § 99 Rn. 30; a. A. *Bengelsdorf*, FS Kreutz, 2010, S. 41, 51 ff.; *Hunold*, NZA 1990, 461, 464 f.; HSWGNR/*Huke*, BetrVG, § 99 Rn. 22 ff.; differenzierend GK-BetrVG/*Raab* § 99 Rn. 28 f.; WPK/*Preis*, BetrVG, § 99 Rn. 15 f.

[356] BAG 16.12.1986, AP BetrVG 1972 § 99 Nr. 40 (B.II.2.a); 5.3.1991, AP BetrVG 1972 § 99 Nr. 90 (B.II.2.a); 27.7.1993, AP BetrVG 1972 § 99 Nr. 68 (B.II.2.c); 22.4.1997, AP BetrVG 1972 § 99 Einstellung Nr. 18 (B.II.2.b); 12.11.2002, AP BetrVG 1972 § 99 Einstellung Nr. 43 (B.II.2.a.bb); 30.9.2008, DB 2009, 350 Rn. 16; 15.10.2013, AP BetrVG 1972 § 93 Nr. 10 Rn. 21; DKKW/*Bachner*, BetrVG, § 99 Rn. 39.

[357] BAG 15.4.1986, AP BetrVG 1972 § 99 Nr. 35 (B.II.2.a); 18.4.1989, AP BetrVG 1972 § 99 Nr. 73 (II.1); 23.1.2008, AP AÜG § 14 Nr. 14 Rn. 21; 30.9.2008, DB 2009, 350 Rn. 16; 15.10.2013, AP BetrVG 1972 § 93 Nr. 10 Rn. 21; ebenso *Fitting*, BetrVG, § 99 Rn. 33 ff.; *Richardi*, NZA 2009, 1, 2 ff.; Richardi/*Thüsing*, BetrVG, § 99 Rn. 30 f.; a. A. *Bengelsdorf*, FS Kreutz, 2010, S. 41, 51 ff.; *Hunold*, NZA 1990, 461, 464 f.; HSWGNR/*Huke*, BetrVG, § 99 Rn. 24 ff.; differenzierend GK-BetrVG/*Raab* § 99 Rn. 28 f.; WPK/*Preis*, BetrVG, § 99 Rn. 15 f.

[358] BAG 13.5.2014, AP BetrVG 1972 § 99 Einstellung Nr. 65 Rn. 21.

[359] Z. B. bei ehrenamtlichen Mitgliedern des DRK BAG 12.11.2002, AP BetrVG 1972 § 99 Einstellung Nr. 43 (B.II.2.a); 23.6.2010, AP BetrVG 1972 § 99 Einstellung Nr. 60 Rn. 18 ff.

nicht ausreichen, sondern verlangt, dass der Betriebsinhaber (nicht der Fremdfirmeninhaber) das für ein Arbeitsverhältnis typische Weisungsrecht habe.[360] Die Literatur kritisiert dies als Auflösung des Einstellungsbegriffs und uferlose Ausweitung des Mitbestimmungstatbestands[361], die auf dem Abstellen auf das Vorliegen eines Weisungsrechts, ungeachtet seiner Provenienz, beruhe.[362] Einstellung sei vielmehr sowohl die Begründung eines Arbeitsverhältnisses als auch die vorhergehende oder nachfolgende tatsächliche Arbeitsaufnahme (mit dem Willen des Arbeitgebers).[363] Dem liegt eine betriebsbezogene Betrachtung zugrunde, so dass eine Einstellung auch vorliegt, wenn bereits ein Arbeitsverhältnis zum Betriebsinhaber besteht, das bisher außerhalb des Betriebs vollzogen wurde.[364] Eine Einstellung ist daher auch die erstmalige Eingliederung eines Arbeitnehmers in einem bestimmten Betrieb seines Arbeitgebers.[365] Der Einstellungsbegriff müsse die grundrechtlich geschützte unternehmerische Entscheidung als Grenze berücksichtigen.[366]

Die Rechtsprechung verweist für den weiten Einstellungsbegriff insbesondere auf den Zweck des § 99 Abs. 1 BetrVG. Er diene dem Schutz der bereits im Betrieb beschäftigten Arbeitnehmer, der gerade auch bei der Neustrukturierung der Produktionsbeziehungen (z. B. durch Leiharbeit oder Einsatz von Drittfirmen) erforderlich sei.[367] Bei der Aufspaltung der Arbeitgeberstellung komme es zu einer Eingliederung und somit zu einer Einstellung im Einsatzbetrieb, wenn der Arbeitgeber des Einsatzbetriebs auch gegenüber den Arbeitnehmern, zu denen kein Arbeitsverhältnis bestehe, wenigstens einen Teil der Arbeitgeberstel-

---

[360] BAG 13.12.2005, AP BetrVG 1972 § 99 Nr. 50 (B.I.2); 13.5.2014, NZA 2014, 1149 Rn. 21; vgl. auch LAG Schleswig-Holstein 5.6.2013, LAGE BetrVG 2001 § 99 Nr. 20.
[361] *Bengelsdorf*, FS Kreutz, 2010, S. 41, 51 ff.; GK-BetrVG/*Raab* § 99 Rn. 38; *Wank*, ZfA 1996, 535, 542; s. auch *Hunold* NZA-RR 2012, 113, 114 f. (bzgl. Anwendung des § 99 BetrVG auf Drittpersonaleinsatz unabhängig von der Weisung durch den Arbeitgeber).
[362] GK-BetrVG/*Raab* § 99 Rn. 38; *Hamann*, AP BetrVG 1972 § 99 Einstellung Nr. 60, Bl. 5R.
[363] DKKW/*Bachner*, BetrVG, § 99 Rn. 38; *Fitting*, BetrVG, § 99 Rn. 31 f.; GK-BetrVG/*Raab* § 99 Rn. 28 f.; HSWGNR/*Huke*, BetrVG, § 99 Rn. 22 ff.; *Zöllner/Loritz/Hergenröder*, Arbeitsrecht, § 52 Rn. 9; differenzierend WPK/*Preis*, BetrVG, § 99 Rn. 15 f.
[364] GK-BetrVG/*Raab* § 99 Rn. 31.
[365] BAG 16.12.1986, AP BetrVG 1972 § 99 Nr. 40 (B.II.2.a); GK-BetrVG/*Raab* § 99 Rn. 29, 31.
[366] GK-BetrVG/*Raab* § 99 Rn. 41; *Wank*, ZfA 1996, 536, 542.
[367] BAG 12.11.2002, AP BetrVG 1972 § 99 Einstellung Nr. 43 (B.II.2.a.aa); 23.6.2010, AP BetrVG 1972 § 99 Einstellung Nr. 60 Rn. 19; *Dauner-Lieb*, NZA 1992, 817, 818; *Fitting*, BetrVG, § 99 Rn. 35; *Kreuder*, AuR 1993, 316, 322 f.; a. A. *Henssler*, NZA 1994, 294, 304.

lung übernehme.[368] An der Eingliederung fehlt es danach, wenn das betriebsfremde Unternehmen die Entscheidungen über den Arbeitseinsatz nach Zeit und Ort trifft.

bb) Einstellung durch die Einsetzung von Matrixmanagern

Nach diesem Maßstab wird es auch bei der Einführung bzw. Durchführung der Matrixorganisation zu Einstellungen kommen, selbst wenn es an einem Arbeitsvertrag mit dem Betriebsinhaber fehlt. Der Einsatz eines Arbeitnehmers in einem anderen Betrieb des Geschäftsbereichs ist eine Einstellung[369], unabhängig davon, ob der Betrieb zum Unternehmen des Vertragsarbeitgebers gehört. Dem Matrixmanager ist in diesem Fall das Weisungsrecht übertragen, so dass er derjenige ist, der wie ein Arbeitgeber Art, Ort und Zeit der Arbeitsleistung bestimmt. Die Übertragung des fachlichen Weisungsrechts auf den Matrixmanager ist – ebenso wie bei der Versetzung – zwar noch keine mitbestimmungspflichtige personelle Maßnahme in Bezug auf den weisungsunterworfenen Arbeitnehmer.[370] Nur wenn der Arbeitnehmer im Rahmen der Einführung der Matrixorganisation (oder im weiteren Arbeitsverlauf) einem anderen Betrieb zugeordnet wird, liegt in Bezug auf diesen Arbeitnehmer eine Einstellung i. S. von § 99 Abs. 1 BetrVG vor.[371] Die Beteiligung des Betriebsrats im aufnehmenden Betrieb schützt die dort tätigen Arbeitnehmer.

Die Einführung der Matrixorganisation führt aber auch zu einer Änderung der Entscheidungswege im Unternehmen bzw. Konzern mit der Folge, dass ein Arbeitnehmer an einem Standort Weisungsrechte für eine Mehrzahl von Betrieben eines Geschäftsbereichs erhält, die er in der Regel kraft Vollmacht oder Ermächtigung ausübt. Diese Matrixmanager haben zum Teil einen Arbeitsvertrag mit dem jeweiligen Inhaber der von ihnen geleiteten Betriebe; ihre Einsetzung als Vorgesetzter ergibt sich im Übrigen aus der Delegation des (fachlichen) Weisungsrechts.[372]

---

[368] Vgl. BAG 12.11.2002, AP BetrVG 1972 § 99 Einstellung Nr. 43 (B.II.2.a.aa); 23.6.2010, AP BetrVG 1972 § 99 Einstellung Nr. 60 Rn. 19.
[369] *Fitting*, BetrVG, § 99 Rn. 37a; *Kort*, NZA 2013, 1318, 1325; *Maywald*, Einsatz von Arbeitnehmern, S. 160; *Müller-Bonanni/Mehrens*, ZIP 2010, 2228, 2231.
[370] *Kort*, NZA 2013, 1318, 1325.
[371] *Kort*, NZA 2013, 1318, 1325.
[372] DKKW/*Bachner*, BetrVG, § 99 Rn. 113.

Die Instanzgerichte haben eine solche Einführung eines Matrixmanagers bisher einhellig als Einstellung i. S. von § 99 BetrVG eingeordnet.[373] Die Eingliederung setze keine Mindestanwesenheitszeiten vor Ort im Betrieb voraus, was die Eingliederung der Außendienstmitarbeiter belege.[374] § 99 Abs. 1 BetrVG diene dem Schutz des bestehenden Kollektivs, in das der Matrixvorgesetzte eingegliedert werde.[375] Eine Eingliederung nehmen die Instanzgerichte zumindest an, wenn der Matrixmanager in einem Arbeitsverhältnis zum Inhaber des einstellenden Betriebs steht und er Leistungen erbringt, die dem arbeitstechnischen Zweck des Betriebs zu dienen bestimmt sind.[376] Zudem verweist das LAG Düsseldorf darauf, dass es nicht ausgeschlossen sei, dass ein Arbeitnehmer zwei Betrieben zugehöre.[377] Darüber hinaus könne sich der Arbeitgeber nicht mit Erfolg darauf berufen, dass eine Vielzahl von Betriebsräten zu beteiligen sei, was zu einem unverhältnismäßigen Aufwand führe.[378] Zur Abgrenzung gegenüber den Fremdfirmenmitarbeitern wird darauf verwiesen, dass die Eingliederung in den Betrieb so erfolgen müsse, dass der Inhaber die für ein Arbeitsverhältnis typischen Entscheidungen über den Arbeitseinsatz treffen müsse.[379]

Die Literatur stimmt dem überwiegend zu.[380] Eine Eingliederung sei selbst dann gegeben, wenn dieser Arbeitnehmer nicht vor Ort mit den übrigen Arbeitnehmern zusammenwirke, sondern den (räumlichen) Arbeitsplatz bei seinem Vertragsarbeitgeber nicht verlasse, sondern durch Informations- und Kommunika-

---

[373] LAG Baden-Württemberg 28.5.2014, BB 2014, 2298; ebenso LAG Berlin-Brandenburg 17.6.2015 – 17 TaBV 277/15 (juris); LAG Düsseldorf 10.2.2016, DB 2016, 1508.
[374] LAG Baden-Württemberg 28.5.2014, BB 2014, 2298, 2301; s. auch LAG Berlin-Brandenburg 17.6.2015 – 17 TaBV 277/15 (juris); LAG Düsseldorf 10.2.2016, DB 2016, 1508; vgl. weiter LAG Thüringen 20.10.2011 – 6 TaBV 8/10 Rn. 36 (juris); LAG Köln 22.10.2013, LAGE BetrVG 2001 § 78 Nr. 7a.
[375] LAG Baden-Württemberg 28.5.2014, BB 2014, 2298, 2301 s. auch LAG Berlin-Brandenburg 17.6.2015 – 17 TaBV 277/15 (juris).
[376] BAG 5.12.2012, AP BetrVG 1972 § 5 Nr. 81 Rn. 18; LAG Baden-Württemberg 28.5.2014, BB 2014, 2298, 2301; s. auch LAG Berlin-Brandenburg 17.6.2015 – 17 TaBV 277/15 (juris); LAG Thüringen 20.10.2011 – 6 TaBV 8/10 Rn. 36 (juris).
[377] LAG Düsseldorf 10.2.2016, DB 2016, 1508; vgl. weiter LAG Köln 22.10.2013, LAGE BetrVG 2001 § 78 Nr. 7a.
[378] LAG Düsseldorf 10.2.2016, DB 2016, 1508.
[379] LAG Niedersachsen 25.1.2016 – 12 TaBV 81/15, BeckRS 2016, 71186; s. auch z. B. BAG 13.5.2014, AP BetrVG 1972 § 99 Einstellung Nr. 65 Rn. 18 ff.
[380] *Fitting*, BetrVG, § 99 Rn. 37a; *Hamann/Rudnik*, jurisPR-ArbR 38/2015 Anm. 1; *Kort*, NZA 2013, 1318, 1324 f.; *Maywald*, Einsatz von Arbeitnehmern, S. 124 f., 155 ff.; *Witschen*, RdA 2016, 38, 47; ähnlich unter Verweis auf den weiten Einstellungsbegriff *Reinhard*, ArbRB 2015, 309, 312; s. auch *Henssler*, NZA 2014, Beil. 3, 95, 103, der die Übertragung des Weisungsrechts nicht ausreichen lässt; a. A. *Neufeld*, AuA 2012, 219, 222.

tionstechnologie in die Arbeitsabläufe der zu steuernden Einheiten (Betriebe) eingebunden sei.[381] Diese organisatorische Verknüpfung des Matrixmanagers mit der steuernden Einheit sei betriebsverfassungsrechtlich relevant und ausreichend.[382] Schließlich könne der neue Vorgesetzte den Betriebsfrieden erheblich stören, auch wenn er nicht im Betrieb anwesend sei.[383]

Vereinzelt wird darauf hingewiesen, dass die Einstellung eines Arbeitnehmers i. S. von § 99 Abs. 1 BetrVG nach der Rechtsprechung des BAG[384] nicht nur voraussetze, dass die Tätigkeit für den arbeitstechnischen Zweck des Betriebs förderlich sei, sondern auch, dass der eingegliederte Beschäftigte dem Weisungsrecht des Betriebsinhabers hinsichtlich Art, Ort und Zeit der Tätigkeit unterliege.[385] Daher wird vorgeschlagen, ebenso wie bei der Leiharbeit darauf abzustellen, ob der Vorgesetzte für den Einsatzbetrieb oder die Arbeitnehmer des Einsatzbetriebs für den Stammbetrieb des Vorgesetzten arbeiten.[386] Bei der Leiharbeit werde auch nicht davon ausgegangen, dass Vorgesetzte im Entleiherbetrieb in den Verleiherbetrieb eingegliedert werde.

Für diese Fallgruppe ist zu beachten, dass die Stellung des Matrixmanagers zum Betriebsinhaber und zu den betriebsangehörigen Arbeitnehmern unterschiedlich ausgestaltet sein kann. Die Tätigkeit des Vorgesetzten kann sich auf die bloße Wahrnehmung des (fachlichen) Weisungsrechts beschränken. Darüber hinaus können einzelne soziale oder personelle Angelegenheiten auf den Vorgesetzten delegiert worden sein. Solange nur diese Weisungsrechte ausgeübt werden, ohne dass der Vorgesetzte selbst in den Betrieb eingegliedert wird und folglich mit den Arbeitnehmern, zu deren Anweisung er berechtigt ist, in einer Organisation zusammenarbeitet, gehört er nicht zum Betrieb des Betriebsinhabers, auf den er mit seinem Weisungsrecht Einfluss nimmt. Seine Weisungen

---

[381] *Fitting*, BetrVG, § 99 Rn. 37a; *Hamann/Rudnik*, jurisPR-ArbR 38/2015 Anm. 1; *Kort*, NZA 2013, 1318, 1324 f.; *Maywald*, Einsatz von Arbeitnehmern, S. 124 f.; 155 ff.; s. auch *Henssler*, NZA 2014, Beil. 3, 95, 103, der die Übertragung des Weisungsrechts nicht ausreichen lässt; a. A. *Neufeld*, AuA 2012, 219, 222.

[382] LAG Baden-Württemberg 28.5.2014, BB 2014, 2298, 2301; *Fitting*, BetrVG, § 99 Rn. 37a; *Hamann/Rudnik*, jurisPR-ArbR 38/2015 Anm. 1.

[383] *Hamann/Rudnik*, jurisPR-ArbR 38/2015 Anm. 1.

[384] BAG 5.3.1991, AP BetrVG 1972 § 99 Nr. 90 (B.II.2.a); 13.12.2005, AP BetrVG 1972 § 99 Einstellung Nr. 50 Rn. 11 f.; kritisch *Fitting*, BetrVG, § 99 Rn. 63 ff.

[385] *Gaul*, Aktuelles Arbeitsrecht 2016, S. 253 f.; dazu auch *Witschen*, RdA 2016, 38, 47, der darauf verweist, dass gerade im Verfahren vor dem LAG Baden-Württemberg (28.5.2014, BB 2014, 2298) ein Arbeitsvertrag zwischen dem Betriebsinhaber und der Führungskraft vorgelegen habe.

[386] *Ricken*, ZfA 2016, 535, 545; *Witschen*, RdA 2016, 38, 47.

sind zwar dem Inhaber zuzurechnen, aber er bleibt letztlich im Verhältnis zu den übrigen Arbeitnehmern ein Dritter.[387]

Sofern der Vorgesetzte nicht nur Delegatar eines Teils des Weisungsrechts des Arbeitgebers der betriebsangehörigen Arbeitnehmer ist, sondern in den Betrieb tatsächlich organisatorisch eingegliedert wird, greift § 99 Abs. 1 BetrVG ein.[388] Eine solche Eingliederung lässt sich relativ leicht begründen, wenn zwischen dem Matrixmanager und Inhaber des Betriebes, den er leiten soll, ein Arbeitsverhältnis besteht.[389] Das BAG setzt zwar einen Arbeitsvertrag für die Einstellung nach § 99 Abs. 1 BetrVG nicht voraus, aus diesem ergibt sich aber für den Betriebsinhaber ein Weisungsrecht gegenüber dem Vorgesetzten, so dass er in die Organisation des Betriebs eingebunden ist, zumal der Betriebsinhaber ihn bzgl. der Zeit, der Art und dem Ort seiner Tätigkeit anweisen kann. Das Gleiche gilt, wenn der Vorgesetzte im Wege der Arbeitnehmerüberlassung für den Betrieb tätig ist, gegenüber dessen Arbeitnehmern er Weisungen erteilt, und der Betriebsinhaber ein Weisungsrecht gegenüber dem Vorgesetzten hat.

Hiergegen lässt sich nicht darauf verweisen, dass § 99 Abs. 1 BetrVG auch nicht zu einem Beteiligungsrecht des Betriebsrats beim Entleiher führe, wenn das Verleiherunternehmen einen neuen Vorgesetzten einstelle. Der Unterschied zum vorliegenden Fall besteht gerade darin, dass der Vorgesetzte des Verleiherunternehmens lediglich das Weisungsrecht zur Leitung des Verleiherbetriebs ausübt, während der Matrixmanager hier gerade dasjenige Weisungsrecht ausübt, mit dessen Hilfe der „Einsatzbetrieb" – um im Bild der Leiharbeit zu bleiben – organisiert wird. Insofern sind diese beiden Fälle nicht vergleichbar. Etwas anderes ergibt sich auch nicht daraus, dass die Weisungen des Vorgesetzten im Verleiherbetrieb dazu beitragen, dass der Vertrag zwischen Verleiher- und Entleiherunternehmen erfüllt werden kann. Dennoch bleibt es die Ausübung des Weisungsrechts, um den arbeitstechnischen Zweck des Verleiherbetriebs – die Überlassung von Arbeitnehmern – zu erreichen. Der Matrixmanager leitet im Gegensatz dazu den Einsatzbetrieb.

Eine Eingliederung eines Matrixmanagers kann auch erfolgen, wenn kein Arbeitsvertrag mit dem Betriebsinhaber besteht. Das ist allerdings nur der Fall, wenn die Leitung als Vertreter oder Delegatar dem Matrixmanager selbst Wei-

---

[387] Ebenso *Ricken*, ZfA 2016, 535, 545 f.; die Übertragung von Personalverantwortung erachten ebenfalls für nicht ausreichend *Kort*, NZA 2013, 1318, 1325; *Lunk*, ArbRB 2014, 334 f.
[388] *Ricken*, ZfA 2016, 535, 545.
[389] *Ricken*, ZfA 2016, 535, 545; *Witschen*, RdA 2016, 38, 47.

sungen zu seiner Tätigkeit erteilen kann. Nur dann wird er zu einem Teil des Kollektivs, das § 99 Abs. 1 BetrVG durch das Zustimmungsverweigerungsrecht schützen soll. Fehlt es hieran, so mag er zwar Weisungsrechte gegenüber den Arbeitnehmer ausüben, ist aber nicht organisatorisch in den Betrieb in einer Weise eingegliedert, der eine Mitbestimmung erforderlich macht. Seine Weisungen werden dem Betriebsinhaber zugerechnet und insoweit hat der Betriebsrat alle Beteiligungsrechte nach dem BetrVG.

Dieses Ergebnis steht auch in Einklang mit der Rechtsprechung des BAG. Beim Einsatz von Fremdarbeitnehmern sei es für ein Beteiligungsrecht nach § 99 Abs. 1 BetrVG erforderlich, dass der Betriebsinhaber ein Weisungsrecht wie der Arbeitgeber hinsichtlich Ort, Zeit sowie Art und Weise der Tätigkeit wahrnehmen könne.[390] Ob es sich dann noch um die Durchführung eines Werkvertrags handelt, sei hier dahingestellt. Ein Widerspruch ergibt sich auch nicht daraus, dass beim Einsatz von Leiharbeitnehmern ein Zustimmungsverweigerungsrecht nach § 99 Abs. 1 BetrVG bejaht, eine doppelte Betriebszugehörigkeit indes verneint wird. Die Beurteilung der Betriebszugehörigkeit beruht insbesondere auf den speziellen Regelungen in § 14 AÜG und der Eigenart der Leiharbeit, dass sie für die Überlassung auf Zeit eingestellt sind.

Um die Beteiligungsrechte des Betriebsrats korrekt zu beurteilen, sollte im Einzelfall die Kontrollüberlegung erfolgen, ob die Einsetzung des Vorgesetzten gegebenenfalls zur Errichtung eines neuen Betriebs unter der Leitung des Matrixmanagers kommt, in den die Arbeitnehmer eingegliedert werden. Davon ist allerdings nur dann auszugehen, wenn der Matrixmanager einen wesentlichen Teil der sozialen und personellen Angelegenheiten wahrnimmt. In solchen Fällen gehören die Arbeitnehmer dann zum Betrieb des Matrixmanagers, auch wenn kein Arbeitsverhältnis mit dem Betriebsinhaber besteht.[391] In solchen Fällen geht es um die Einstellung der Arbeitnehmer in den Betrieb des Matrixmanagers.

cc) Kein Zustimmungsverweigerungsrecht bei der Einstellung leitender Angestellter

Abschließend ist darauf hinzuweisen, dass es bei der Einstellung eines Vorgesetzten im Einzelfall für das Zustimmungsverweigerungsrecht in § 99 BetrVG darauf ankommt, dass der Matrixmanager kein leitender Angestellter ist. Die

---

[390] BAG 13.12.2005, AP BetrVG 1972 § 99 Nr. 50; 8.11.2016, AP BetrVG 1972 § 99 Nr. 152 Rn. 20 f.; 13.12.2016, NZA 2017, 525 Rn. 17.
[391] Siehe oben D.III.2.

Stellung als leitender Angestellter bemisst sich nach § 5 Abs. 3, 4 BetrVG stets in Bezug auf das konkrete Unternehmen, so dass die Stellung als leitender Angestellter nicht unternehmensübergreifend oder konzerneinheitlich zu beurteilen ist, sondern in Bezug auf jedes Unternehmen.[392] Das gilt umso mehr, als im Rahmen der Matrixorganisation in der Regel nur das fachliche Weisungsrecht übertragen wird, nicht hingegen die Personalverantwortung. Das schließt die Stellung als leitender Angestellter zwar nicht aus, es wird aber im Einzelnen zu prüfen sein, wie weit die Entscheidungsbefugnisse des Matrixmanagers im Verhältnis zu den einzelnen Konzernunternehmen reichen, um dessen Einordnung als leitender Angestellter im jeweiligen Unternehmen begründen zu können. Lediglich die Indizien in § 5 Abs. 4 Nr. 3, 4 BetrVG sind von den spezifischen Entscheidungsbefugnissen des Vorgesetzten unabhängig und können – falls es an anderen Anhaltspunkten fehlt – dazu führen, dass der Matrixmanager bezüglich aller Konzernunternehmen leitender Angestellter ist.

b) Versetzung

Bei der Umsetzung der Matrixorganisation kommt es bei Arbeitnehmern, die bereits in einen Betrieb eingegliedert waren, zu einer Versetzung, wenn ihnen ein neuer Arbeitsbereich für mehr als einen Monat oder unter erheblich geänderten Umstände zugewiesen wird (vgl. § 95 Abs. 3 BetrVG). Neben die Änderung des Arbeitsbereichs muss somit ein Zeitmoment oder ein Umstandsmoment treten.[393] Dabei ist unerheblich, ob der zugewiesene Arbeitsbereich höhere, niedrigere oder gleichwertige Anforderungen an den Arbeitnehmer stellt.[394]

Der für die Versetzung maßgebende Arbeitsbereich wird räumlich und funktional abgegrenzt, wobei auf die Aufgabe und die Verantwortung des Arbeitnehmers sowie die Art seiner Tätigkeit und ihre Einordnung in den Arbeitsablauf des Betriebs abgestellt wird (vgl. § 81 Abs. 2 i. V. mit Abs. 1 S. 1 BetrVG).[395] Maßgebend sind daher neben dem Ort der Arbeitsleistung, die Art der Tätigkeit

---

[392] LAG Baden-Württemberg 28.5.2014, BB 2014, 2298, 2302 f.; LAG Düsseldorf 10.2.2016, DB 2016, 1508; s. auch BAG 20.4.2005, NZA 2005, 1006, 1009 f.
[393] BAG 19.2.1991, AP BetrVG 1972 § 95 Nr. 26 (B.II.b.aa); 28.8.2007, AP BetrVG 1972 § 95 Nr. 53 Rn. 16; *Fitting*, BetrVG, § 99 Rn. 125; GK-BetrVG/*Raab* § 99 Rn. 73; HSWGNR/*Huke*, BetrVG, § 99 Rn. 71.
[394] BAG 19.2.1991, AP BetrVG 1972 § 95 Nr. 26 (B.II.b.aa); 28.8.2007, AP BetrVG 1972 § 95 Nr. 53 Rn. 16; *Fitting*, BetrVG, § 99 Rn. 125; GK-BetrVG/*Raab* § 99 Rn. 73; HSWGNR/*Huke*, BetrVG, § 99 Rn. 71.
[395] BAG 11.12.2007, AP BetrVG 1972 § 99 Versetzung Nr. 45 Rn. 22; 17.6.2008, AP BetrVG 1972 § 99 Versetzung Nr. 47 Rn. 21.

und der Platz in der betrieblichen Organisation.³⁹⁶ Die bisherige Tätigkeit des Arbeitnehmers muss in ihrem Gesamtbild so verändert sein, dass die neue Tätigkeit in den Augen eines Beobachters, der mit den betrieblichen Verhältnissen vertraut ist, eine andere ist.³⁹⁷

Eine wesentliche Veränderung liegt nach der Rechtsprechung vor, wenn für den Arbeitnehmer spürbar ein anderes Arbeitsregime im konkreten Arbeitsalltag gilt.³⁹⁸ Ein Wechsel in der Belegschaft des Betriebs reicht nur aus, wenn eine intensive persönliche Zusammenarbeit besteht, so dass die Zusammensetzung des Personenkreises wesentlich ist (z. B. bei Gruppen- oder Teamarbeit).³⁹⁹ Auch ein Wechsel des Vorgesetzten, der nichts an der Einordnung des Arbeitnehmers in die betriebliche Organisation ändert, lässt dessen Arbeitsbereich unberührt und ist nach der Rechtsprechung keine Versetzung.⁴⁰⁰ Etwas anderes gilt nur, wenn dem Vorgesetzten neben den Befugnissen zur Erteilung von Arbeitsanweisungen Personalbefugnisse zustehen und er diese eigenverantwortlich wahrnimmt (z. B. disziplinarische Befugnisse, Befugnis zur Leistungsbeurteilung).⁴⁰¹ Sofern allerdings mit dem Wechsel des Vorgesetzten weitere Änderungen verbunden sind, kann im Einzelfall durchaus eine Versetzung vorliegen.

Mit der Einführung einer Matrixorganisation sind Versetzungen verbunden, wenn der oder die bestehenden Betriebe entsprechend der Matrix reorganisiert werden, so dass nicht nur andere Vorgesetzte eingesetzt, sondern auch Aufgabenzuschnitte geändert werden. Die Rechtsprechung hat das bisher entwickelte Verständnis von der Versetzung zugrunde gelegt.⁴⁰² Die Einführung der Matrixorganisation ändert in der Regel die Entscheidungswege und somit die Per-

---

³⁹⁶ BAG 10.4.1984, AP BetrVG 1972 § 95 Nr. 4 (B.1); 17.6.2008, AP BetrVG 1972 § 99 Versetzung Nr. 47 Rn. 24; 23.6.2009, AP BetrVG 1972 § 99 Versetzung Nr. 48 Rn. 28; 4.5.2011, AP BetrVG 1972 § 99 Nr. 138 Rn. 25; 10.10.2012, AP BetrVG 1972 § 99 Versetzung Nr. 51 Rn. 41.
³⁹⁷ GK-BetrVG/*Raab* § 99 Rn. 80.
³⁹⁸ BAG 17.6.2008, AP BetrVG 1972 § 99 Nr. 47 Rn. 29; a. A. (auf das subjektive Empfinden abstellend) GK-BetrVG/*Raab* § 99 Rn. 93; vgl. auch HSWGNR/*Huke*, BetrVG, § 99 Rn. 80.
³⁹⁹ BAG 17.8.2008, AP BetrVG 1972 § 99 Versetzung Nr. 47 Rn. 28.
⁴⁰⁰ BAG 10.4.1984, AP BetrVG 1972 § 95 Nr. 4 (B.4).
⁴⁰¹ BAG 17.6.2008, AP BetrVG 1972 § 99 Versetzung Nr. 47 Rn. 29; LAG Hessen 10.4.2012 – 4 TaBV 172/11 Rn. 28 (juris); *Fitting*, BetrVG, § 99 Rn. 139b; HSWGNR/*Huke*, BetrVG, § 99 Rn. 78, 82; unklar DKKW/*Bachner*, BetrVG, § 99 Rn. 113; krit. GK-BetrVG/*Raab* § 99 Rn. 94, unter Verweis darauf, dass bei dem Wechsel des Vorgesetzten Verfahren nach § 99 BetrVG bzgl. aller unterstellter Arbeitnehmer erforderlich sind.
⁴⁰² Vgl. LAG Mecklenburg-Vorpommern 9.3.2010 – 5 TaBV 12/09; LAG Hamm 26.4.2013 – 13 Sa 1034/12 (beide juris).

son des Vorgesetzten. Damit geht für die Arbeitnehmer eine Versetzung z. B. einher, wenn disziplinarische Befugnisse übergehen[403], was für die Matrixmanager eher die Ausnahme ist. Sie nehmen meist nur das fachliche Weisungsrecht wahr, während das disziplinarische Weisungsrecht beim Vertragsarbeitgeber bleibt. Insofern ist die Einsetzung der Matrixmanager nicht in jedem Fall eine Versetzung (der weisungsunterworfenen Arbeitnehmer) i. S. von § 99 Abs. 1 BetrVG.[404] Bei der Übertragung von Weisungsrechten besteht ansonsten kein Mitbestimmungsrecht des Betriebsrats aus § 99 Abs. 1 BetrVG.[405]

Für ein Zustimmungsverweigerungsrecht nach § 99 Abs. 1 BetrVG ist die Übertragung des disziplinarischen Weisungsrechts zwar eine hinreichende, aber keine notwendige Voraussetzung.[406] Eine Versetzung liegt vor, wenn der Vertragsarbeitgeber den Arbeitnehmer in die Arbeitsorganisation der steuernden Einheit in einer Weise eingliedert, dass er nach dem Gesamtbild einen anderen Arbeitsbereich hat.[407] Der Arbeitnehmer muss einem anderen Arbeitsregime unterstellt worden sein, was mit einem Vorgesetztenwechsel einhergehen kann.[408] Zudem kann es zum Wegfall von Leitungsebenen und einer Veränderung des Zuschnitts der Arbeitsaufgaben kommen. Insoweit ist darauf abzustellen, ob sich der Arbeitsbereich des Arbeitnehmers wesentlich bzw. dauerhaft geändert hat. Das hat das LAG Hamm in einem Fall bejaht, bei dem die Arbeitnehmer nunmehr in deutlich höherem Maße im Callcenter und somit unmittelbar mit Kundenkontakt eingesetzt wurden.[409]

---

[403] BAG 17.6.2008, AP BetrVG 1972 § 99 Versetzung Nr. 47 Rn. 30; *Müller-Bonanni/Mehrens*, ZIP 2010, 2228, 2231.
[404] *Kort*, NZA 2013, 1318, 1325; *Müller-Bonanni/Mehrens*, ZIP 2010, 2228, 2231; *Seibt/Wollenschläger*, AG 2013, 229, 236.
[405] BAG 17.6.2008, AP BetrVG 1972 § 99 Versetzung Nr. 47 Rn. 30; *Fitting*, BetrVG, § 99 Rn. 139b; *Müller-Bonanni/Mehrens*, ZIP 2010, 2228, 2231; *Seibt/Wollenschläger*, AG 2013, 229, 236; vgl. auch HWK/*Ricken* § 99 BetrVG Rn. 39; auch nicht aus § 87 Abs. 1 Nr. 1 BetrVG BAG 10.3.1998, AP ArbGG 1979 § 84 Nr. 5 (III.2); *Seibt/Wollenschläger*, AG 2013, 229, 235 f.
[406] *Henssler*, NZA-Beilage 2014, 95, 103; *Kort*, NZA 2013, 1318, 1325; *Müller-Bonanni/Mehrens*, ZIP 2010, 2228, 2231; *Seibt/Wollenschläger*, AG 2013, 229, 236; s. auch BAG 10.4.1984, AP BetrVG 1972 § 95 Nr. 4.
[407] *Kort*, NZA 2013, 1318, 1325.
[408] BAG 17.6.2008, AP BetrVG 1972 § 99 Versetzung Nr. 47 Rn. 30; vgl. auch DKKW/*Bachner*, BetrVG, § 99 Rn. 113, der im Vorgesetztenwechsel auch nur bei grundlegender Änderung der Entscheidungswege eine Versetzung sieht.
[409] LAG Mecklenburg-Vorpommern 9.3.2010 – 5 TaBV 12/09 (juris); vgl. auch LAG Hamm 26.4.2013 – 13 Sa 1034/12, Rn. 83 (juris).

In vielen Fällen wird der Personaleinsatz in der Matrixorganisation aus Sicht des Vertragsarbeitgebers eine mitbestimmungspflichtige Versetzung sein.[410] Eine solche ist jedoch zu verneinen, wenn der Arbeitnehmer aus dem Betrieb des Vertragsarbeitgebers durch die Beendigung des Arbeitsverhältnisses ausscheidet und ihm kein Rückkehrrecht gewährt oder sonst seine Rückkehr in den Betrieb des Vertragsarbeitgebers geplant ist.[411]

Abschließend ist darauf hinzuweisen, dass die Übertragung von Führungsaufgaben für den Matrixmanager ebenfalls eine Versetzung darstellen kann. Das hängt von seiner vorherigen Arbeitsaufgabe und seiner Eingliederung in die betriebliche Organisation ab. Nicht selten ist die Übertragung von fachlichen Weisungsrechten auch mit einer Veränderung des Arbeitsbereichs verbunden. Zuständig ist – anders als bei der Einstellung – der Betriebsrats des Betriebes, dem der Arbeitnehmer bei seiner Versetzung angehört hat. Das macht auch deutlich, dass selbst dann, wenn die Übertragung von fachlichen Weisungsbefugnissen auf einen Matrixmanager keine Einstellung in den Betrieben darstellt, deren Arbeitnehmer von seinen Weisungen betroffen sind[412], eine Versetzung vorliegen kann. Damit besteht ein Zustimmungsverweigerungsrecht des Betriebsrats, in dessen Betrieb der Matrixmanager bisher tätig war.

II. Beteiligungsrechte des Betriebsrats bei Durchführung der Matrixorganisation

1. Folgen des Auseinanderfallens von Vertragsarbeitgeber und Inhaber des Einsatzbetriebs

Die Tätigkeit in Matrixorganisationen ist dadurch gekennzeichnet, dass die Arbeitnehmer nicht immer im Betrieb ihres Vertragsarbeitgebers tätig sind oder gegebenenfalls nur temporär einem Betrieb angehören. Zudem treten doppelte Betriebszugehörigkeiten auf. Insofern ist einerseits zu bestimmen, welche Mitbestimmungsrechte für welchen Betriebsrat bestehen. Andererseits ist zu ermitteln, ob die Betriebsvereinbarungen nur für die Vertragsarbeitnehmer gelten oder auch für solche, die im Zuge der Durchführung der Matrixorganisation des Arbeitgebers eingesetzt werden. Dies sind keine Rechtsfragen, die sich ausschließlich bei Unternehmen mit Matrixorganisation ergeben, sondern treten in

---

[410] Kort, NZA 2013, 1318, 1325; Maywald, Einsatz von Arbeitnehmern, S. 161 ff.
[411] Kort, NZA 2013, 1318, 1325; Maywald, Einsatz von Arbeitnehmern, S. 163 f.
[412] Siehe oben E.I.2.a.bb.

vergleichbarer Weise bei der Arbeitnehmerüberlassung oder Unternehmenskooperation auf, die nicht durch einen neuen Rechtsträger erfolgt (z. B. Shop-in-Shop, Just-in-time-Produktion, virtuelle Unternehmen).[413] In diesen Fällen kommt es zum drittbezogenen Personaleinsatz, so dass die tatsächliche Erbringung der Arbeitsleistung von der Idealvorstellung des Betriebsverfassungsrechts abweicht, dass der Arbeitnehmer beim Vertragsarbeitgeber tätig ist.

Die Beteiligungsrechte des Betriebsrats setzen nicht einheitlich voraus, dass der Arbeitnehmer in einem Arbeitsverhältnis zum Betriebsinhaber steht. Daher kann der Betriebsrat Beteiligungsrechte auch für jene Arbeitnehmer in Anspruch nehmen, die im Zuge der Durchführung der Matrixorganisation in den Betrieb eines anderen Unternehmens versetzt werden. Grundsätzlich werden die Beteiligungsrechte des Betriebsrats in sozialen Angelegenheiten durch die Matrixorganisation nicht beeinträchtigt, es kommt lediglich darauf an zu ermitteln, welchem Betriebsrat das Beteiligungsrecht zusteht. Das gilt vor allem bei der doppelten Betriebszugehörigkeit des Arbeitnehmers. Das führt nicht zu einer Verdoppelung der Beteiligungsrechte, sondern sie werden jeweils von dem Betriebsrat wahrgenommen, in dessen Betrieb die mitbestimmungspflichtige Angelegenheit loziert ist. Bei Arbeitnehmern, die in mehreren Betrieben eingegliedert sind, kann es freilich dazu kommen, dass die mitbestimmungspflichtige Angelegenheiten dann auch in mehreren Betrieben auftritt und von dem jeweiligen Betriebsrat zu behandeln ist (z. B. Urlaubsplanung, technische Überwachung).

2. Folgen für die Beteiligungsrechte in sozialen Angelegenheiten

Beim Vertragsarbeitgeber bestehen die Beteiligungsrechte des Betriebsrats in sozialen Angelegenheiten nach Einführung der Matrixorganisation uneingeschränkt.[414] Das gilt auch für die Beteiligungsrechte des Betriebsrats im Einsatzbetrieb, selbst wenn es an einem Arbeitsverhältnis zum Betriebsinhaber fehlt, aber eine Betriebszugehörigkeit besteht.[415] Das wird zum Teil als eine Verdoppelung von Mitbestimmungsrechten angesehen[416], die infolge der aufgespalte-

---

[413] Vgl. dazu z. B. *Aalderks*, Virtuelle Unternehmen im arbeitsrechtlichen Kontext, 2006; *Krebber*, Unternehmensübergreifende Arbeitsabläufe im Arbeitsrecht, 2005; *Müllner*, Aufgespaltene Arbeitgeberstellung und Betriebsverfassungsrecht, 1978.
[414] *Kort*, NZA 2013, 1318, 1325; *Lambrich/Schwab*, NZA-RR 2013, 169, 172 f.; *Witschen*, RdA 2016, 38, 46.
[415] *Kort*, NZA 2013, 1318, 1325; *Lambrich/Schwab*, NZA-RR 2013, 169, 172 f.
[416] *Kort*, NZA 2013, 1318, 1325.

nen Arbeitgeberstellung eintritt. Grundsätzlich trifft es zu, dass die Betriebsräte in jedem der Betriebe jeweils die gesetzlichen Beteiligungsrechte haben. Allerdings werden Arbeitnehmer, die nicht in einem Arbeitsverhältnis zum Betriebsinhaber stehen, nicht von allen mitbestimmungspflichten Angelegenheit im Einsatzbetrieb betroffen sein. Insofern ist darauf abzustellen, welcher Betriebsinhaber für seinen Betrieb die mitbestimmungspflichtige Angelegenheit vornimmt. Ihm gegenüber ist sodann der Betriebsrat dieses Betriebes zuständig.

Sofern der Arbeitnehmer im Einsatzbetrieb mit den übrigen Vertragsarbeitnehmern des Betriebsinhabers zusammenarbeitet, können sich für den Betriebsrat dieses Betriebes insbesondere Beteiligungsrechte in sozialen Angelegenheiten aus § 87 Abs. 1 Nr. 1, 2, 3, 5 und 6 BetrVG ergeben[417]. Auch das betriebliche Eingliederungsmanagement muss auf die konkrete räumliche wie sachliche Struktur abstellen, in der der Arbeitnehmer tätig wird. Maßgebend für die Leistungen und Hilfen nach § 84 Abs. 2 SGB IX (ab dem 1.1.2018: § 167 Abs. 2 SGB IX) sind die betrieblichen Gegebenheiten vor Ort, so dass der räumlich zuständige Betriebsrat insoweit das Beteiligungsrecht wahrnimmt.[418]

3. Folgen für die Beteiligungsrechte in personellen Angelegenheiten

Vergütungsbezogene Beteiligungsrechte wie § 87 Abs. 1 Nr. 4, 10, 11 BetrVG betreffen hingegen in der Regel nur die Arbeitnehmer, die in einem Arbeitsvertrag zum Betriebsinhaber stehen[419], es sei denn, ihr Arbeitsvertrag nimmt auf die betrieblichen Regelungen im Einsatzbetrieb Bezug[420]. Das Gleiche gilt für alle anderen Maßnahmen, die auf das Grundverhältnis zum Vertragsarbeitgeber bezogen sind.[421] Für die Betriebsvereinbarungen, die aufgrund des Beteiligungsrechts geschlossen wurden, ist im Einzelfall zu prüfen, welche Arbeitnehmer vom persönlichen Anwendungsbereich der Betriebsvereinbarungen erfasst

---

[417] *Kort*, NZA 2013, 1318, 1325; *Lambrich/Schwab*, NZA-RR 2013, 169, 172 f.; allgemein dazu *Witschen*, RdA 2016, 38, 46; s. zur Leiharbeit BAG 15.12.1992, NZA 1993, 513; 19.6.2001 NZA 2001, 1263.

[418] LAG Düsseldorf 10.2.2016 – 7 TaBV 63/15 (juris); zustimmend *Reinhard*, ArbRB 2015, 309, 312.

[419] *Kort*, NZA 2013, 1318, 1325; *Lambrich/Schwab*, NZA-RR 2013, 169, 172 f.; *Maywald*, Einsatz von Arbeitnehmern, S. 159.

[420] Vgl. zur Unternehmenskooperation *Krebber*, Unternehmensübergreifende Arbeitsabläufe, S. 237.

[421] *Kort*, NZA 2013, 1318, 1325; *Maywald*, Einsatz der Arbeitnehmer, S. 159; *Witschen*, RdA 2016, 38, 46.

sind.[422] Bei betriebsübergreifenden Maßnahmen sind mehrere Betriebsräte zu beteiligen, sofern nicht der Gesamt- oder Konzernbetriebsrat zuständig ist.[423] Für die Beteiligungsrechte in personellen Angelegenheiten gelten zunächst die bereits entwickelten Maßgaben.[424] Das Auseinanderfallen von Vertragsarbeitgeber und Inhaber des Einsatzbetriebs hat auch für die Mitbestimmung bei der Ein- und Umgruppierung nach § 99 Abs. 1 BetrVG Konsequenzen. Es ist zwischen dem Zustimmungsverweigerungsrecht bei Einstellung bzw. Versetzung und Eingruppierung oder Umgruppierung zu differenzieren. § 99 Abs. 1 BetrVG setzt hinsichtlich der Einstellung und Versetzung keinen Arbeitsvertrag voraus, während die Ein- und Umgruppierung nur beim Bestehen eines solchen Arbeitsverhältnisses sinnvoll ein Beteiligungsrecht des Betriebsrats auslösen kann.[425]

Grundsätzlich betrifft die Ein- und Umgruppierung den Vollzug (tarif-)vertraglich vereinbarter Vergütungsgefüge. Sie hat somit einen Bezug zum Arbeitsvertrag, so dass grundsätzlich der Betriebsrat beim Vertragsarbeitgeber zuständig ist. Die Zuständigkeit des Betriebsrats beim Einsatzbetrieb hätte zur Folge, dass dieser mit einer Leitung verhandelte, die auf die Höhergruppierung keinen Einfluss hat, weil sie nicht Vertragspartner ist. Sofern der Arbeitnehmer im Einsatzbetrieb aufgrund der Art der Tätigkeit höhergruppiert werden muss, muss der Arbeitgeber zur Erfüllung seiner Informationspflichten dem Betriebsrat über die Tätigkeit in dem anderen Betrieb berichten. Damit kann der Betriebsrat nicht aus eigener Anschauung die Ein- oder Umgruppierung beurteilen. Ein über § 99 Abs. 1 BetrVG hinausgehender Auskunftsanspruch besteht nach geltendem Recht indes nicht. Insbesondere erlaubt auch § 80 Abs. 2 BetrVG nur ein Beiziehen solcher Auskunftspersonen, die betriebszugehörig sind. Insofern besteht zumindest kein Anspruch, Betriebsratsmitglieder oder Arbeitnehmer des Einsatzbetriebs am Ein- oder Umgruppierungsverfahren nach § 99 BetrVG zu beteiligen.

Diese Friktion, die sich aus dem drittbezogenen Personaleinsatz ergibt, sollte durch eine Erweiterung des Informationsrechts des Betriebsrats beseitigt werden. Es sollte die Möglichkeit eröffnet werden, die Einschätzung des Betriebsrats im Einsatzbetrieb für die Ein- oder Umgruppierung zugrunde zu legen.

---

[422] Siehe unten E.II.
[423] *Henssler*, NZA-Beilage 2014, 95, 103; *Kort*, NZA 2013, 1318, 1325.
[424] Siehe E.I.2.
[425] Vgl. so zur Unternehmenskooperation *Krebber*, Unternehmensübergreifende Arbeitsabläufe, S. 237.

Nach der gegenwärtigen Gesetzeslage kann zumindest das Informationsrecht aus § 99 Abs. 1 BetrVG dahingehend erweitert werden, dass der zuständige Betriebsrat vom Betriebsrat des Einsatzbetriebes Auskunft über die Arbeitsbedingungen verlangen kann, die der Ein- und Umgruppierung dann zugrunde gelegt werden können.

Ein Arbeitsvertrag ist auch für das Anhörungsrecht nach § 102 BetrVG notwendige Bedingung, weil das Beteiligungsrecht in diesem Fall nicht auf die tatsächliche Eingliederung, sondern auf die Kündigung des Arbeitsvertrags bezogen ist. Daher hat nur der Betriebsrat beim Vertragsarbeitgeber das Beteiligungsrecht.[426] Schwierigkeiten bei der Verwirklichung des Beteiligungsrechts aus § 102 BetrVG ergeben sich daraus, dass der Betriebsrat im Betrieb des Vertragsarbeitgebers gegebenenfalls zu wenige Informationen über die Weiterbeschäftigungsmöglichkeiten im Betrieb und Unternehmen hat. Dabei handelt es sich um ein mit der Matrixorganisation verbundenes Strukturproblem. Der Arbeitgeber ist jedoch nach § 102 Abs. 1 BetrVG verpflichtet, den Betriebsrat hierüber zu informieren. Eine unzureichende Information zieht die Sanktion nach § 102 Abs. 1 S. 3 BetrVG nach sich.

Etwas anderes als für § 102 BetrVG muss für den Schutz der Funktionsfähigkeit des Betriebsrats nach §§ 103 f. BetrVG gelten.[427] Insoweit kann stets nur der Betriebsrat zuständig sein, dessen Mitglied von der Kündigung betroffen ist. Gehört das Betriebsratsmitglied einem Betrieb seines Vertragsarbeitgebers an, so folgt daraus, dass einerseits der Betriebsrat beim Vertragsarbeitgeber nach § 102 Abs. 1 BetrVG zu beteiligen ist, andererseits der im Einsatzbetrieb nach § 103 BetrVG, dem das Betriebsratsmitglied als Arbeitnehmervertreter angehört.

4. Anwendungsbereich von Betriebsvereinbarungen

Die Anwendung der Betriebsvereinbarungen im Einsatzbetrieb auf die Arbeitnehmer, die nicht in einem Arbeitsverhältnis zum Betriebsinhaber stehen, hängt vom persönlichen Geltungsbereich der Betriebsvereinbarung ab (z. B. Betriebsvereinbarung über Datenschutz, technische Überwachung, Nutzung eigener

---

[426] *Bodenstedt/Schnabel*, BB 2014, 1525, 1527; *Kort*, NZA 2013, 1318, 1325; *Maywald*, Einsatz von Arbeitnehmern, S. 159; *Müller-Bonanni/Mehrens*, ZIP 2010, 2228, 2233; *Witschen*, RdA 2016, 38, 46; vgl. zur Unternehmenskooperation *Krebber*, Unternehmensübergreifende Arbeitsabläufe, S. 237; *Müllner*, Aufgespaltene Arbeitgeberstellung, S. 96 f.; s. auch *Kraft*, FS Pleyer, 1986, S. 383, 396.

[427] Vgl. zur Unternehmenskooperation *Krebber*, Unternehmensübergreifende Arbeitsabläufe, S. 237; Richardi/*Thüsing*, BetrVG, § 103 Rn. 2; s. auch *Windbichler*, Arbeitsrecht im Konzern, S. 282 zu § 15 KSchG.

technischer Geräte durch die Arbeitnehmer zu dienstlichen Zwecken oder über Maßnahmen zur Verringerung von Krankenständen). Insofern kommt es darauf an, ob diese einen Arbeitsvertrag mit dem Betriebsinhaber voraussetzt. Sofern die Betriebsvereinbarung dies nicht ausdrücklich klarstellt, bedarf es der Auslegung.[428] Ausgeschlossen sind Arbeitnehmer ohne Arbeitsvertrag zum Betriebsinhaber vor allem, wenn sich der Gegenstand der Betriebsvereinbarung auf Angelegenheiten bezieht, die den Betriebsinhaber als Vertragspartner betreffen. Das gilt insbesondere für die Vergütung[429] oder den Bestand des Arbeitsverhältnisses (z. B. Altersgrenzen).

Darüber hinaus kann der persönliche Anwendungsbereich der Betriebsvereinbarung danach unterscheiden, ob die Arbeitnehmer räumlich zusammenarbeiten oder nur eine Eingliederung durch Kommunikationsmittel besteht. Gerade aus der Zusammenarbeit vor Ort und der damit verbundenen physischen Präsenz können sich Regelungsbedarfe in sozialen Angelegenheiten ergeben, für die der Betriebsrat ein Mitbestimmungsrecht hat. Das gilt für das Verhalten im Betrieb gemäß § 87 Abs. 1 Nr. 1 BetrVG (z. B. Rauchverbot, Torkontrolle).[430] Auch Regelungen über die Lage der Arbeitszeit oder deren Verlängerung bzw. Verkürzung gemäß § 87 Abs. 1 Nr. 2, 3 BetrVG können sich ausschließlich auf die im Betrieb räumlich zusammenarbeitenden Arbeitnehmer beziehen. Letzteres ist aber nicht zwingend der Fall, weil das Zusammenwirken mit dem durch Informations- und Kommunikationstechnologie verbundenen Mitarbeitern gegebenenfalls von der Zusammenarbeit in bestimmten Zeitfenstern abhängt, so dass eine entsprechende Regelung zur Arbeitszeit auch die Arbeitnehmer erfassen muss, die nicht vor Ort tätig sind, aber dem Betrieb angehören. Das gilt in ähnlicher Weise für die Urlaubsgewährung (§ 87 Abs. 1 Nr. 5 BetrVG). Umfassende Geltung für alle Arbeitnehmer des Betriebs haben auch Betriebsvereinbarungen, die die technischen Einrichtungen betreffen, die gerade der Kommunikation und Information dienen (§ 87 Abs. 1 Nr. 6 BetrVG).

---

[428] *Krebber*, Unternehmensübergreifende Arbeitsabläufe, S. 236; vgl. *Müllner*, Aufgespaltene Arbeitgeberstellung, S. 87, der auch darauf verweist, das die Regelungsmacht des Betriebsrats von der Einwirkungsmöglichkeit des Arbeitgebers abhängt, nicht von der Betriebszugehörigkeit.
[429] *Krebber*, Unternehmensübergreifende Arbeitsabläufe, S. 231, 236.
[430] *Krebber*, Unternehmensübergreifende Arbeitsabläufe, S. 237.

III. Zusammenfassung

Die Einführung einer Matrixorganisation wird in vielen Fällen Beteiligungsrechte des Betriebsrats auslösen, insbesondere wegen einer Betriebsänderung nach §§ 111 S. 1, 3 Nr. 4, 5, 112 BetrVG und wegen der personellen Einzelmaßnahmen in Form von Einstellungen und Versetzungen. Die Einsetzung eines Matrixmanagers für eine Mehrzahl von Betrieben ist jedoch nur dann eine Einstellung i. S. von § 99 Abs. 1 BetrVG, wenn der Betriebsinhaber ihm gegenüber ein Weisungsrecht wie ein Vertragsarbeitgeber hat. Im Übrigen handelt es sich um eine Delegation von fachlichen Weisungsrechten durch den Vertragsarbeitgeber an den externen Matrixmanager. Bei dessen Ausübung entstehen die Beteiligungsrechte des Betriebsrats.

Besonderheiten bei den Beteiligungsrechten des Betriebsrats ergeben sich im Rahmen der Durchführung der Matrixorganisation daraus, dass Arbeitnehmer nicht im Betrieb des Vertragsarbeitgebers eingesetzt werden. Daraus kann sich eine doppelte Betriebszugehörigkeit ergeben, zumindest kommen die Beteiligungsrechte im Einsatzbetrieb entsprechend zur Anwendung. Die Beteiligungsrechte mit Bezug zu ihrem Arbeitsvertrag (z. B. § 102 BetrVG) sind vom Betriebsrat beim Vertragsarbeitgeber wahrzunehmen, während die Mitbestimmung des Betriebsrats im Einsatzbetrieb für die Arbeitsbedingungen vor Ort maßgebend ist. Dementsprechend gelten die Betriebsvereinbarungen im Einsatzbetrieb für diese Arbeitnehmer.

F. Zuständigkeit der betriebsverfassungsrechtlichen Gremien

Die Matrixorganisation führt zu einer Verlagerung der Entscheidungen, wobei bisher vor allem zwei Phänomene aufgetreten sind: Zum einen kommt es in Unternehmen bzw. Konzernen mit Matrixorganisation tendenziell zu einer Konzentration der Entscheidungen auf höherer Ebene. Im Vergleich zu den früheren Tendenzen einer Dezentralisierung der Unternehmensführung werden grundlegende Entscheidungen nicht selten auf Konzern- bzw. Unternehmensebene getroffen und müssen von den konzernangehörigen Unternehmen und den Betrieben ausgeführt werden. Zum anderen führt die Einteilung in Geschäftsbereiche in vielen Fällen dazu, dass Entscheidungen betriebs- bzw. unternehmensübergreifende Wirkung haben. Insofern wird zu prüfen sein, ob die Zuständigkeit des Gesamt- oder Konzernbetriebsrats gegeben ist (§§ 50, 58 BetrVG). Es wird in jedem Fall zu prüfen sein, ob die Durchführung der Matrixorganisation tatsächlich zu einer Zentralisierung führt und welche Entscheidungen weiterhin auf unterer Ebene getroffen werden.

Grundsätzlich können die Betriebs- und Gesamtbetriebsräte die übergeordneten Arbeitnehmervertretungsgremien beauftragen, ihre Angelegenheiten wahrzunehmen (§§ 50 Abs. 2, 58 Abs. 2 BetrVG). Viel entscheidender ist jedoch, ob sich eine solche Zuständigkeit als originäre Zuständigkeit aus dem Gesetz ergibt, zumal dadurch die Zuständigkeit der Betriebsräte entfällt (Grundsatz der Zuständigkeitstrennung).[431] Eine solch originäre Zuständigkeit muss im Hinblick auf die Entscheidungen im Geschäftsbereich, die betriebs- bzw. unternehmensübergreifende Auswirkungen haben, geprüft werden. Die originäre Zuständigkeit des Gesamt- oder Konzernbetriebsrats kann insofern auch Mitbestimmungslücken vermeiden. Allerdings kann und darf nicht das Prinzip des BetrVG aufgegeben werden, möglichst das sachnächste Gremium entscheiden zu lassen.

Die originäre Zuständigkeit des Gesamt- bzw. Konzernbetriebsrats besteht nur, wenn die Angelegenheiten nicht nur betriebs- bzw. unternehmensübergreifend

---

[431] BAG 3.5.1984, AP BetrVG 1972 § 95 Nr. 5; ErfK/*Koch* § 50 BetrVG Rn. 2; *Fitting*, BetrVG, § 50 Rn. 9 ff.; GK-BetrVG/*Kreutz* § 50 Rn. 18; HSWGNR/*Glock* § 50 Rn. 5.

sind und der Arbeitnehmervertretung auf der niedrigeren Stufe eine Regelung zudem unmöglich ist (vgl. §§ 50 Abs. 1, 58 Abs. 1 BetrVG). Es bedarf einer objektiven oder subjektiven Unmöglichkeit der Regelung auf niedrigerer Ebene oder eines zwingenden Erfordernisses für eine betriebs- bzw. unternehmensübergreifende Regelung.[432] Somit muss die mitbestimmungspflichtige Angelegenheit entweder objektiv in ihrem Zuschnitt über den Betrieb oder das Unternehmen hinausgehen[433] oder der Arbeitgeber ist lediglich bei einem solchen Zuschnitt zur Regelung bereit und darf dies auch vorgeben, weil es sich um eine mitbestimmungsfreie Entscheidung handelt[434].

Die Einführung einer Matrixorganisation im Unternehmen oder Konzern führt nicht notwendig zur Zuständigkeit des Gesamt- oder Konzernbetriebsrats.[435] Die Entscheidung für eine solche Organisationsstruktur ist Teil der unternehmerischen Entscheidungsfreiheit und mitbestimmungsfrei. Sofern die Einführung der Matrixorganisation zu einer Betriebsänderung führt, ist der Konzernbetriebsrat nur ausnahmsweise zuständig, wenn die zu ergreifenden Maßnahmen unternehmensübergreifenden Charakter haben (z. B. unternehmensübergreifende Zusammenlegung von Betrieben oder Übernahme von Arbeitnehmern).[436] In der Regel kommt es aber vor allem zur Änderung der Berichtslinien, zu einer abweichenden Leitungsstruktur, mit der ein Wegfall von Hierarchieebenen einhergeht. Diese Maßnahmen fallen in die Zuständigkeit des Betriebsrats oder Gesamtbetriebsrats, aber in der Regel nicht in die des Konzernbetriebsrats.[437] Etwas anderes gilt nur, wenn die einzelnen Betriebsänderungen in den Betrieben in einem Verhältnis wechselseitiger Abhängigkeit stehen.

---

[432] Zu § 50 Abs. 1 BetrVG: st. Rspr., BAG 18.10.1994, AP BetrVG 1972 § 87 Lohngestaltung Nr. 70 (B.II.1); 26.4.2005, AP BetrVG 1972 § 87 Nr. 12 (I.1.a); 3.5.2006, AP BetrVG 2001 § 50 Nr. 29 Rn. 25; 10.10.2006, EzA BetrVG 2001 § 77 Nr. 18 Rn. 18; GK-BetrVG/*Kreutz* § 50 Rn. 27, zugleich kritisch zur neueren Tendenz des BAG; dazu auch *Thüsing*, ZfA 2010, 195, 204 ff. Zu § 58 Abs. 1 BetrVG: BAG 12.11.1997, AP BetrVG 1972 § 58 Nr. 2 (B.I.2.a); 19.6.2007, AP BetrVG 1972 § 58 Nr. 4 Rn. 18; GK-BetrVG/*Franzen* § 58 Rn. 22 ff.

[433] BAG 18.10.1994, AP BetrVG 1972 § 87 Lohngestaltung Nr. 70 (B.II.1); 3.5.2006, AP BetrVG 2001 § 50 Nr. 29 Rn. 25; ErfK/*Koch* § 50 BetrVG Rn. 3; *Fitting*, BetrVG, § 50 Rn. 21 ff.; GK-BetrVG/*Kreutz* § 50 Rn. 29; HSWGNR/*Glock* § 50 Rn. 11.

[434] Vgl. zu freiwilligen Betriebsvereinbarungen, teilmitbestimmten Betriebsvereinbarungen (z. B. Zulagen, Sozialleistungen, Gratifikationen, Ruhegeldrichtlinien, Aktienoptionspläne) BAG 9.12.2003, EzA BetrVG 2001 § 50 Nr. 3 (B.II.1.b.aa); 14.11.2006, AP BetrVG 1972 § 87 Überwachung Nr. 43 Rn. 22.

[435] *Kort*, NZA 2013, 1318, 1323.

[436] *Fitting*, BetrVG, § 58 Rn. 15, § 111 Rn. 16; *Kort*, NZA 2013, 1318, 1323.

[437] Absoluter *Kort*, NZA 2013, 1318, 1326.

Auch bei der Durchführung der Matrixorganisation ändert sich die Zuständigkeit der Betriebsräte für die mitbestimmungspflichtigen sozialen oder personellen Angelegenheiten nicht generell.[438] In jedem Einzelfall ist zu prüfen, ob ein zwingendes Erfordernis für eine unternehmens- oder konzernbezogene Regelung besteht.[439] Der bloße Umstand, dass die Geschäftsbereiche betriebs- oder unternehmensübergreifend zugeschnitten sind, hat nicht zwangsläufig zur Folge, dass der Gesamt- bzw. Konzernbetriebsrat zuständig ist. Schließlich genügt weder die bloße Zweckmäßigkeit der Regelung auf Unternehmens- oder Konzernebene noch das bloße Koordinierungsinteresse des Arbeitgebers.[440] Auch das Interesse der Arbeitnehmer an einer einheitlichen Regelung genügt nicht. Das gerät auch nicht in Widerspruch zum Zweck der Betriebsverfassung, da die Betriebsräte das Interesse an der Vereinheitlichung verwirklichen können, indem sie den Gesamt- oder Konzernbetriebsrat beauftragen (§§ 50 Abs. 2, 58 Abs. 2 BetrVG).[441]

Für die Zuständigkeit des Gesamt- bzw. Konzernbetriebsrats muss feststehen, dass in einer überbetrieblichen oder unternehmensübergreifenden Angelegenheit der Abschluss von parallelen Vereinbarungen der Betriebsräte zur Ausübung des Mitbestimmungsrechts nicht ausreicht, sondern eine überbetriebliche bzw. unternehmenseinheitliche Regelung zwingend ist.[442] Insoweit sind neben technischen auch rechtliche Gründe möglich. Außerdem kann die betriebliche Regelung einer Angelegenheit die Entscheidung dieser Angelegenheit in anderen Betrieben zwingend präjudizieren, weil die Entscheidungen wechselseitig voneinander abhängen.[443]

Bei Unternehmen oder Konzernen mit Matrixorganisation kann die Organisation der Geschäftsbereiche dazu führen, dass nach Einführung dieser Struktur Entscheidungen auf einer überbetrieblichen oder unternehmensübergreifenden Ebene fallen. Die Entscheidungen des Matrixmanagers bleiben gegebenenfalls nicht auf einen Betrieb beschränkt. Die bloße Verknüpfung der Betriebe oder Unternehmen durch Informations- und Kommunikationstechnologie führt

---

[438] *Henssler*, NZA-Beilage 2014, 95, 103; vgl. auch *Rieble*, NZA-Beilage 2014, 28, 29 f.
[439] *Henssler*, NZA-Beilage 2014, 95, 103.
[440] BAG 23.3.2010, AP BetrVG 1972 § 87 Lohngestaltung Nr. 135 Rn. 15; 19.6.2012, AP BetrVG 1972 § 50 Nr. 35 Rn. 21; ErfK/*Koch* § 50 BetrVG Rn. 3; *Fitting*, BetrVG, § 50 Rn. 23; Richardi/*Annuß*, BetrVG, § 50 Rn. 13.
[441] Vgl. *Rieble*, NZA-Beilage 2014, 28, 29 f.; *Witschen*, RdA 2016, 28, 48.
[442] ErfK/*Koch* § 50 BetrVG Rn. 3; *Fitting*, BetrVG, § 50 Rn. 25; Richardi/*Annuß*, BetrVG, § 50 Rn. 13; vgl. auch BAG 19.6.2012, AP BetrVG 1972 § 50 Nr. 35 Rn. 22.
[443] ErfK/*Koch* § 50 BetrVG Rn. 3; *Fitting*, BetrVG, § 50 Rn. 25; Richardi/*Annuß*, BetrVG, § 50 Rn. 13; vgl. auch BAG 19.6.2012, AP BetrVG 1972 § 50 Nr. 35 Rn. 22.

indes noch nicht zur Zuständigkeit des Konzernbetriebsrats.[444] Jedenfalls führt die Matrixorganisation, ihr betriebs- oder unternehmensübergreifender Charakter, nicht allein zur Zuständigkeit des Gesamt- oder Konzernbetriebsrats.[445] Die Einführung der Informations- und Kommunikationstechnologie bedarf aber der Mitbestimmung auf Unternehmens- bzw. Konzernebene, wenn diese betriebs- oder unternehmensübergreifend erfolgt und das System entweder einheitlich organisiert sein (Server) oder der Datenzugriff einheitlich unternehmens- bzw. konzernweit erfolgen muss.[446] Das bloße Kosten- oder Koordinierungsinteresse genügt auch in diesem Fall nicht, um die Zuständigkeit des Gesamt- oder Konzernbetriebsrats zu begründen.

Eine Notwendigkeit zur Mitbestimmung auf Unternehmens- oder Konzernebene ergibt sich vor allem, wenn das Unternehmen bzw. der Konzern in mitbestimmungsfreier Weise entschieden hat, eine bestimmte Regelung allein auf Unternehmens- oder Konzernebene zu vereinbaren (z. B. Aufstellen von Aktienoptionsplänen). Das Gleiche gilt, wenn die auf den Betrieb bezogenen Entscheidungen voneinander abhängen bzw. die Tätigkeit in den Betrieben aufeinander abzustimmen ist, so dass die Entscheidungen einander bedingen, insbesondere wenn ein Lastenausgleich erfolgt.[447] Fehlt eine solche Interdependenz der Entscheidungen oder ist diese unsicher, so kann die Zuständigkeit – insbesondere des Konzernbetriebsrats – durch Delegation herbeigeführt werden.[448] Die Bildung von Ausschüssen kann die Geschäftsbereiche abbilden. Sofern es gelingt, diese mit Arbeitnehmervertretern aus den betroffenen Betrieben zu besetzen, lässt sich zudem trotz der Organisationsebene, auf der die Mitbestimmung stattfindet, dem Bestreben der Betriebsverfassung nach Sachnähe Rechnung tragen. Besteht Einigkeit, dass die Arbeitnehmerbeteiligung durch Delegation auf den Konzernbetriebsrat stärker auf dieser Ebene zusammengeführt werden soll, kann der Konzernbetriebsrat durch Tarifvertrag oder Konzernbetriebsvereinbarung vergrößert werden, um so eine Arbeitsteilung sicherzustellen und eine möglichst sachnahe Besetzung der Ausschüsse zu ermöglichen, § 55 Abs. 4 BetrVG.[449]

---

[444] *Krause*, Gutachten 71. DJT, 2016, B 92.
[445] Vgl. LAG Baden-Württemberg 12.9.2012 – 19 TaBV 3/12 (juris); LAG Düsseldorf 4.2.2013, LAGE § 98 ArbGG 1979 Nr. 65.
[446] BAG 14.11.2006, AP BetrVG 1972 § 87 Überwachung Nr. 43 Rn. 32 ff.; 22.7.2008, AP BetrVG 1972 § 87 Nr. 14 Rn. 66, 81; s. auch LAG Düsseldorf 4.2.2013, LAGE § 98 ArbGG 1979 Nr. 65.
[447] *Rieble*, NZA-Beilage 2014, 28, 29 f.
[448] *Rieble*, NZA-Beilage 2014, 28, 29 f.; *Witschen*, RdA 2016, 28, 48.
[449] *Rieble*, NZA-Beilage 2014, 28, 29 f.; *Witschen*, RdA 2016, 28, 48.

Im Einzelnen ergeben sich Zuständigkeitsfragen insbesondere bei der Einsetzung von Matrixmanagern, die für eine Mehrzahl von Betrieben zuständig sein sollen. Sofern die Einsetzung des Matrixmanagers eine Mitbestimmung nach § 99 Abs. 1 BetrVG in den betroffenen Betrieben erforderlich macht, stellt sich die Frage, ob der Gesamt- bzw. Konzernbetriebsrat zuständig ist. Grundsätzlich sind beide Gremien bei personellen Einzelmaßnahmen nicht originär zuständig.[450] Das gilt auch bei der Versetzung von einem Konzernunternehmen in ein anderes.[451] Etwas anderes hat das BAG allerdings angenommen, wenn das Arbeitsverhältnis mehreren Betrieben des Unternehmens gleichzeitig zuzuordnen ist.[452] Hierfür reiche es allerdings nicht, wenn der Arbeitgeber vertraglich berechtigt ist, den Arbeitnehmer in mehreren Betrieben des Unternehmens einzusetzen.[453]

Selbst bei einer Einstellung, die zu einer mehrfachen Betriebszugehörigkeit des Matrixmanagers führt, ist es grundsätzlich nicht ausgeschlossen, die einzelnen Betriebsräte zu beteiligen. Für die Zuständigkeit des Gesamt- oder Konzernbetriebsrats spricht höchstens, dass mit der Einsetzung eines Geschäftsbereichsleiters eine Entscheidung für eine bestimmte betriebs- bzw. unternehmensübergreifende Organisationsstruktur gefallen ist, die als solche mitbestimmungsfrei ist. Mitbestimmungspflichtig ist deren Umsetzung, soweit die Beteiligungsrechte eingreifen. Im Übrigen ließe sich die Einsetzung für den Geschäftsbereich nicht verwirklichen, wenn einer der Betriebsräte die Zustimmung zur Einstellung verweigert. Das spricht für eine Zuständigkeit des Gesamt- bzw. Konzernbetriebsrats. Es bleibt aber in der Hand des Unternehmens, ob tatsächlich eine notwendige Einheitlichkeit in der Besetzung der Leitungsposition für alle betroffenen Betriebe zu erreichen ist. Insofern führt die abweichende Entscheidung des Unternehmens oder der Konzernobergesellschaft zu einer anderen Beurteilung der Zuständigkeit.

Abschließend ist darauf hinzuweisen, dass die Einführung der Matrixorganisation zugleich mit Maßnahmen verbunden sein kann (z. B. Aufhebung des Beherrschungsvertrages), die zu einem Wegfall des bisher bestehenden Unterordnungskonzerns führen.[454] Mit dessen Beseitigung fallen der Konzernbetriebsrat

---

[450] Zu § 50 BetrVG *Fitting,* BetrVG, § 50 Rn. 55; GK-BetrVG/*Kreutz* § 50 Rn. 50; Richardi/*Annuß,* BetrVG, § 50 Rn. 35; zu § 58 BetrVG ErfK/*Koch* § 58 BetrVG Rn. 3.
[451] BAG 19.2.1991, AP BetrVG 1972 § 95 Nr. 26; ErfK/*Koch* § 58 BetrVG Rn. 3.
[452] BAG 21.3.1996, AP BetrVG 1972 § 102 Nr. 81 (II.2); s. auch BAG 16.12.2010, AP KSchG 1969 § 2 Nr. 150 Rn. 15.
[453] BAG 16.12.2010, AP KSchG 1969 § 2 Nr. 150 Rn. 15.
[454] ArbG Düsseldorf 29.9.2010 – 8 BV 71/10 Rn. 36 f. (juris).

und die Voraussetzung für eine unternehmensübergreifende Arbeitnehmerbeteiligung weg.[455] Dazu muss die einheitliche Leitung oder Wahrnehmung von Einflussmöglichkeiten in einem der zentralen Unternehmensbereiche der Unternehmensgruppe fehlen.[456] Eine Entscheidung des ArbG Düsseldorf betraf einen Konzern, bei dem die Neuausrichtung der Organisation zur Folge hatte, dass die operative Leitung nicht mehr bei der Konzernobergesellschaft, sondern in den Geschäftsbereichen (business units) lag, die jeweils einem Unternehmen zugeordnet waren.[457]

---

[455] ArbG Düsseldorf 29.9.2010 – 8 BV 71/10 Rn. 36 ff., 48 ff. (juris).
[456] ArbG Düsseldorf 29.9.2010 – 8 BV 71/10 Rn. 46 ff. (juris); ebenso *Kort*, NZA 2013, 1318, 1323.
[457] ArbG Düsseldorf 29.9.2010 – 8 BV 71/10 Rn. 48 f. (juris); ebenso *Kort*, NZA 2013, 1318, 1323.

G. Arbeitgeber als Ansprechpartner des Betriebsrats

Die Beteiligungsrechte des Betriebsrats richten sich – je nach Zuständigkeit – gegen den Arbeitgeber als Betriebs- bzw. Unternehmensinhaber oder gegen die Konzernleitung. Der Arbeitgeber ist jeweils verpflichtet, die Beteiligungsrechte zu erfüllen und zu diesem Zweck zu informieren, anzuhören, zu beraten oder zu verhandeln. Diese Beteiligungsrechte lassen sich im arbeitsgerichtlichen Beschlussverfahren durchsetzen.

Die mit der Matrixorganisation einhergehende Zentralisierung hat zur Folge, dass der Arbeitgeber, d. h. die Betriebsleitung bzw. das geschäftsführende Unternehmensorgan, nicht immer in der Lage sein wird, selbst das Beteiligungsrecht ohne die Unterstützung Dritter zu erfüllen. Die notwendigen Informationen werden zum Teil nur die Matrixmanager haben, die die Weisungsrechte ausüben, zu deren Ausübung sie ermächtigt wurden. Darüber hinaus wird es Entscheidungen geben, die auf überbetrieblicher oder unternehmensübergreifender Ebene getroffen und durch den Betriebsleiter bzw. das Unternehmen nicht mehr oder nur bedingt korrigiert werden können. Beide Fallgruppen führen dazu, dass die Beteiligungsrechte des Betriebsrats nicht effektiv verwirklicht werden können. Entweder es fehlt an Informationen oder es fehlt an Gestaltungsmöglichkeiten des Betriebsleiters.

Für den Fall eines Informationsdefizits ist zunächst festzuhalten, dass der Arbeitgeber durch das jeweilige Beteiligungsrecht verpflichtet ist, dem Betriebsrat einen für bestimmte Angelegenheiten kompetenten Vertreter zu benennen.[458] Dabei sollte es sich einerseits um einen Vertreter mit dem notwendigen Sachwissen handeln. Andererseits sollte er die Kompetenz haben, die Erwägungen des Betriebsrats in den Entscheidungsprozess einfließen zu lassen.[459] Das setzt nicht notwendig voraus, dass die handelnde Person die Entscheidungen in jeder

---

[458] BAG 11.12.1991, AP BetrVG 1972 § 90 Nr. 2 (II.3); LAG Frankfurt a. M. 30.10.1990, LAGE BetrVG 1972 § 90 Nr. 2; ErfK/*Kania* § 80 BetrVG Rn. 30a; *Joost*, Betrieb und Unternehmen, S. 248; *Kittner*, AuR 1995, 385, 394.

[459] BAG 11.12.1991, AP BetrVG 1972 § 90 Nr. 2 (II.3); LAG Frankfurt a. M. 30.10.1990, LAGE BetrVG 1972 § 90 Nr. 2; *Joost*, Betrieb und Unternehmen, S. 248; *Kittner*, AuR 1995, 385, 394.

Hinsicht selbst treffen können muss. Wenn die Entscheidungsträger – wie bei Konzernsachverhalten, zumal mit Auslandsbezug – nicht zum Unternehmen gehören, wird der Gesprächspartner des Betriebsrats nicht in jedem Fall die Entscheidungsmacht in der Sache haben. Er kann lediglich die Argumente des Betriebsrats in den Entscheidungsprozess auf Konzernebene einbringen und – soweit vorhanden – Gestaltungsspielräume im Betrieb bzw. Unternehmen nutzen, um den Beteiligungsrechten des Betriebsrats so weit wie möglich Rechnung zu tragen.

Diese Anforderungen sind nicht nur Folge der konkreten Beteiligungsrechte, sondern zugleich als Ausdruck der vertrauensvollen Zusammenarbeit i. S. von § 2 Abs. 1 BetrVG. Diesem Prinzip widerspräche es, wenn der Arbeitgeber nicht die ihm zur Verfügung stehenden Möglichkeiten nutzen würde, um die Beteiligungsrechte, so weit wie es rechtlich und tatsächlich möglich ist, zu erfüllen. Ansonsten hätte es der Arbeitgeber in der Hand, die Beteiligungsrechte des Betriebsrats zu vereiteln.[460] Die Betriebsorganisation erlaubt es dem Arbeitgeber grundsätzlich nicht, für Verhandlungen auf Personen zu verweisen, die kein Sachwissen bzw. keine Entscheidungskompetenz haben.[461]

Dieses Vorgehen findet dort seine Grenze, wo das Unternehmen bzw. der Betriebsleiter durch die Weisungen der Konzernobergesellschaft gebunden ist. Weisungen, die im Widerspruch zu den Beteiligungsrechten des Betriebsrats stehen, sind – sofern die Konzernobergesellschaft ihren Sitz in Deutschland hat – nichtig. Etwas anderes gilt jedoch, wenn die Konzernobergesellschaft ihren Sitz im Ausland hat und damit nicht an das BetrVG gebunden ist.[462] Lediglich die Arbeitnehmerbeteiligung durch den Europäischen Betriebsrat nach dem EBRG erlaubt eine grenzüberschreitende Beteiligung der Arbeitnehmer in der Europäischen Union. Allerdings hat der Europäische Betriebsrat lediglich Unterrichtungs- und Beratungsrechte, so dass seine Rechtsstellung deutlich schwächer als die der Betriebsräte nach dem BetrVG ist. Eine autonome Erweiterung auf echte Mitbestimmungsrechte ist an sich nicht zulässig.[463]

Die fehlende Mitbestimmung der Arbeitnehmer gegenüber der Konzernobergesellschaft hat zur Folge, dass die Beteiligungsrechte des Betriebsrats teilweise leer laufen, weil dem Arbeitgeber die Kompetenz fehlt, abweichende Entschei-

---

[460] Vgl. auch *Kittner*, AuR 1995, 385, 394.
[461] BAG 11.12.1991, AP BetrVG 1972 § 90 Nr. 2 (II.2); DKKW/*Trümner*, BetrVG, § 1 Rn. 82; *Joost*, Betrieb und Unternehmen, S. 248.
[462] Darauf verweist auch *Schumacher*, NZA 2015, 587, 588.
[463] GK-BetrVG/*Oetker* § 17 EBRG Rn. 9; HWK/*Giesen* EBRG Rn. 70; MünchArbR/*Joost* § 274 Rn. 103.

dungen zu treffen. Ansprechpartner des Betriebsrats und Entscheidungsträger fallen auseinander.[464] Dem Arbeitgeber bleibt nur die Vermittlerrolle.

Im Ergebnis ist festzuhalten, dass die Beteiligungsrechte des Betriebsrats oder zumindest der Grundsatz der vertrauensvollen Zusammenarbeit dem Arbeitgeber aufgeben, nicht nur die notwendigen Informationen für die Durchführung des Beteiligungsverfahrens zu sammeln, sondern auch einen sachkundigen Vertreter einzusetzen und so im Rahmen seiner Möglichkeiten die Mitbestimmung zu verwirklichen. Damit ist dem Arbeitgeber im Grunde aufgegeben, die Aufspaltung von Managementaufgaben und Wissen bei der Beteiligung des Betriebsrats wieder zusammenzuführen. Verstöße dagegen lösen bei Beteiligungsrechten die Rechtsfolgen aus, die mit einem Verstoß gegen Beteiligungsrechte verbunden sind. Gegebenenfalls kann auch ein Beschlussverfahren angestrengt werden, um feststellen zu lassen, dass die mangelnde Beiziehung des Entscheidungsträgers eine Verletzung von § 2 Abs. 1 BetrVG ist. Darüber hinaus ist zu erwägen, eine (zumindest klarstellende) Regelung zwischen den Betriebspartnern vorzunehmen.[465]

---

[464] Dazu *Schumacher*, NZA 2015, 587, 588.
[465] Siehe J.

H. Ermittlung der Organisationsstruktur des Unternehmens bzw. Konzerns durch die betriebsverfassungsrechtlichen Gremien

I. Zur Bedeutung der Informationsrechte des Betriebsrats bei Unternehmen bzw. Konzernen mit Matrixorganisation

Die Einführung, aber auch die Durchführung der Matrixorganisation kann ein erhöhtes Informationsbedürfnis bei den Arbeitnehmervertretern auslösen. Es beruht zum einen darauf, dass die Matrixorganisation betriebs- und unternehmensübergreifend ist und somit über die traditionellen Anknüpfungspunkte der Betriebsverfassung hinweggeht. Zum anderen hat ihre leichte Änderbarkeit zur Folge, dass die Ansprechpartner und Verantwortlichen im Unternehmen häufiger wechseln. Zusätzliche Probleme ergeben sich, wenn Matrixmanager im Ausland tätig und nicht an das BetrVG gebunden sind. Unabhängig von der fehlenden rechtlichen Bindung entsteht dadurch die Notwendigkeit, die Verantwortlichen mit der deutschen Mitbestimmung vertraut zu machen, soweit sie mitbestimmungsrelevante Entscheidungen treffen.

Das Informationsbedürfnis der Betriebsräte bei Unternehmen bzw. Konzernen mit Matrixorganisation weist somit zwei Spezifika auf: Es bestehe ein gesteigertes Interesse daran, die Aufteilung von Weisungsrechten und Zuständigkeiten aufklären zu können. Diese Informationen ermöglichen nicht nur die Ermittlung der Betriebszugehörigkeit der einzelnen Arbeitnehmer, sondern auch des Eingreifens von Beteiligungsrechten (z. B. § 99 Abs. 1 BetrVG). Darüber hinaus wird die effektive Verwirklichung der Beteiligungsrechte in besonderem Maße davon abhängen, dass der Betriebsrat ausreichend informiert wird. Die Verlagerung von Weisungsrechten und Zuständigkeiten auf Personen außerhalb des Betriebs oder Unternehmens, die gegebenenfalls sogar außerhalb des Anwendungsbereichs des BetrVG tätig sind, wirft die Frage auf, ob und unter welchen Voraussetzung sich der Arbeitgeber auf die fehlende Kenntnis berufen kann, welche Anforderungen an die Informationsbeschaffung zu stellen sind und ob es einen Informationsdurchgriff auf die Konzernobergesellschaft oder andere Personen mit Leitungsmacht geben kann.

II. Aufklärung der Aufteilung des Weisungsrechts und der Entscheidungsbefugnisse im Unternehmen bzw. Konzern

1. Informationsrechte nach geltendem Recht

Bei der Einführung einer Matrixorganisation hat der Betriebsrat Informationsrechte, wenn die Arbeitnehmer seines Betriebes hiervon betroffen sind.[466] Der Betriebsrat hat in § 80 Abs. 2 BetrVG grundsätzlich einen sehr weit reichenden Unterrichtungsanspruch. Er besteht nicht nur, wenn allgemeine Aufgaben oder Beteiligungsrechte des Betriebsrats feststehen, sondern soll dem Betriebsrat darüber hinaus ermöglichen, zu prüfen, ob sich für ihn Aufgaben und Beteiligungsrechte ergeben. Es genügt, wenn eine gewisse Wahrscheinlichkeit dafür besteht, dass der Betriebsrat Aufgaben hat. Nur wenn offensichtlich kein Beteiligungsrecht in Betracht kommt, scheidet der Anspruch aus. Daher reicht die nicht ganz unwahrscheinliche Möglichkeit, dass der betreffende Betriebsrat eine Aufgabe haben könnte, für das Informationsrecht aus.[467] Die Rechtsprechung prüft zweistufig, ob überhaupt eine Aufgabe des Betriebsrats gegeben ist (1.) und ob die begehrte Information konkret zur Aufgabenwahrnehmung erforderlich ist (2.).[468] Daneben besteht kein weitergehender Informationsanspruch aus dem Grundsatz der vertrauensvollen Zusammenarbeit, § 80 Abs. 2 BetrVG ist vielmehr dessen Ausdruck.[469]

Darüber hinaus bestehen Informationsansprüche aus den besonderen Beteiligungsrechten. Insbesondere die §§ 99 Abs. 1, 106 Abs. 2, 3 und 111 S. 1, 3 Nr. 4, 5 BetrVG können bei der Einführung der Matrixorganisation einschlägig sein.[470] Ein Beteiligungsrecht kann sich auch aus § 90 Abs. 1 Nr. 3 BetrVG ergeben, wenn mit der Einführung der Matrixorganisation die Planung von Arbeitsverfahren oder Arbeitsabläufen verbunden ist. Das Arbeitsverfahren ist die Technologie, die zur Veränderung des Arbeitsgegenstandes angewandt wird, um die Arbeitsaufgabe zu erfüllen[471], während der Arbeitsablauf die zeitliche und räumliche Anordnung der Arbeitsvorhaben im Betrieb bezeichnet (einschließ-

---

[466] Kort, NZA 2013, 1318, 1325.
[467] Dörfler/Heidemann, AiB 2012, 196, 199; Kort, NZA 2013, 1318, 1325.
[468] BAG 10.10.2006, AP BetrVG 1972 § 80 Nr. 68 Rn. 17 f.; 27.10.2010, AP BetrVG 1972 § 99 Nr. 133 Rn. 31.
[469] GK-BetrVG/Weber § 80 Rn. 53; Kraft, ZfA 1983, 171, 176 ff.
[470] Siehe oben E.I.1, 2.
[471] Fitting, BetrVG, § 90 Rn. 23; GK-BetrVG/Weber § 90 Rn. 19; Richardi/Annuß, BetrVG, § 90 Rn. 13 m. w. N.

lich Betriebsmittel, Zusammenwirken mit anderen, Arbeitsmittel)[472]. § 90 Abs. 1 Nr. 3 BetrVG ist daher z. B. bei der Einführung von Telearbeit oder arbeitsablaufbezogenen Managementsystemen einschlägig.[473] Bei der Umsetzung der Matrixorganisation kommt es regelmäßig auch zu Änderungen beim Zusammenwirken der Arbeitnehmer im Betrieb oder Unternehmen. Insofern verändern sich dadurch auch Arbeitsabläufe, so dass insoweit eine Informationspflicht des Arbeitgebers besteht.

Weiter hat der Wirtschaftsausschuss bei der Einführung der Matrixorganisation gegebenenfalls einen Anspruch auf Unterrichtung aus § 106 Abs. 1, 3 Nr. 9, 10 BetrVG.[474] Die Einführung einer Matrixorganisation kann zur Änderung der Betriebsorganisation führen (§ 106 Abs. 1 Nr. 9 BetrVG). Der Begriff der Betriebsorganisation entspricht dem in § 111 S. 3 Nr. 4 BetrVG und erfasst jedes Organisationsgefüge, das im Betrieb arbeitende Menschen und Betriebsanlagen mit dem Ziel der optimalen Erfüllung der Betriebsaufgaben verbindet. Für eine Unterrichtungspflicht genügt jede Änderung der Betriebsorganisation, so dass es im Gegensatz zu § 111 S. 3 BetrVG keiner grundlegenden Änderung bedarf.[475]

Schließlich kann die Matrixorganisation bzw. deren Einführung ein sonstiger Vorgang sein, der die Interessen der Arbeitnehmer wesentlich berührt (§ 106 Abs. 1 Nr. 10 BetrVG). Das erfasst alle Angelegenheiten, die das wirtschaftliche Leben des Unternehmens in entscheidenden Punkten betreffen und die Interessen der Arbeitnehmer wesentlich berühren können, weil sie gegebenenfalls bedeutungsvolle soziale Auswirkungen haben.[476] Die Einführung der Matrixorganisation ist regelmäßig verbunden mit neuen Arbeitsabläufen und Berichtslinien sowie Abweichungen bei der Zusammenarbeit der Arbeitnehmer im Betrieb, Unternehmen oder Konzern. Der Vertragsarbeitgeber entscheidet über den Einsatz der Arbeitnehmer in einer steuernden Einheit und die Einbindung in eine andere Arbeitsorganisation oder ein anderes Arbeitsregime.[477] Insofern ergeben sich daraus Vorgänge, die auch die Arbeitnehmerinteressen wesentlich betreffen.

---

[472] *Fitting*, BetrVG, § 90 Rn. 24; GK-BetrVG/*Weber* § 90 Rn. 17; Richardi/*Annuß*, BetrVG, § 90 Rn. 13 m. w. N.
[473] Richardi/*Annuß*, BetrVG, § 90 Rn. 14.
[474] *Kort*, NZA 2013, 1318, 1325.
[475] *Fitting*, BetrVG, § 106 Rn. 78; GK-BetrVG/*Oetker* § 106 Rn. 88 m. w. N.
[476] BAG 22.1.1991, AP BetrVG 1972 § 106 Nr. 9; 11.7.2000, AP BetrVG 1972 § 109 Nr. 2, *Fitting*, BetrVG, § 106 Rn. 130; GK-BetrVG/*Oetker* § 106 Rn. 102, 107.
[477] *Fitting*, BetrVG, § 106 Rn. 130a.

Der Anspruch beschränkt sich allerdings auf das Unternehmen, für das der Wirtschaftsausschuss gebildet wurde.[478] Im Einzelfall ist zu prüfen, ob das Unternehmen tatsächlich in die Matrixorganisation eingebunden ist, da diese nicht notwendig auf den gesamten Konzern erstreckt ist. Selbst wenn sie sich auf andere Unternehmen beschränkt, ist § 106 Abs. 1 Nr. 10 BetrVG dennoch einschlägig, wenn sich aus den Änderungen bei den anderen Konzerngesellschaften Folgewirkungen für das betreffende Unternehmen ergeben.[479] Der Wirtschaftsausschuss hat kein Recht, sich beim Wirtschaftsausschuss eines anderen konzernangehörigen Unternehmens oder der Konzernleitung zu informieren.[480] Über diese Beschränkung der Auskunftsansprüche lässt sich nur hinwegkommen, wenn freiwillig ein Konzernwirtschaftsausschusses vereinbart und gebildet wird.

2. Erweiterung der Informationsrechte

Eine darüber hinausgehende Erweiterung der Informationsrechte scheint – insbesondere wegen der Weite des § 80 Abs. 2 BetrVG und des § 106 Abs. 3 BetrVG – nicht angezeigt. Beide Normen verlangen einen Bezug zu den Aufgaben des Betriebsrats bzw. den wesentlichen Interessen der Arbeitnehmer. Die Aufklärung der Organisationsstruktur des Unternehmens bzw. Konzerns ist nur in diesem Zusammenhang von den Informationsrechten des Betriebsrats erfasst. Als Arbeitnehmervertreter hat er weder unabhängig von seinen Beteiligungsrechten noch unabhängig von den Arbeitnehmerinteressen ein berechtigtes Interesse an Informationen. Im Rahmen seiner Aufgaben ist gerade § 80 Abs. 2 BetrVG indes grundsätzlich eine geeignete Grundlage für das Informationsinteresse des Betriebsrats, wenn keine speziellere Norm einschlägig ist.

Die Defizite bei der Information des Betriebsrats resultieren eher aus dem fehlenden Wissen des Arbeitgebers des Betriebs und den Anforderungen an die Beschaffung von Informationen bei Dritten.[481] Als Erweiterung der Betriebsverfassung sollte – ungeachtet der bestehenden Möglichkeit, einen Ausschuss für wirtschaftliche Angelegenheit beim Konzernbetriebsrat zu bilden[482] – vereinbart werden, bei der Konzernobergesellschaft (fakultativ) einen Konzernwirtschaftsausschuss zu bilden. Das hilft freilich nur bei inländischen (Teil-)Konzernspitzen.

---

[478] *Kort*, NZA 2013, 1318, 1325.
[479] Vgl. *Kort*, NZA 2013, 1318, 1325; *Weller*, AuA 2013, 344, 346.
[480] *Kort*, NZA 2013, 1318, 1325; *Müller-Bonanni/Mehrens*, ZIP 2010, 2228, 2232.
[481] Siehe dazu H.III.
[482] DKKW/*Däubler*, BetrVG, § 106 Rn. 19; Schaub/*Koch*, Arbeitsrechts-Handbuch, § 243 Rn. 11; vgl. auch GK-BetrVG/*Oetker* § 106 Rn. 30; vgl. auch BAG 23.8.1989, AP BetrVG 1972 § 106 Nr. 7; a. A. Richardi/*Annuß*, BetrVG, § 106 Rn. 9.

Eine darüber hinausgehende Verschärfung der Informationsrechte kommt lediglich dadurch in Betracht, dass einzelne Maßnahmen – wie die Delegation von Weisungsrechten auf unternehmensfremde Dritte – der Zustimmung des Betriebsrats bedürfen, mit der Folge, dass die Übertragung des Weisungsrechts unwirksam ist, wenn es an der Zustimmung fehlte. Eine freiwillige Vereinbarung über ein solches Beteiligungsrecht ist möglich.[483] Eine Gesetzesänderung in diesem Sinne würde sich jedoch nicht in das BetrVG einfügen. Die Delegation ist nach den bisherigen Kategorien nicht notwendig eine personelle Einzelmaßnahme und es wird auch nicht in jedem Fall zu einer Betriebsänderung kommen. Selbst wenn dies der Fall ist, besteht nach § 111 S. 1 BetrVG nur ein Informations- und Beratungsrecht. Der Arbeitgeber kann an seiner Organisationsentscheidung festhalten.

III. Pflicht zur Information des Betriebsrats und Informationsdurchgriff des Betriebsrats

1. Schuldner der Information

Zur Information verpflichtet ist der inländische Arbeitgeber; das gilt auch bei konzernangehörigen Unternehmen.[484] Sofern er Dritten eigene Entscheidungs- oder Weisungsbefugnisse zur Ausübung überlässt, entsteht für diese keine Informationspflicht.[485] Ansprechpartner des Betriebsrats ist und bleibt der Arbeitgeber des Betriebs. Dieser kann Erfüllungsgehilfen für die Gewährung der Informationen einsetzen, wobei diese über die erforderlichen Kenntnisse und Vollmachten verfügen müssen.[486] Der Betriebsrat kann sie nicht selbst beiziehen. Lediglich § 80 Abs. 2 S. 2 BetrVG erlaubt dem Betriebsrat den selbstständigen Rückgriff auf betriebsangehörige Arbeitnehmer als Auskunftspersonen.[487] Mat-

---

[483] Siehe J.
[484] *Bitsch*, Durchsetzbarkeit betriebsverfassungsrechtlicher Auskunftsansprüche, S. 37 ff.; *Diller/Powietzka*, DB 2001, 1034; *Fitting*, BetrVG, § 80 Rn. 57; GK-BetrVG/*Weber* § 80 Rn. 57; mit Bezug zur Matrixorganisation *Reinhard/Kettering*, ArbRB 2014, 87, 90; *Schumacher*, NZA 2015, 587, 588; *Weller*, AuA 2013, 344, 346.
[485] GK-BetrVG/*Weber* § 80 Rn. 56.
[486] ErfK/*Kania* § 80 BetrVG Rn. 21; *Fitting*, BetrVG, § 80 Rn. 57.
[487] ErfK/*Kania* § 80 BetrVG Rn. 30a; GK-BetrVG/*Weber* § 80 Rn. 118; *Oetker*, NZA 2003, 1233, 1234 f.; a. A. (alle unternehmensangehörige Arbeitnehmer) WPK/*Preis*, BetrVG, § 80 Rn. 42; Richardi/*Thüsing*, BetrVG, § 80 Rn. 99; leitende Angestellte keine Auskunftspersonen ErfK/*Kania* § 80 BetrVG Rn. 30a; *Fitting*, BetrVG, § 80 Rn. 85; *Franzen*, ZfA 2001, 423, 439; GK-BetrVG/*Weber* § 80 Rn. 119; *Hanau*, RdA 2001, 65,

rixmanager aus anderen Betrieben und Unternehmen werden dadurch nicht erfasst, so dass der Betriebsrat somit davon abhängig ist, dass der Arbeitgeber seinen betriebsverfassungsrechtlichen Pflichten durch das Einschalten sachkundiger Vertreter nachkommt. Dabei wirkt sich die Verteilung der Weisungsrechte auf Personen außerhalb des Betriebs oder Unternehmens negativ aus. Sofern diese nicht hinreichend mit der Betriebsleitung kooperieren oder Unklarheiten über die Zuständigkeiten bestehen, laufen die Informationsansprüche des Betriebsrats leer. Eine wesentliche Verbesserung der Situation kann ein Durchgriffsanspruch bewirken, der es dem Betriebsrat erlaubt, unmittelbar auf den Matrixmanager zurückzugreifen.[488] Bei Auslandssachverhalten, die bei Konzernen mit Matrixorganisationen der Regelfall sind, gerät ein solches Vorhaben jedoch an seine rechtlichen Grenzen, weil sich der Geltungsbereich des BetrVG auf Deutschland beschränkt.

2. Pflicht zur Informationsbeschaffung

Grundsätzlich beschränkt sich der Anspruch aus § 80 BetrVG auf die Informationen, die der Arbeitgeber hat, ohne dass er verpflichtet ist, weitere Informationen von Dritten zu beschaffen.[489] Er muss lediglich auf vorhandenes Wissen zurückgreifen. Das schließt aber ein, dass er auf das Wissen von Gehilfen und Vertretern zurückgreifen muss. Insoweit ist der Arbeitgeber verpflichtet, sich die Informationen von ihnen einzuholen oder sie als Erfüllungsgehilfe zur Unterrichtung des Betriebsrats heranzuziehen.[490] Darüber hinaus hat die Rechtsprechung angenommen, dass der Arbeitgeber Informationen sogar erst beschaffen (sammeln) muss, wenn er es unterlassen hat, seinen Betrieb so zu organisieren, dass er die Einhaltung geltender Gesetze überwachen kann.[491] Die Informationen, die im Rahmen einer solchen organisatorischen Maßnahme angefallen wären, könne der Betriebsrat verlangen, so dass sie der Arbeitgeber gegebenenfalls beschaffen müsse.[492]

---

71 f.; *Oetker*, NZA 2003, 1233, 1235; HWK/*Sittard* § 80 BetrVG Rn. 39; a. A. DKKW/*Buschmann*, BetrVG, § 80 Rn. 145; Richardi/*Thüsing*, BetrVG, § 80 Rn. 99.
[488] Siehe dazu H.III.3.
[489] *Diller/Powietzka*, DB 2001, 1034, 1034 f.; ErfK/*Kania* § 80 Rn. 19 f.; Richardi/*Thüsing*, BetrVG, § 80 Rn. 56, 64; a. A. DKKW/*Däubler*, BetrVG, § 111 Rn. 160.
[490] ErfK/*Kania* § 80 BetrVG Rn. 21; GK-BetrVG/*Weber* § 80 Rn. 56.
[491] BAG 6.5.2003, AP BetrVG 1972 § 80 Nr. 61.
[492] BAG 6.5.2003, AP BetrVG 1972 § 80 Nr. 61; *Fitting*, BetrVG, § 80 Rn. 56, 59; GK-BetrVG/*Weber* § 80 Rn. 72; a. A. Richardi/*Thüsing*, BetrVG, § 80 Rn. 64.

Weitergehend verweist ein Teil der Literatur zutreffend darauf, dass die Auskunftsansprüche bzw. Beteiligungsrechte bei abhängigen Unternehmen nur unzureichende Wirkung entfalten.[493] Streitig ist, ob der Arbeitgeber die erforderlichen Informationen bei der Konzernobergesellschaft beschaffen muss oder sich darauf berufen darf, dass ihm keine Informationen vorliegen.[494] Eine solche Pflicht zur Informationsbeschaffung ist in § 17 Abs. 3a KSchG und in § 5 Abs. 2 EBRG geregelt. Beide Bestimmungen gehen auf europäische Richtlinien und deren Auslegung durch den EuGH zurück, der es auf der Grundlage der Richtlinie und des Effektivitätsgrundsatzes für notwendig erachtet hat, dass die Mitgliedstaaten dem Arbeitgeber aufgeben, diese Informationen zu beschaffen.[495] Zum Teil wird § 17 Abs. 3a KSchG als Ausdruck eines allgemeinen Rechtsgedankens verstanden, den es zu verallgemeinern gelte.[496] Allerdings scheitert eine Informationsbeschaffung im Konzern – selbst bei Anerkennung einer solchen Pflicht –, wenn keine Auskunftsansprüche bestehen.[497] Zudem fehlt der Richtlinie über die Anhörung und Unterrichtung der Arbeitnehmer (Richtlinie 2002/14/EG) eine vergleichbare Regelung bzw. Rechtsprechung, so dass nach bestehender Rechtslage nicht von einem allgemeinen europarechtlichen Verständnis dahingehend ausgegangen werden kann, dass der Arbeitgeber bei der Unterrichtung der Arbeitnehmervertreter auch Informationen bei anderen konzernangehörigen Unternehmen einholen, notfalls einklagen muss.

Die unzureichende Information gegenüber dem Betriebsrat kann aber dessen Beteiligungsrechte verletzen und insofern Rechtsfolgen nach sich ziehen (vgl. Sanktionen nach §§ 87, 99, 113 BetrVG), die den Arbeitgeber empfindlich treffen können.[498] Das ist gerade bei Matrixorganisationen nicht außer Acht zu lassen.

---

[493] DKKW/*Däubler*, BetrVG, § 111 Rn. 160; enger *Röder/Baeck*, Interessenausgleich und Sozialplan, S. 5, für den früher anerkannten qualifiziert faktischen Konzern.
[494] Für eine Informationsbeschaffungspflicht LAG Nürnberg 22.1.2002, NZA-RR 2002, 247, 248 (weites Verständnis von der Verfügbarkeit von Unterlagen); *Fischer*, AuR 2002, 7, 9 (unter Bezug auf die Rechtsprechung zum qualifiziert faktischen Konzern); GK-BetrVG/*Weber* § 80 Rn. 57; a. A. *Diller/Powietzka*, DB 2001, 1034, 1034 f.; Richardi/*Thüsing*, BetrVG, § 80 Rn. 64.
[495] Art. 4 Abs. 3 Richtlinie 98/59/EG, Art. 7 Abs. 4 Richtlinie 2001/23/EG, Art. 4 Abs. 4 Richtlinie 2009/38/EG; vgl. auch EuGH 29.3.2001, AP EWG-Richtlinie 94/45 Nr. 2 – bofrost; 13.1.2004, AP EWG-Richtlinie 94/45 Nr. 3 Rn. 63 – Kühne&Nagel; 15.7.2004, AP EBRG § 5 Nr. 5 – ADS Anker Rn. 67.
[496] GK-BetrVG/*Weber* § 80 Rn. 57; *Weber*, FS Konzen, 2006, S. 931, 950 ff.; a. A. *Bitsch*, Durchsetzbarkeit betriebsverfassungsrechtlicher Auskunftsansprüche, S. 116 ff.; *Gertler*, Auskunftsansprüche, S. 87.
[497] GK-BetrVG/*Weber* § 80 Rn. 57.
[498] *Diller/Powietzka*, DB 2001, 1034, 1037; *Gertler*, Auskunftsansprüche, S. 174 ff.; GK-BetrVG/*Weber* § 80 Rn. 57.

Die unzureichende Mitwirkung der externen Matrixmanager entlastet den Arbeitgeber im Betrieb bei der Wahrnehmung seiner Informationspflichten nicht. Das hat vor allem bei Beteiligungsrechten aus § 87 Abs. 1 BetrVG und § 102 Abs. 1 BetrVG weit reichende Konsequenzen. Auch § 99 Abs. 1 BetrVG verhindert den Vollzug personeller Maßnahmen, so dass es auch im Interesse des Arbeitgebers sein muss, die Erfüllung der Informationspflichten hinreichend zu organisieren.

3. Informationsdurchgriff des Betriebsrats oder Erweiterung der Informationsbeschaffungspflicht

Darüber hinaus wird in der Literatur schon de lege lata ein Informationsdurchgriff des Betriebsrats gegenüber in- und ausländischen Konzerngesellschaften vereinzelt befürwortet.[499] Zum Teil wird ein direktes Vorgehen gegen die Muttergesellschaft auf der Grundlage der §§ 823 Abs. 1, 1004 BGB in Form eines Unterlassungsanspruchs für möglich erachtet, weil sich der Anspruch nicht auf das Innenverhältnis zwischen Betriebsrat und Arbeitgeber beschränke.[500] Unterlassungsansprüche kennt das BetrVG jedoch nur als Sanktion für die Verletzung bestimmter Beteiligungsrechte, aber nicht bei allgemeinen Überwachungsaufgaben.[501] Die Ableitung eines solchen Anspruchs macht es darüber hinaus erforderlich, dass dieser Unterlassungsanspruch nicht nur im Innenverhältnis zum Arbeitgeber besteht, sondern auch im Außenverhältnis gegenüber Dritten. Zudem ist ein absolutes Recht erforderlich, zu dessen Schutz ein Unterlassungsanspruch bestehen muss.

Die Gegenansicht verneint zu Recht einen „Informationsdurchgriff" des Betriebsrats auf andere konzernangehörige Unternehmen oder die Konzernobergesellschaft.[502] Informationsschuldner sei nur der Arbeitgeber, bei dem der Betriebsrat angesiedelt sei. Allerdings träfen den Arbeitgeber die Sanktionen des BetrVG, wenn er die von den Beteiligungsrechten geforderten Informationen nicht gegeben hat.[503] Ein Informationsdurchgriff nütze bei ausländischen

---

[499] DKKW/*Buschmann*, BetrVG, § 80 Rn. 102.
[500] *Bitsch*, Durchsetzbarkeit betriebsverfassungsrechtlicher Auskunftsansprüche, S. 167 ff.
[501] GK-BetrVG/*Weber* § 80 Rn. 57.
[502] *Diller/Powietzka*, DB 2001, 1034, 1038; *Kort*, NZA 2013, 1318, 1325; *Weller*, AuA 2013, 344, 346.
[503] *Diller/Powietzka*, DB 2001, 1034, 1038.

Konzernobergesellschaften ohnehin nichts, weil diese nicht an das BetrVG gebunden seien.[504]

Schwierigkeiten bei der Informationsbeschaffung sind keine Eigenart der Konzerne mit Matrixorganisation, sondern treten bei Konzernen allgemein auf. Die bestehenden Probleme verschärfen sich, weil die Zusammenarbeit im Geschäftsbereich und bei Projekten unternehmensübergreifend erfolgt. Lösungen sind letztlich nicht auf die Matrixorganisation zu beschränken, sondern müssen insgesamt für die Konzernsachverhalte entwickelt werden. Die Verteilung von Informationen im Konzern stellt ein praktisches Hindernis für die Verwirklichung der Beteiligungsrechte des Betriebsrats dar, wenn die fehlenden Informationen zu Fehleinschätzungen führen und daher Beteiligungsrechte nicht wahrgenommen werden. Sofern die Verletzung der Beteiligungsrechte belastende Folgen für den Arbeitgeber nach sich ziehen – wie die Nichtigkeit der Festlegung der Arbeitszeit oder der Kündigung, den Anspruch auf Nachteilsausgleich oder die Pflicht zur Unterlassung der personellen Maßnahme –, mag dies einen hinreichenden Druck entfalten. Eine so weitreichende Rechtsfolge knüpft aber nur an einen Teil der Beteiligungsrechte des Betriebsrats an. Daher besteht gerade bei jenen Beteiligungsrechten, die den Betriebsrat frühzeitig in die Veränderungen im Betrieb durch Information und Konsultation einbeziehen sollen, die Gefahr, dass diese leerlaufen.

Hinzu kommt, dass kein sachlicher Grund dafür ersichtlich ist, warum die Beteiligung der Arbeitnehmervertreter effektiver sein soll, wenn es um die Unterrichtung und Anhörung des Europäischen Betriebsrats geht. De lege lata bieten die Richtlinien zwar einen rechtlichen Grund, warum nicht davon gesprochen werden kann, dass die vorhandenen Regelungen Ausdruck eines allgemeinen Rechtsgedankens sind, der das Betriebsverfassungsrecht insgesamt durchzieht. Damit fehlen die Voraussetzungen für eine Gesamtanalogie, um das Betriebsverfassungsrecht weiterzuentwickeln. Allerdings ist die Übertragung dieses Ansatzes eine sachgerechte Weiterentwicklung, die der Vielzahl von Konzernen Rechnung trägt. Eine solche Pflicht zur Informationsbeschaffung findet allerdings ihre Grenze, wenn es an Auskunftsansprüchen gegenüber der Konzernobergesellschaft oder anderen Konzerngesellschaften fehlt.[505]

---

[504] *Diller/Powietzka*, DB 2001, 1034, 1035, 1036; mit Bezug zur Matrixorganisation s. auch *Reinhard/Kettering*, ArbRB 2014, 87, 90; *Schumacher*, NZA 2015, 587, 588; *Weller*, AuA 2013, 344, 346.
[505] Auf dieses Defizit verweisend GK-BetrVG/*Weber* § 80 Rn. 57.

Zur Verankerung eines Informationsbeschaffungsanspruchs gegen den Arbeitgeber mit Sitz in Deutschland sollte das BetrVG geändert werden. Eine darüber hinausgehende Informationspflicht der Konzernobergesellschaft (oder anderer konzernangehöriger Gesellschaften), deren Sitz nicht in Deutschland belegen ist, kann das deutsche Recht nicht auferlegen. Für Gesellschaften in der europäischen Union kommt zu diesem Zweck eine Ergänzung der Richtlinie 2002/14/EG in Betracht. Gesellschaften außerhalb der Europäischen Union bleiben jedoch weiterhin ohne Verpflichtung. Insofern ist die Regelung einer Informationsverschaffungspflicht für die Betriebs- bzw. Unternehmensleitung im BetrVG die naheliegende Lösung. Die Ausgestaltung ist im anschließenden Formulierungsvorschlag auf die spezifischen Probleme der Unternehmen und Konzerne mit Matrixorganisation beschränkt. Die Pflicht ist ergänzend in § 80 Abs. 2 BetrVG als neuer Satz 2 zu verankern:

„Der Arbeitgeber ist verpflichtet, die erforderlichen Informationen in Bezug auf die Verteilung der Weisungsrechte und die Berichtslinien zu beschaffen und an den Betriebsrat weiterzuleiten."

Eine Ergänzung der Richtlinie 2002/14/EG könnte in deren Art. 4 erfolgen, indem ein neuer Satz 2 in Absatz 3 eingefügt wird:

Absatz 3 Satz 2: *„Die Leitung der Unternehmen einer Unternehmensgruppe sind dafür verantwortlich, die für die Angelegenheiten i. S. von Art. 4 Abs. 2 erforderlichen Informationen zu erheben und an den Arbeitgeber weiterzuleiten, auf den diese Richtlinie Anwendung findet."*

enger gefasst:

„Die Leitung der Unternehmen einer Unternehmensgruppe sind dafür verantwortlich, die für die Angelegenheiten i. S. von Art. 4 Abs. 2 erforderlichen Informationen zu erheben und an den Arbeitgeber weiterzuleiten, auf den diese Richtlinie Anwendung findet, wenn durch eine Entscheidung des Unternehmens unternehmensfremden Dritten Entscheidungsmacht in diesen Angelegenheiten übertragen wurde."

Mindestens ebenso bedeutsam für Matrixunternehmen ist, dass der Vertragsarbeitgeber durch die Übertragung von Weisungsrechten Dritte willentlich einschaltet. Auf diese muss der Vertragsarbeitgeber zur Erfüllung seiner Informationspflichten zurückgreifen und darf sich nicht auf sein fehlendes Wissen zurückziehen. Deren Wissen ist ihm ohnehin analog § 166 Abs. 1 BGB zuzurechnen. Wer sich durch Aufgabenteilung entlastet oder einer anderen Organisationsstruktur bedient, kann sich nicht darauf zurückziehen, dass er infolge der

Aufgabenteilung weniger Wissen hat. Insofern kommt es nicht darauf an, zu welchem Konzernunternehmen der Dritte gehört.

Ein zentrales praktisches Problem wird weiterhin darin liegen, dass ausländische Matrixmanager nicht hinreichend mit der deutschen Mitbestimmung vertraut sind oder sich nicht an sie gebunden fühlen und schon deshalb nicht in hinreichendem Maße Informationen weitergeben werden. Dieses rechtskulturelle Problem lässt sich mit neuen Ansprüchen im Betriebsverfassungsrecht nicht wirklich lösen, zumal es sich häufig um Auslandssachverhalte handelt, so dass das BetrVG den betreffenden Matrixmanager ohnehin nicht erfasst. Insoweit sollte aber erwogen werden, eine Vereinbarung auf Unternehmens- oder Konzernebene zu schließen, um eine Qualifizierung der Matrixmanager für die Mitwirkung an der betrieblichen Mitbestimmung vorzusehen.

IV. Zusammenfassung

Die Informationsrechte des Betriebsrats (bezogen auf den Betrieb) sind im BetrVG ausreichend bemessen. Defizite bei der Information des Betriebsrats resultieren vor allem aus dem fehlenden Wissen des Arbeitgebers des Betriebs und den Anforderungen an die Beschaffung von Informationen bei Dritten. Daher sollte § 80 Abs. 2 BetrVG dahingehend erweitert werden, dass zumindest in Unternehmen mit Matrixorganisation auch eine Beiziehung betriebsfremder Matrixmanager möglich ist, deren Entscheidungen auf den Betrieb einwirken. Dem Arbeitgeber sollte eine Informationsbeschaffungspflicht auferlegt werden, die § 5 Abs. 2 EBRG und § 17 Abs. 3a KSchG funktional entspricht. Zudem erscheint es sinnvoll, im Rahmen des § 3 BetrVG eine Vereinbarung über die Einrichtung eines Konzernwirtschaftsausschusses aufzunehmen, auch wenn dies durch eine freiwillige Vereinbarung bereits jetzt erfolgen kann und es nur bei inländischen (Teil-)Konzernspitzen Abhilfe schafft.

J. Vereinbarung zwischen Betriebspartnern wegen der Matrixorganisation in Unternehmen und Konzern

I. Relevante Regelungsgegenstände und Regelungsbefugnis nach dem BetrVG

1. Relevante Regelungsgegenstände bei Unternehmen und Konzernen mit Matrixorganisation

Die Durchführung der Arbeitnehmerbeteiligung nach dem BetrVG ist mit Schwierigkeiten konfrontiert, wo die organisatorische Ausgestaltung durch die Aufteilung der Weisungsrechte besondere Umsicht verlangt. Für die Betriebsräte, Gesamt- und Konzernbetriebsräte entsteht immer wieder die Situation, dass die Weisungsberechtigung einzelner Vorgesetzter unklar ist oder sich ändert, ohne dass die Betriebsratsmitglieder davon Kenntnis erlangen. Zudem ist vom Arbeitgeber im Rahmen der vertrauensvollen Zusammenarbeit sicherzustellen, dass stets ein kompetenter Vertreter an dem Beteiligungsverfahren mitwirkt. Das ist praktisch nicht immer der Fall. Schwierigkeiten ergeben sich dabei auch daraus, dass die Matrixmanager gegebenenfalls im Ausland tätig sind und keine Erfahrungen mit der spezifisch deutschen Form der betrieblichen Mitbestimmung haben. Insoweit entsteht der Bedarf, solche Mitarbeiter zu schulen, so dass bessere Voraussetzungen für die Durchführung der Beteiligungsrechte des Betriebsrats bestehen.

Aus diesen Überlegungen ergeben sich in erster Linie Regelungen für das Verhältnis zwischen Betriebsrat, Gesamt- und Konzernbetriebsrat und dem jeweiligen Betriebspartner. Zum einen ist klarzustellen, dass und in welchem Maße sachkundige Mitarbeiter an der Durchführung der Beteiligungsrechte auf Seiten der Leitung (des Betriebs, der Matrixeinheit, des Unternehmens, des Konzerns) mitwirken müssen. Dabei handelt es sich vor allem um eine klarstellende Regelung zum Grundsatz der vertrauensvollen Zusammenarbeit i. S. von § 2 Abs. 1 BetrVG. Damit kann zugleich eine Regelung über die Schulung von Matrixmanagern zur betrieblichen Mitbestimmung vorgesehen werden.

Darüber hinaus kann vereinbart werden, dass die Betriebsräte, Gesamt- und Konzernbetriebsräte über die Verteilung der Weisungsrechte informiert werden. Das konkretisiert (und erweitert gegebenenfalls) das Informationsrecht des Betriebsrats nach § 80 BetrVG. Ergänzend kann dabei eine Informationsverschaffungspflicht der Betriebsleitung vorgesehen werden. Das schließt nicht aus, dass dem Betriebsrat z. B. durch ein ausländisches Konzernunternehmen ein eigenes Informationsrecht hinsichtlich der Kompetenzen der Matrixmanager eingeräumt wird. Praktisch wird dies nicht immer durchsetzbar sein, so dass die Vereinbarung einer Informationsbeschaffungspflicht für die inländische Betriebsleitung eine geeignete Alternative darstellt.

Soweit sich die Betriebspartner darauf einigen können, kann die Änderung der Organisationsstruktur durch eine Änderung der Weisungsrechte zudem an die Beteiligung des Betriebsrats bzw. Gesamt- oder Konzernbetriebsrats gebunden werden (z. B. Widerspruchsrecht, Zustimmungsverweigerungsrecht).

Spezifische Schwierigkeiten ergeben sich bei der Matrixorganisation auch aus der doppelten Betriebszugehörigkeit oder der entsprechenden Anwendung von Beteiligungsrechten auf temporär in einer Einheit eingesetzte Beschäftigte. Insofern kann es hilfreich sein, in einer Regelung festzuhalten, welchen Anwendungsbereich Betriebsvereinbarungen haben. Dabei handelt es sich um eine Auslegungsregel, die die Betriebspartner ihren Betriebsvereinbarungen zugrunde legen wollen und die damit für deren Auslegung maßgebend ist.

Neben diesen auf die Betriebspartner bezogenen Regelungsgegenständen können zugleich Abreden in Bezug auf das einzelne Arbeitsverhältnis ergänzt werden. Der Sachzusammenhang kann es sinnvoll erscheinen lassen, die Mehrzahl von Matrixmanagern, die einem Arbeitnehmer Anweisungen geben können zumindest abstrakt zu benennen und zu klären, wer unter diesen Managern welche Aufgaben und Rechte hat. Damit lässt sich klarstellen, wer disziplinarischer Vorgesetzter ist, wer die Personalverwaltung übernimmt, Beurteilungen vornimmt und Zeugnisse ausstellt. Soweit dem fachlichen Vorgesetzten zur Koordinierung der Tätigkeit in den Matrixeinheiten zugleich das Recht zustehen soll, Vorgaben zur Verteilung der wöchentlichen Arbeitszeit und zum Urlaub zu machen, so lässt sich dies ebenfalls in einer solchen Abrede fixieren. Bei internationalen Sachverhalten können zudem Regelungen zu den Verantwortlichen auf europäischer oder globaler Ebene vorgenommen werden. Damit können Regelungen zur Einhaltung der Arbeitsbedingungen verbunden werden.

2. Regelungsbefugnis nach dem BetrVG

Die Betriebspartner haben nach der ständigen Rechtsprechung des BAG grundsätzlich eine umfassende Kompetenz zur Regelung der Arbeitsbedingungen und des Verhältnisses der Betriebspartner in den Grenzen ihrer funktionellen Zuständigkeit.[506] Dem stimmt ein großer Teil der Literatur zu.[507] Dazu wird auf § 77 Abs. 3 S. 1 BetrVG, aber auch auf § 88 BetrVG, der die Gegenstände der freiwilligen Betriebsvereinbarungen nicht abschließend regelt, Bezug genommen.[508] Danach können Betriebsvereinbarungen im weitesten Sinne Regelungen über den Inhalt, die Begründung oder die Beendigung von Arbeitsverhältnissen oder über betriebliche und betriebsverfassungsrechtliche Fragen enthalten.[509] Eingeschlossen sind danach auch Regelungen, die die Arbeitnehmer belasten.[510] Zudem hat das BAG die Regelungsbefugnis nicht auf solche Gegenstände beschränkt, für die der Arbeitgeber ein einseitiges Gestaltungsrecht hat.[511] Die umfassende Kompetenz der Betriebspartner erlaubt danach freiwillige Betriebsvereinbarungen über weitere Mitbestimmungsrechte in sozialen[512], personel-

---

[506] BAG 16.3.1956, AP BetrVG § 57 Nr. 1; 7.11.1989, AP BetrVG 1972 § 77 Nr. 46 (C.I.2); 12.12.2006, AP BetrVG 1972 § 77 Nr. 94 Rn. 13 f.; 7.6.2011, AP BetrVG 1972 § 77 Betriebsvereinbarung Nr. 55 Rn. 35; 14.3.2012, AP BetrVG 1972 § 77 Betriebsvereinbarung Nr. 60 Rn. 36; 5.3.2012, AP BetrVG 1972 § 77 Nr. 105 Rn. 23; 25.2.2015, NZA 2015, 943 Rn. 32.

[507] ErfK/*Kania* § 77 BetrVG Rn. 36 (eher beschränkend auf soziale Angelegenheiten); *Fitting*, BetrVG, § 77 Rn. 45 f.; *Gamillscheg*, Kollektives Arbeitsrecht, Bd. II, S. 767; GK-BetrVG/*Kreutz* § 77 Rn. 89 ff.; *Henssler*, ZfA 1994, 487, 499; *Kreutz*, Betriebsautonomie, S. 208 ff.; *Linsenmaier*, RdA 2008, 1, 4; *Säcker*, Gruppenautonomie, S. 341 ff.; *Zöllner*, ZfA 1988, 265, 276; krit. *Bayreuther*, Tarifautonomie, S. 536 f.; *Heinze*, NZA 1994, 580, 581; *Lobinger*, RdA 2011, 76, 85, Akzessorietät zum einseitigen Leistungsbestimmungsrecht; Richardi/*Richardi*, BetrVG, § 77 Rn. 66 f.; *Veit*, Zuständigkeit des Betriebsrats, S. 207 ff.; *Waltermann*, RdA 2007, 257, 260 ff.; *ders.*, Betriebsvereinbarung, S. 18 ff., nur soziale Angelegenheiten; differenzierend *Preis/Ulber*, RdA 2013, 211, 215 ff.

[508] BAG 7.11.1989, AP BetrVG 1972 § 77 Nr. 46 (C.I.2); 12.12.2006, AP BetrVG 1972 § 77 Nr. 94 Rn. 13 f.; 7.6.2011, AP BetrVG 1972 § 77 Betriebsvereinbarung Nr. 55 Rn. 35; 5.3.2012, AP BetrVG 1972 § 77 Nr. 105 Rn. 23; *Fitting*, BetrVG, § 77 Rn. 46.

[509] Vgl. BAG 16.3.1956, AP BetrVG § 57 Nr. 1; *Kreutz*, ZfA 2003, 361, 383 f.; *Linsenmaier*, RdA 2008, 1, 4; a. A. *Heinze*, NZA 1994, 580, 581; Richard/*Richardi*, BetrVG, § 77 Rn. 67; *Waltermann*, RdA 2007, 257, 260 ff.

[510] BAG 12.12.2006, AP BetrVG 1972 § 77 Nr. 94 Rn. 13 f.; *Fitting*, BetrVG, § 77 Rn. 46; *Linsenmaier*, RdA 2008, 1, 4.

[511] BAG 12.12.2006, AP BetrVG 1972 § 77 Nr. 94 Rn. 13 f.; zustimmend *Fitting*, BetrVG, § 77 Rn. 46.

[512] BAG 7.11.1989, AP BetrVG 1972 § 77 Nr. 46 (C.I.2); 12.12.2006, AP BetrVG 1972 § 77 Nr. 94 Rn. 13 f.; 7.6.2011, AP BetrVG 1972 § 77 Betriebsvereinbarung Nr. 55 Rn. 35; DKKW/*Däubler* Einleitung Rn. 87 ff., 94; ErfK/*Kania* § 77 BetrVG Rn. 36; *Fitting*, Be-

len[513] oder wirtschaftlichen Angelegenheiten.[514] Auf der Grundlage dieser Rechtsprechung kann das Arbeitsverhältnis und die materielle Betriebsverfassung in Unternehmen und Konzernen mit Matrixorganisation ausgestaltet werden. Die freiwillige Bildung eines Konzernwirtschaftsausschusses ist ohne eine Erweiterung des § 3 BetrVG aber nur insofern möglich, dass der Konzernbetriebsrat einen Ausschuss errichtet und für diesen Informationsrechte in den Grenzen der Zuständigkeit des Konzernbetriebsrats geregelt werden.[515]

Streitig ist, ob auch dann eine Betriebsvereinbarung vorliegt, wenn sich die Abrede auf die Rechte und Pflichten der Betriebspartner beschränkt. Zum Teil wird angenommen, § 77 Abs. 4 S. 1 BetrVG lasse nur Betriebsvereinbarungen zu, die Rechtsnormen enthalten, und verweise die Parteien im Übrigen auf das Instrument der Regelungsabrede.[516] Die Gegenansicht hat sich dem zu Recht nicht angeschlossen, weil die Betriebsvereinbarung als Regelungsinstrument nicht ihren Zweck verfehlt, wenn lediglich das Verhältnis der Betriebspartner geregelt wird.[517] Die Unterscheidung zwischen beiden Instrumenten wird zwar im Hinblick auf den Tarifvorbehalt nach § 77 Abs. 3 BetrVG wirksam, der vor allem für die Arbeitsbedingungen der Arbeitnehmer Wirkung entfalten wird. Allerdings kann ein Tarifvertrag auch weitere Beteiligungsrechte des Betriebsrats vorsehen[518] und so die materielle Betriebsverfassung regeln. Insofern muss der Tarifvorbehalt in gleicher Weise gelten. Die Rechtsfolgenanordnung ist für die normative Wirkung der Betriebsvereinbarung gegenüber den Arbeitnehmern zwar notwendig, zwingt aber nicht zu dem Umkehrschluss, dass nur Regelungen für das Arbeitsverhältnis Gegenstand der Betriebsvereinbarung

---

trVG, § 1 Rn. 251, 258; GK-BetrVG/*Wiese* § 87 BetrVG Rn. 10; HWK/*Clemenz*, § 87 BetrVG Rn. 25.

[513] BAG 10.2.1988, AP BetrVG 1972 § 99 Nr. 53; DKKW/*Däubler* Einleitung Rn. 87 ff., 94; *Fitting*, BetrVG, § 1 Rn. 252, 259; a. A. GK-BetrVG/*Raab* Vor § 92 Rn. 24, freiwillige Vereinbarungen möglich, bei personellen Einzelmaßnahmen aber Regelung zu Lasten des Arbeitnehmers; s. auch HWK/*Ricken* § 99 BetrVG Rn. 16; *Reuter*, ZfA 2006, 459, 465 zur drittwirkenden Mitbestimmung nach § 99 Abs. 1 BetrVG.

[514] DKKW/*Däubler* Einleitung Rn. 87 ff., 94; *Fitting*, BetrVG, § 1 Rn. 254, 260; HWK/*Gaul* § 1 BetrVG Rn. 3; differenzierend GK-BetrVG/*Oetker* vor § 106 Rn. 12, nur für organisatorische Maßgaben abschließende Regelungen; ebenso *Friese*, Koalitionsfreiheit, S. 280 f.; *Säcker/Oetker*, Tarifautonomie, S. 195 ff.

[515] GK-BetrVG/*Oetker* vor § 106 Rn. 14, § 106 Rn. 30; weitergehend DKKW/*Däubler* § 106 Rn. 19; a. A. Richardi/*Annuß*, BetrVG, § 106 Rn. 9.

[516] GK-BetrVG/*Kreutz* § 77 Rn. 200 ff.

[517] ErfK/*Kania* § 77 BetrVG Rn. 10; Richardi/*Richardi*, BetrVG, § 77 Rn. 61 f.; WPK/*Preis* § 77 Rn. 35.

[518] Dafür die Rspr. z. B. BAG 24.8.2004, NZA 2005, 371; zustimmend DKKW/*Däubler* Einleitung Rn. 89.

sein können. Insofern können auch schuldrechtlich wirkende Regelungen enthalten sein.[519] Zumindest für Regelungsbereiche, die in inhaltlichem Zusammenhang mit einem bestehenden Mitbestimmungsrecht stehen, hat das BAG die Frage positiv beantwortet.[520] Bei der Gestaltung einer Vereinbarung kann aus Gründen der Vorsicht die Bezeichnung als Regelungsabrede vorgezogen werden, wenn keine Rechte für die Arbeitnehmer geregelt werden sollen. Auch die Bezeichnung als Betriebsvereinbarung und Regelungsabrede ist denkbar. Auch eine getrennte Regelung in zwei Dokumenten (Betriebsvereinbarung/Regelungsabrede) ist selbstverständlich ein sicherer Ausweg.

Bei der Vereinbarung sind die Grenzen der funktionellen Zuständigkeit des Betriebsrats zu wahren. Inhaltliche Grenzen für die Vereinbarung ergeben sich aus § 75 BetrVG, über den höherrangiges Recht auf die Ausgestaltung der Vereinbarung einwirkt. Aus der unternehmerischen Freiheit werden sich aber wegen der Freiwilligkeit der Vereinbarung keine wesentlichen Grenzen ergeben.[521]

---

[519] ErfK/*Kania*, BetrVG § 77 Rn. 10; *Fitting*, BetrVG, § 77 Rn. 50; *Heinze*, NZA 1994, 580, 582; *Oberthür*/Seitz, Betriebsvereinbarungen, A.IV Rn. 4; Richardi/*Richardi*, BetrVG, § 77 Rn. 62; a. A. *Birk*, ZfA 1986, 73, 79; *Hanau*, RdA 1989, 207, 209.
[520] BAG 13.10.1987, AP BetrVG 1972 § 77 Auslegung Nr. 2.
[521] DKKW/*Däubler* Einleitung Rn. 95.

II. Formulierungsvorschlag für eine Konzernbetriebsvereinbarung

Konzernbetriebsvereinbarung[522]

zur Arbeit und zur betrieblichen Mitbestimmung in der Matrixorganisation

zwischen [Konzernobergesellschaft], vertreten durch [...]

und

dem Konzernbetriebsrat, vertreten durch [...]

Präambel

[Einbindung des Unternehmens in eine internationale Unternehmensgruppe]
[Organisation in Form einer Matrixstruktur und deren Kurzbeschreibung]

§ 1 – Geltungsbereich

Diese Vereinbarung gilt für die Konzernobergesellschaft und alle konzernangehörigen Gesellschaften i. S. von § 18 Abs. 1 AktG, die in Deutschland belegen sind. Sie gilt für alle Arbeitnehmer i. S. von § 5 Abs. 1, 2 BetrVG, die einem der in Deutschland belegenen Betriebe der Konzernobergesellschaft und der konzernangehörigen Gesellschaften i. S. von § 18 Abs. 1 AktG angehören.

§ 2 – Begriffsbestimmung

(1) Die Konzernobergesellschaft und die konzernangehörigen Gesellschaften werden durch eine Matrixorganisation geführt.[523] Die Organisation richtet sich nicht mehr nach der Abgrenzung der Betriebe, sondern ist betriebs- und unternehmensübergreifend. Arbeitnehmer in der Matrixorganisation haben zwei

---

[522] Die Zuständigkeit des Konzernbetriebsrats ist insbesondere wegen der Regelungen, bei denen dessen originäre Zuständigkeit in Zweifel gezogen werden kann, durch Delegation nach § 54 Abs. 2 BetrVG abzusichern.

[523] Falls nicht alle Gesellschaften bzw. alle Betriebe in die Matrixstruktur integriert sind, lässt sich dies präzisieren. Dies kann auch bei der Beschreibung des Geltungsbereichs der Konzernbetriebsvereinbarung erfolgen. Das hätte allerdings zur Folge, dass spätere Erweiterungen der Matrixorganisation nicht vom Geltungsbereich erfasst wären. Daher erscheint es zielführender im Rahmen der Begriffsbestimmung nur deklaratorisch festzuhalten, welche Teile des Konzerns von der Organisation erfasst sind.

Vorgesetzte: den disziplinarischen Vorgesetzten[524] (sog. Solid-Line-Manager) und den fachlichen Vorgesetzten (sog. Dotted-Line-Manager).

(2) Der disziplinarische Vorgesetzte (sog. Solid-Line-Manager) ist der unmittelbare Vorgesetzte des Mitarbeiters in der Unternehmenshierarchie. Es handelt sich dabei um einen Vorgesetzten beim Vertragsarbeitgeber im Inland.[525]

(3) Der fachliche Vorgesetzte (sog. Dotted-Line-Manager) ist ein Vorgesetzter im Geschäftsbereich, zu dem der Arbeitnehmer gehört. Die sog. Dotted-Line-Berichtslinie ist eine zusätzliche Berichtslinie, die der Leitung des Geschäftsbereichs dient.

(4) Arbeitgeber i. S. der Betriebsvereinbarung ist der Vertragsarbeitgeber.

§ 3 – Disziplinarische und fachliche Weisungsrechte, Berichtspflichten, Personalwesen

(1) Der Arbeitgeber ist verpflichtet, den Arbeitnehmer über seinen disziplinarischen und seinen fachlichen Vorgesetzten zu informieren. Es ist über die Berichtspflichten zu unterrichten.

(2) Disziplinarische Angelegenheiten sind insbesondere Abmahnungen, Kündigungen, Änderung des Arbeitsvertrages, Vergütungsangelegenheiten (Gehaltserhöhungen, Ein- und Umgruppierungen) und Versetzungen. Zeugnisse erteilt der Vertragsarbeitgeber [durch den disziplinarischen Vorgesetzten].

(3) Die Personalverwaltung erfolgt beim Vertragsarbeitgeber. Nur dieser ist berechtigt, die Personalakte einzusehen und zu führen. Auskünfte dürfen nur durch die zuständige Personalabteilung erteilt werden.

(4) Fachlich berichtet der Arbeitnehmer dem fachlichen Vorgesetzten. Er ist vom Vertragsarbeitgeber ermächtigt:

– Gespräche über die Zielvereinbarungen und die Leistungsbeurteilung zu führen,

– die zu erbringende Arbeitsleistung hinsichtlich ihrer Art und Qualität zu konkretisieren, insbesondere

---

[524] Alternativ kann auch die Bezeichnung Matrixmanager verwendet werden.
[525] Bei Unternehmen die einen disziplinarischen Vorgesetzten vorsehen, der nicht dem Vertragsarbeitgeber angehört, können insbesondere folgende Regelung ergänzen: „Sofern der disziplinarische Vorgesetzte nicht Mitarbeiter des Vertragsarbeitgebers ist, ist zusätzlich ein disziplinarischer Vorgesetzter beim Vertragsarbeitgeber zu benennen."

[– Arbeitszeiten und Arbeitszeitregime (Vertrauensarbeitszeit, Kernarbeitszeiten) festzulegen,]

[– Urlaub zu gewähren,]

– den Arbeitsort festzulegen, sofern es nicht zu einer Versetzung kommt.

Er ist für Maßnahmen des Arbeits- und Gesundheitsschutzes im Einsatzbetrieb zuständig.

(5) Folgende Maßnahmen sind zwischen fachlichem und disziplinarischem Vorgesetzten abzustimmen: [insbesondere die Beurteilung des Mitarbeiters]. Im Konfliktfall entscheidet der disziplinarische Vorgesetzte.

[(6) Gespräche über die Zielvereinbarungen und die Leistungsbeurteilung sind in deutscher/englischer Sprache zu führen. Diese Gespräche sind zu dokumentieren. Die Dokumentation ist der Personalakte hinzuzufügen.]

(7) Bei Konflikten zwischen dem Arbeitnehmer und dem fachlichen Vorgesetzten kann sich der Arbeitnehmer an den disziplinarischen Vorgesetzten wenden, der in diesem Fall zur Vermittlung verpflichtet ist. [weitere Ausgestaltung des Konfliktbeilegungsmechanismus]

§ 4 – Ausgestaltung des Arbeitsplatzes

[Vereinbarungen zur Zusammensetzung der Teams und der Art der Eingliederung in den Einsatzbetrieb]

§ 5 – Informationspflichten des Arbeitgebers

(1) Der Konzernbetriebsrat ist über die Errichtung, Änderung und Auflösung der unternehmensübergreifenden Matrixorganisation zu unterrichten. Der Betriebsrat ist – unabhängig vom Zustimmungsverweigerungsrecht nach § 99 Abs. 1 BetrVG – über die Errichtung, Änderung und Auflösung der Matrixorganisation zu informieren, soweit die Arbeitnehmer des Betriebes betroffen sind. Dazu gehört insbesondere die Information über:

– Bezeichnung, Aufgaben und Zusammensetzung der Funktions- und Geschäftsbereiche der Matrix,

– die Namen der Arbeitnehmer, die in die Matrixorganisation eingegliedert sind, und deren disziplinarische und fachliche Vorgesetzte einschließlich deren Aufgaben und Befugnisse,

– die Aufgaben der Arbeitnehmer in der Matrixorganisation und die dazu erforderliche Qualifikation,

- die Dauer der Mitwirkung in einer Einheit der Matrix, sofern diese bereits feststeht,
- Folgen für den bisherigen Tätigkeitsbereich.

[(2) Der Arbeitgeber ist verpflichtet, die erforderlichen Informationen in Bezug auf die Verteilung der Weisungsrechte und die Berichtslinien zu beschaffen und an den Betriebsrat weiterzuleiten.]

§ 6 – Zuständigkeit des Betriebsrats[526]

(1) Der Arbeitnehmer, der in der Matrixorganisation tätig wird, gehört dem Betrieb des Vertragsarbeitgebers an, solange er einen Anspruch hat, dorthin zurückzukehren. Nur wenn er endgültig aus dem Betrieb ausscheidet, gehört er allein dem Einsatzbetrieb an. Der früher beim Vertragsarbeitgeber für ihn zuständige Betriebsrat ist aber weiterhin für diejenigen Angelegenheiten zuständig, die den Inhalt oder die Beendigung seines Arbeitsvertrages betreffen.

(2) Ist der Arbeitnehmer in einen Einsatzbetrieb eingegliedert, so gehört er auch diesem Betrieb an. Das gilt selbst dann, wenn dieser Betrieb nicht zum Unternehmen des Vertragsarbeitgebers gehört.

§ 7 – Weitergehende Beteiligungsrechte des Betriebsrats

(1) Sonstige Mitbestimmungsrechte der Betriebsräte und Gesamtbetriebsräte berührt diese Vereinbarung nicht. Das gilt insbesondere für die Beteiligungsrechte nach den §§ 99, 102, 111 ff. BetrVG.[527]

(2) Der Betriebsrat kann im Rahmen des § 80 Abs. 1, 2 BetrVG betriebsangehörige Arbeitnehmer beiziehen sowie Vorgesetzte, die in Bezug auf die Arbeitnehmer des Betriebs Weisungsrechte haben.

---

[526] Deklaratorische Regelung.
[527] Nicht ausgeschlossen ist eine Erweiterung der Beteiligungsrechte, indem z. B. ein Zustimmungsverweigerungsrecht für den Fall der Delegation von Weisungsrechten gegenüber Arbeitnehmern (wie bei einer Versetzung) vorgesehen wird. Das Gleiche gilt für die Übertragung von Weisungsrechten auf externe Vorgesetzte. Auch echte Mitbestimmungsrechte können vereinbart werden, sofern eine solche Erweiterung der Beteiligungsrechte konsensfähig ist.

§ 8 – Anwendungsbereich von Betriebsvereinbarungen und Regelungsabreden[528]

Die bestehenden Betriebsvereinbarungen gelten in ihrem sachlichen, persönlichen und betrieblichen Geltungsbereich mit normativer Wirkung fort. Das Gleiche gilt für Regelungsabreden. [Im Hinblick auf den betrieblichen Geltungsbereich der Vereinbarung ist auf die im Zeitpunkt des Abschlusses der Betriebsvereinbarung maßgebende Abgrenzung der Betriebe abzustellen.] Die Betriebsräte der Matrixeinheit haben alle Gestaltungsrechte aus den für sie geltenden Betriebsvereinbarungen.

§ 9 – Einhaltung der Arbeitsbedingungen

Die Betriebspartner sind sich einig, dass die vertraglichen, gesetzlichen und tariflichen Arbeitsbedingungen der betroffenen Arbeitnehmer weitergelten. Die fachlichen Vorgesetzten aus einem anderen Unternehmen als dem Vertragsarbeitgeber sind verpflichtet, sich über die Arbeitsbedingungen zu informieren und diese einzuhalten. Der disziplinarische Vorgesetzte der Arbeitnehmer hat dies sicherzustellen und muss den fachlichen Vorgesetzten in Textform im erforderlichen Umfang informieren. Dazu gehören [insbesondere] […]

§ 10 – Vertrauensvolle Zusammenarbeit von Arbeitgeber und Betriebsrat

Der disziplinarische und der fachliche Vorgesetzte arbeiten mit dem jeweils zuständigen Betriebsrat vertrauensvoll zusammen. Der Arbeitgeber muss sicherstellen, dass die Vorgesetzten an den Beteiligungsverfahren mitwirken, die ihre Aufgaben und Befugnisse betreffen. Er ist zudem verpflichtet, dass für ihn fachlich kompetente Personen mitwirken. Insbesondere bei der Übertragung von Entscheidungsbefugnissen auf Vorgesetzte in anderen konzernangehörigen Unternehmen sind diese beizuziehen.

§ 11 – Einweisung und Weiterbildungsmaßnahmen

(1) Der Arbeitgeber verpflichtet sich, die disziplinarischen und fachlichen Vorgesetzten über ihre Aufgaben und Befugnisse in Bezug auf die ihnen zugeordneten Arbeitnehmer in Textform zu informieren. Sofern sie erstmals eine Aufgabe als Vorgesetzter in einem mitbestimmten Betrieb übernehmen, verpflich-

---

[528] Eine zusätzliche Regelung über den persönlichen Anwendungsbereich der Betriebsvereinbarungen in den Geschäfts- und Funktionsbereichen, die klarstellt, dass diese auch die eingegliederten Arbeitnehmer unabhängig vom Vertragsverhältnis zum Betriebsinhaber erfassen ist denkbar, aber in ihrer Generalität selten sinnvoll. Siehe zu den Differenzierungen D.II.4.

ten sich Arbeitgeber und Vorgesetzter, sich über die Aufgaben und Befugnisse der Betriebsräte, Gesamtbetriebsräte und des Konzernbetriebsrats zu informieren.

(2) Der Arbeitgeber muss den zuständigen Betriebsrat über die für die Arbeitnehmer in der Matrixorganisation geplanten Qualifizierungsmaßnahmen informieren.

§ 12 – Personenbezogene Daten

(1) Die Erhebung, Verarbeitung und Nutzung personenbezogener Daten richtet sich nach dem BDSG. Mit dem Inkrafttreten der Datenschutzgrundverordnung und dazugehöriger deutscher Ausführungsgesetze sind diese maßgebend. [ggf. Verweisung auf Datenschutzvereinbarung im Konzern]

(2) Personenbezogene Daten sind grundsätzlich nur vom Vertragsarbeitgeber zu erheben, zu verarbeiten und zu nutzen. Nur wenn und soweit es für die Tätigkeit des fachlichen Vorgesetzten erforderlich und verhältnismäßig ist, dürfen personenbezogene Daten an andere Konzernunternehmen weitergegeben werden.

§ 13 – Konfliktlösung

Bei Meinungsverschiedenheiten über die Anwendung und Auslegung dieser Vereinbarung entscheidet eine Einigungsstelle nach Maßgabe von § 76 BetrVG.

§ 14 – Schluss- und Übergangsvorschriften

(1) Diese Betriebsvereinbarung tritt am […] in Kraft. Sie kann von beiden Parteien mit einer Frist von drei Monaten zum Monatsende gekündigt werden. Die Kündigung bedarf der Schriftform. [Im Fall der Kündigung wirkt die Vereinbarung nach, bis sie durch eine neue Regelung ersetzt wird.]

(2) [Anpassung bisheriger widersprechender Vereinbarungen mit Arbeitnehmern]

(3) Sollten einzelne Bestimmungen der Vereinbarung ganz oder teilweise unwirksam sein, bleibt die Wirksamkeit der übrigen Bestimmungen unberührt. Die Parteien verpflichten sich, die unwirksame Bestimmung durch eine wirksame und zumutbare Regelung zu ersetzen.

Ort, Datum …   Ort, Datum …

K. Zusammenfassung

1. Die Beschäftigung von Arbeitnehmern in Unternehmen und Konzernen mit Matrixorganisation kann individualarbeitsrechtlich in unterschiedlicher Form erfolgen. Insbesondere bei einem unternehmensübergreifenden Arbeitseinsatz kann, muss aber kein Arbeitsvertrag zum Betriebsinhaber im Einsatzbetrieb bestehen. Dieser Arbeitsvertrag kann zur Ausübung des arbeitsvertraglichen Weisungsrechts ermächtigen. (Siehe C.)

2. Die Matrixorganisation macht eine Anpassung des Betriebsbegriffs nicht erforderlich. Die Leistungsfähigkeit des Betriebsbegriffs reicht trotz seiner Unschärfen in den Randbereichen aus, um zu überwiegend sachgerechten, handhabbaren Ergebnissen zu führen. Die Abgrenzung muss sich weiterhin insbesondere an der Leitungsmacht der Betriebsleitung in den sozialen und personellen Angelegenheiten orientieren, auch wenn stets eine Gesamtbetrachtung erfolgt. Die Orientierung an der Leitungsmacht bedarf keiner wesentlichen Relativierung. Das BetrVG gibt den Arbeitnehmern bzw. dem Betriebsrat die Möglichkeit, die Arbeitnehmervertretung möglichst arbeitnehmernah zu organisieren. Zum einen kann in räumlich entfernten Betriebsteilen ein eigener Betriebsrat nach § 4 Abs. 1 BetrVG gewählt werden. Zum anderen können die Bildung von Ausschüssen und die Übertragung von Angelegenheiten zur eigenen Erledigung sicherstellen, dass einzelne relativ homogene Arbeitnehmergruppen (an einem Ort, aus einem Geschäftsbereich) eine auf ihre Interessen bezogene Vertretung erhalten (Siehe D.I.1.)

3. Die unternehmensübergreifende Zusammenarbeit führt nicht in jedem Fall zur Bildung eines gemeinsamen Betriebes, da die bloße Übertragung fachlicher Weisungsrechte oder begrenzter Entscheidungsbefugnisse in sozialen Angelegenheiten nicht ohne weiteres eine gemeinsame Betriebsführung zur Folge hat. Darüber hinaus sieht das BetrVG keine Arbeitnehmerrepräsentation für die unternehmensübergreifende Zusammenarbeit von Unternehmen vor. Für das Vorliegen eines gemeinsamen Betriebes kommt es entscheidend darauf an, dass sich die Leitung der Unternehmen an einem Standort nicht nur koordinieren, sondern auch wesentliche personelle und soziale Angelegenheiten vor Ort entschieden und von beiden Unternehmen gemeinsam getragen werden. (Siehe D.I.2.)

4. § 3 BetrVG erlaubt eine Anpassung der Betriebsverfassung, bedarf aber einer Erweiterung und Klarstellung. Das gilt zum einen für die Tatbestände in § 3 Abs. 1 BetrVG. Sachgerecht ist insbesondere die Einführung eines auf die Matrixorganisation zugeschnittenen Tatbestands, zumal so den rechtsstaatlichen Anforderungen besser Rechnung getragen wird. Daneben ist ein Tatbestand einzuführen, der eine zusätzliche Arbeitnehmervertretung für kooperierende Unternehmen (z. B. an einem Standort) vorsieht. Zudem sollte es den Kollektivvertragsparteien möglich sein, statt eines anderen Arbeitnehmervertretungsgremiums i. S. des § 3 Abs. 1 Nr. 4 BetrVG eine Kooperation zwischen bestehenden Arbeitnehmervertretungen vorzusehen. (Siehe D.II.6, 7.)

5. Die Gestaltungsmöglichkeiten der Betriebspartner sollten erweitert werden. Die Betriebspartner sind besonders sachnah und Betriebsräte durch die von der Regelung betroffenen Arbeitnehmer durch Wahl legitimiert. Eine Vereinbarung sollte nur ausgeschlossen sein, wenn kein Tarifvertrag mit einer Regelung i. S. von § 3 BetrVG vorliegt. Zudem sollte die Wirksamkeit der Vereinbarung davon abhängen, dass ihr keine zuständige Tarifvertragspartei innerhalb einer festzulegenden Frist (z. B. vier Wochen) nach Zugang widerspricht. Eine entsprechende Regelung ist in § 3 Abs. 2 BetrVG vorzusehen. Ein weitergehender Tarifvorbehalt ist verfassungsrechtlich nicht geboten. (Siehe D.II.6.d, 7.)

6. Zudem sollte in § 3 BetrVG geregelt werden, dass nicht nur die unterste Ebene der Arbeitnehmerrepräsentation vereinbart werden kann. Das ist insbesondere für die Unternehmen mit einer Matrixorganisation von Bedeutung, die unternehmensübergreifend ist. (Siehe D.II.6.e, 7.)

7. Die Einführung einer Matrixorganisation kann zur Folge haben, dass eine doppelte Betriebszugehörigkeit von Arbeitnehmern entsteht. Das ist aber nicht stets der Fall, wenn Arbeitnehmer durch betriebsfremde Matrixmanager geführt werden. Für die Begründung der Betriebszugehörigkeit reicht die Übertragung von Weisungsrechten auf einen Matrixmanager nicht aus. Etwas anderes gilt, wenn der Arbeitnehmer in die Organisation eines weiteren Betriebes im Unternehmen bzw. Konzern eingegliedert wird. (Siehe D.III.4.)

8. Eine doppelte Betriebszugehörigkeit ergibt sich, wenn die Beschäftigung in der Matrixorganisation individualarbeitsrechtlich dergestalt umgesetzt wird, dass der Arbeitnehmer in einem einheitlichen Arbeitsverhältnis zu mehreren Unternehmen steht oder mehrere Arbeitsverhältnisse mit den Konzernunternehmen geschlossen hat, selbst wenn eines davon ruhend gestellt wird. Eine doppelte Betriebszugehörigkeit kann auch entstehen, wenn es an einem Arbeitsvertrag mit dem Inhaber des Einsatzbetriebs fehlt, sofern der Arbeitnehmer wie ein Vertragsarbeitnehmer in die Organisation des Betriebs eingegliedert ist.

In diesem Fall ist die Arbeitgeberstellung aufgespalten. § 14 AÜG steht als Sonderregelung der Annahme einer doppelten Betriebszugehörigkeit nicht entgegen. (Siehe D.III.4.)

9. Das BetrVG enthält keine § 13 Abs. 1 S. 2 BPersVG entsprechende Regelung. Eine Ergänzung des BetrVG sollte der Gesetzgeber zumindest für die Fälle einer doppelten Betriebszugehörigkeit erwägen, so dass der Arbeitnehmer beim Ruhen des Arbeitsverhältnisses nur in dem Betrieb wahlberechtigt ist, wo das aktivierte Arbeitsverhältnis vollzogen wird. (Siehe D.III.6.)

10. Beim drittbezogenen Personaleinsatz ist angesichts der doppelten Betriebszugehörigkeit zumindest § 7 BetrVG anzupassen. Das aktive Wahlrecht sollte entsprechend § 7 S. 2 BetrVG auf Arbeitnehmer beschränkt werden, die mehr als drei Monate eingegliedert sein sollen. Gleichzeitig mit dem Entstehen des Wahlrechts im Betrieb der Abordnung sollte – entsprechend dem Personalvertretungsrecht – das Wahlrecht im Betrieb des Vertragsarbeitgebers entfallen. Auch eine Beschränkung des passiven Wahlrechts ist zu erwägen. (Siehe D.III.6.)

11. Bei der Einführung der Matrixorganisation hat der Betriebsrat in vielen Fällen ein Beteiligungsrecht in wirtschaftlichen Angelegenheiten aus § 111 S. 1, 3 Nr. 4 und 5 BetrVG. Vereinzelt mag auch § 111 S. 3 Nr. 1 BetrVG eingreifen. (Siehe E.I.2.)

12. Ein Zustimmungsverweigerungsrecht aus § 99 Abs. 1 BetrVG wegen einer Einstellung besteht bei der Einführung der Matrixorganisation, wenn Arbeitnehmer in einen anderen Betrieb eingegliedert werden, unabhängig davon, ob mit dem Betriebsinhaber ein Arbeitsvertrag besteht. Darüber hinaus besteht ein Zustimmungsverweigerungsrecht, wenn die Matrixorganisation mit der Veränderung des Arbeitsbereichs des Arbeitnehmers einhergeht. Insoweit gilt der in der Rechtsprechung entwickelte Maßstab. (Siehe E.I.3.)

13. Ein Zustimmungsverweigerungsrecht aus § 99 Abs. 1 BetrVG besteht bei der Einsetzung eines Matrixmanagers für mehrere Betriebe nicht, wenn ihm lediglich das fachliche Weisungsrecht übertragen wird und kein Arbeitsvertrag mit dem Betriebsinhaber besteht. Nur dann, wenn er einen Arbeitsvertrag mit dem Betriebsinhaber geschlossen hat, infolge einer Arbeitnehmerüberlassung weisungsunterworfen ist oder so in den Betrieb eingegliedert ist, dass er betriebszugehörig ist, ist ein Zustimmungsverweigerungsrecht des Betriebsrats gegeben. Sofern der Vorgesetzte leitender Angestellter ist, scheidet das Beteiligungsrecht des Betriebsrats allerdings aus. (Siehe E.I.3.a.bb, cc.)

14. Soweit der Personaleinsatz im Rahmen der Matrixorganisation zu einer doppelten Betriebszugehörigkeit führt, wobei der Arbeitnehmer nur mit einem der beiden Betriebsinhaber einen Arbeitsvertrag geschlossen hat, ist bei den Beteiligungsrechten darauf zu achten, welcher Betriebsrat zuständig ist. Soweit die mitbestimmungspflichtigen Angelegenheiten einen Bezug zum Arbeitsvertrag haben, werden die Entscheidungen durch den Vertragsarbeitgeber erfolgen müssen, so dass der Betriebsrat in dem Betrieb zuständig ist, dem der Arbeitnehmer beim Vertragsarbeitgeber zugehört. Das gilt insbesondere für Angelegenheiten nach § 87 Abs. 1 Nr. 4, 10, 11 BetrVG und § 102 BetrVG sowie bei Ein- und Umgruppierungen nach § 99 Abs. 1 BetrVG. Soweit die Angelegenheiten den konkreten Arbeitseinsatz im Einsatzbetrieb betreffen, so muss der dortige Arbeitgeber den örtlich zuständigen Betriebsrat in mitbestimmungspflichtigen Angelegenheiten beteiligen. Das gilt insbesondere bei Angelegenheiten nach § 87 Abs. 1 Nr. 1, 2, 3, 5 und 6 BetrVG und §§ 103 f. BetrVG sowie bei der Einstellung nach § 99 Abs. 1 BetrVG. (Siehe E.II.)

15. Die Zuständigkeit der betriebsverfassungsrechtlichen Gremien bestimmt sich nach den allgemeinen Maßgaben. Die Matrixorganisation hat nicht ohne weiteres zur Folge, dass der Gesamt- oder Konzernbetriebsrat zuständig ist. Sofern mitbestimmungsfreie Organisationsentscheidungen dazu führen, dass eine bestimmte Maßnahme betriebs- oder unternehmensübergreifend vorgenommen werden soll, ist der Gesamt- bzw. Konzernbetriebsrat zuständig. Das gilt auch bei der Einstellung eines Matrixmanagers für mehrere Betriebe, vorausgesetzt es kommt zu einer mehrfachen Betriebszugehörigkeit, so dass das Zustimmungsverweigerungsrecht aus § 99 Abs. 1 BetrVG besteht. Ist die einheitliche Leitung mehrerer Betriebe durch ein und denselben Manager hingegen nur eine Entscheidung, die das Unternehmen für wünschenswert hält, ohne sich darauf festlegen zu wollen, kann es auch bei der Zuständigkeit der jeweiligen Betriebsräte bleiben. (Siehe F.)

16. Die Einführung der Matrixorganisation und deren Veränderlichkeit machen es erforderlich, dass die Betriebsräte Informationen über die sich ändernden Verhältnisse im Betrieb erhalten. Insoweit gewähren § 80 Abs. 2 BetrVG, aber auch die einschlägigen Beteiligungsrechte gemäß §§ 90 Abs. 2, 99 Abs. 1, 106 Abs. 2, 3, 111 S. 1, 3 Nr. 4, 5 BetrVG Informationsrechte zugunsten des Betriebsrats. § 80 Abs. 2 BetrVG sollte aber dahingehend erweitert werden, dass der Betriebsrat nicht nur betriebsangehörige Arbeitnehmer beiziehen kann, sondern auch Vorgesetzte eines Geschäfts- oder Funktionsbereichs, die Weisungen gegenüber den Arbeitnehmern des Betriebes erteilen. (Siehe H.III.1.)

17. Defizite bei der Information ergeben sich vor allem daraus, dass das BetrVG bei grenzüberschreitenden Unternehmen und Konzernen stets nur die im In-

land tätigen Arbeitgeber bindet. Abhilfe ist zum einen möglich, indem zumindest fakultativ die Errichtung eines Konzernwirtschaftsausschusses zugelassen wird. Darüber hinaus sprechen gute Gründe dafür den Arbeitgeber generell zu verpflichten, die notwendigen Informationen bei den anderen Konzernunternehmen zu beschaffen. (Siehe H.III.2, 3.)

Literaturverzeichnis

Aalderks, Dirk, Virtuelle Unternehmen im arbeitsrechtlichen Kontext, Berlin 2006
Adžić, Mihael, Matrixstrukturen in multinationalen Unternehmen, Wiesbaden 2006
Annuß, Georg, Schwierigkeiten mit § 3 I Nr. 3 BetrVG?, NZA 2002, 290 ff.
Bamberger, Heinz Georg/Roth, Herbert (Hrsg.), Beck'scher Online-Kommentar BGB, Bd. I, München, 41. Edition, 1.2.2017
Bauer, Jobst-Hubertus/Herzberg, Dana, Arbeitsrechtliche Probleme in Konzernen mit Matrixstrukturen, NZA 2011, 713 ff.
Bayreuther, Frank, Tarifautonomie als kollektiv ausgeübte Privatautonomie, München 2005
Bengelsdorf, Peter, Der Begriff der Einstellung im Sinne des § 99 Abs. 1 S. 1 BetrVG, in: Festschrift für Peter Kreutz zum 70. Geburtstag, Hönn, Günther/Oetker, Hartmut/Raab, Thomas (Hrsg.), Köln 2010, S. 41 ff.
Birk, Rolf, Innerbetriebliche Absprachen – Typen und Rechtswirkungen, ZfA 1986, 73 ff.
Birk, Rolf, Betriebszugehörigkeit bei Auslandstätigkeit, in: Sozialpartnerschaft in der Bewährung, Festschrift für Karl Molitor zum 60. Geburtstag, Gamillscheg, Franz u. a. (Hrsg.), München 1988, S. 19 ff.
Bitsch, Christian, Die konzerndimensionale Durchsetzbarkeit betriebsverfassungsrechtlicher Auskunftsansprüche, Berlin 2011
Blank, Michael/Blanke, Hermann/Klebe, Thomas/Kümpel, Winfried/Wendeling-Schröder, Ulrike/Wolter, Henner, Arbeitnehmerschutz bei Betriebsaufspaltung und Unternehmensteilung, 2. Aufl., Köln 1987
Bodenstedt, Kai/Schnabel, Astrid, Betriebsbedingte Kündigungen in der Matrixstruktur – insbesondere im grenzüberschreitend tätigen Unternehmensverbund, BB 2014, 1525 ff.
Braun, Axel/Wisskirchen, Gerlind, Konzernarbeitsrecht, München 2015
Christiansen, Dörte, Betriebszugehörigkeit: Betriebszugehörigkeit: Die Zuordnung von Arbeitnehmern aus betriebsverfassungsrechtlicher Sicht, Frankfurt a. M. 1997
Däubler, Wolfgang, Der Gemeinschaftsbetrieb im Arbeitsrecht, in: Festschrift für Albrecht Zeuner, Bettermann, Karl August u. a. (Hrsg.), Tübingen 1994, S. 19 ff.
Däubler, Wolfgang, Das Wahlrecht der „überlassenen Arbeitnehmer" nach dem neuen § 7 Satz 2 BetrVG, AiB 2001, 685 ff.
Däubler, Wolfgang/Kittner, Michael/Klebe, Thomas/Wedde, Peter (Hrsg.), BetrVG, 15. Aufl., Frankfurt a. M. 2016
Dewender, Sascha, Die Rechtsstellung der Leiharbeitnehmer nach den §§ 7 Satz 2 und 9 BetrVG, RdA 2003, 274 ff.

Dietz, Rolf, Selbständigkeit des Betriebsteils und des Nebenbetriebs – betriebsverfassungsrechtlich und tarifrechtlich, in: Festschrift für Arthur Nikisch, Tübingen 1958, S. 23 ff.

Diller, Martin/Powietzka, Arnim, Informationsrechte des Betriebsrats im (internationalen) Konzern, DB 2001, 1034 ff.

Dörfler, Frank/Heidmann, Ralf, Direktionsrecht und Organisation in Matrixstrukturen, AiB 2012, 196 ff.

Edenfeld, Stefan, Der Wirtschaftsausschuss in komplexen Unternehmensstrukturen, DB 2015, 679 ff.

Engels, Gerd/Trebinger, Yvonne/Löhr-Steinhaus, Wilfried, Regierungsentwurf eines Gesetzes zur Reform des Betriebsverfassungsgesetzes, DB 2001, 533 ff.

Erdlenbruch, Michael, Die betriebsverfassungsrechtliche Stellung gewerbsmäßig überlassener Arbeitnehmer, Frankfurt a. M. 1992

Eser, Gisbert, Das Arbeitsverhältnis im Multinationalen Unternehmen, 2. Aufl., Heidelberg 2003

Fischer, Ulrich, Der ahnungslose Arbeitgeber oder die Betriebsverfassung im (internationalen) konzernrechtlichen Niemandsland?, AuR 2002, 7 ff.

Fitting, Karl (Begr.)/Engels, Gerd/Schmidt, Ingrid/Trebinger, Yvonne/Linsenmaier, Wolfgang, Betriebsverfassungsgesetz, 28. Aufl., München 2016

Franzen, Martin, Die Freiheit der Arbeitnehmer zur Selbstbestimmung nach dem neuen BetrVG, ZfA 2001, 423 ff.

Franzen, Martin, Reformbedarf beim Betriebs- und Arbeitnehmerbegriff des Betriebsverfassungsgesetzes?, ZfA 2000, S. 285 ff.

Franzen, Martin, Folgen von Industrie 4.0 für die Betriebsverfassung – Betriebsbegriff und Vereinbarungen nach § 3 BetrVG, in: Giesen, Richard/Junker, Abbo/Rieble, Volker (Hrsg.), Industrie 4.0 als Herausforderung des Arbeitsrechts, München 2016, S. 107 ff.

Frese, Erich/Graumann, Matthias/Theuvsen, Ludwig, Grundlagen der Organisation, 10. Aufl., Wiesbaden 2012

Friese, Birgit, Die Bildung von Spartenbetriebsräten nach § 3 Abs. 1 Nr. 2 BetrVG, RdA 2003, 92 ff.

Friese, Birgit, Tarifverträge nach § 3 BetrVG im System des geltenden Tarif- und Arbeitskampfrechts, ZfA 2003, 237 ff.

Galperin, Hans (Begr.)/Löwisch, Manfred/Marienhagen, Rolf, Galperin/Löwisch Kommentar zum Betriebsverfassungsgesetz, Bd. I, 6. Aufl., Heidelberg 1982

Gamillscheg, Franz, Kollektives Arbeitsrecht, Bd. II, München 2008

Gamillscheg, Franz, Nachruf auf den Gruppengrundsatz, Überlegungen zum Betriebsbegriff, AuR 2001, 411 ff.

Gamillscheg, Franz, Kollektives Arbeitsrecht, Bd. II, München 2008

Gaul, Björn, Aktuelles Arbeitsrecht, Bd. 1/2016, Köln 2016

Gertler, Nils Fabian, Betriebsverfassungsrechtliche Auskunftsansprüche im Konzern, Frankfurt 2010

Giesen, Richard, Betriebsersetzung durch Tarifvertrag?, BB 2002, 1480 ff.

Giesen, Richard, Tarifvertragliche Rechtsgestaltung für den Betrieb, Tübingen 2002

Gramm, Hans, Zum Begriff des Betriebes, AuR 1964, 293 ff.

Groeger, Axel, Arbeitsrechtliche Aspekte des neuen Arbeitnehmerüberlassungsgesetzes, DB 1998, 470 ff.
Gsell, Beate/Krüger, Wolfgang/Lorenz, Stephan/Mayer, Jörg (Gesamthrsg.)/Benecke, Martina (Hrsg.), Beck-online.Großkommentar – § 613 BGB, Edition 1.9.2016
Gsell, Beate/Krüger, Wolfgang/Lorenz, Stephan/Mayer, Jörg (Gesamthrsg.)/Hager, Johannes (Hrsg.), Beck-online.Großkommentar – § 185 BGB, Edition 1.10.2016
Günther, Jens/Böglmüller, Matthias, Arbeitsrecht 4.0 – Arbeitsrechtliche Herausforderungen in der vierten industriellen Revolution, NZA 2015, 1025 ff.
Haas, Hermann H./Salamon, Erwin, Der Betrieb in einer Filialstruktur als Anknüpfungspunkt für die Bildung von Betriebsräten, RdA 2008, 146 ff.
Hamann, Wolfgang, Anmerkung zum Beschluss des BAG vom 23.6.2010 – 7 ABR 1/09, AP BetrVG 1972 § 99 Einstellung Nr. 60
Hamann, Wolfgang/Rudnik, Anmerkung zu LAG Berlin-Brandenburg v. 17.6.2015 – 17 TaBV 277/15, jurisPR-ArbR 38/2015 Anm. 1
Hanau, Hans, Schöne digitale Arbeitswelt?, NJW 2016, 2613 ff.
Hanau, Peter, Mitbestimmung im Konzern, ZGR 1984, 468 ff.
Hanau, Peter, Rechtswirkungen der Betriebsvereinbarung, RdA 1989, 207 ff.
Hanau, Peter, Aktuelles zu Betrieb, Unternehmen und Konzern im Arbeitsrecht, ZfA 1990, 115 ff.
Hanau, Peter, Denkschrift – zu dem Regierungsentwurf eines Gesetzes zur Reform des Betriebsverfassungsgesetzes, RdA 2001, 65 ff.
Hanau, Peter, Die Reform der Betriebsverfassung, NJW 2001, 2513 ff.
Heinkel, Ronny, Die betriebsverfassungsrechtliche Organisationseinheit als Gegenstand kollektiver Rechtsetzung, Frankfurt a. M. 2004
Heinze, Meinhard, Rechtsprobleme des sog. echten Leiharbeitsverhältnisses, ZfA 1976, 183 ff.
Heinze, Meinhard, Regelungsabrede, Betriebsvereinbarung und Spruch der Einigungsstelle, NZA 1994, 580 ff.
Heither, Friedrich, Der Betrieb im Betriebsverfassungsrecht – Herausforderung durch neue Organisations- und Umstrukturierungskonzepte, JArbR 36 (1999), 37 ff.
Henssler, Martin, Der Arbeitsvertrag im Konzern, Berlin 1983
Henssler, Martin, Flexibilisierung der Arbeitsmarktordnung, ZfA 1994, 487 ff.
Henssler, Martin, Tarifautonomie und Gesetzgebung, ZfA 1998, 1 ff.
Henssler, Martin, Betriebsratswahlen bei Unternehmen mit bundesweiter Vertriebsstruktur - Überlegungen zur betriebsverfassungsrechtlichen Abgrenzung von Betrieb und Betriebsteil, in: Personalrecht im Wandel, Festschrift für Wolfdieter Küttner, München 2006, S. 479 ff.
Henssler, Martin, 1. Deutscher Arbeitsrechtstag – Generalbericht, NZA-Beilage 2014, 95 ff.
Henssler, Martin/Willemsen, Heinz Josef/Kalb, Jürgen, Arbeitsrecht Kommentar, 7. Aufl., Köln 2016
Hess, Harald u. a., BetrVG, 9. Aufl., Köln 2014
Hopt, Klaus u. a. (Hrsg.), Großkommentar AktG, Bd. 5, §§ 95-117, 4. Aufl. 2008

Hohenstatt, Klaus-Stefan/Dzida, Boris, Die „maßgeschneiderte" Betriebsverfassung, DB 2001, 2498 ff.
Hoyningen-Huene, Gerrick von, Grundfragen der Betriebsverfassung: Mitbestimmung – Betriebsrat – Betrieb – Betriebszugehörigkeit, in: Arbeitsgesetzgebung und Arbeitsrechtsprechung, Festschrift zum 70. Geburtstag für Eugen Stahlhacke, Fahrtmann, Friedhelm u. a. (Hrsg.), Neuwied/Kriftel/Berlin 1995, S. 173 ff.
Hromadka, Wolfgang, Mitbestimmung bei Versetzungen, DB 1972, 1532 ff.
Hueck, Alfred/Nipperdey, Hans Carl, Lehrbuch des Arbeitsrechts,
Bd. I, 7. Aufl., Berlin/Frankfurt a. M. 1963
Bd. II/2, 7. Aufl., Berlin/Frankfurt a. M. 1970
Hunold, Wolf, Zur Entwicklung des Einstellungsbegriffs in der Rechtsprechung (Randbelegschaften), NZA 1990, 461 ff.
Hunold, Wolf, § 99 BetrVG: Die Bedeutung der Personalhoheit bei drittbezogenem Personaleinsatz (Werk- und Dienstverträge), NZA-RR 2012, 113 ff.
Jacobi, Erwin, Betrieb und Unternehmen als Rechtsbegriffe, in: Festschrift der Leipziger Juristenfakultät für Dr. Victor Ehrenberg zum 30. März 1926, Leipzig 1927, S. 1 ff.
Jones, Gareth R./Bouncken, Ricarda B., Organisation, 5. Aufl., München 2008
Joost, Detlev, Betrieb und Unternehmen als Grundbegriffe des Arbeitsrechts, München 1988
Jordan, Christopher, Sachgerechte Wahrnehmung der Arbeitnehmerinteressen als Ordnungskriterium der Betriebsverfassung, Frankfurt a. M. 2007
Kingdon, Donald Ralph, Matrix Organization, London 1973
Kittner, Michael, Arbeitsrecht und marktwirtschaftliche Unternehmensführung – ein Gegensatz?, AuR 1995, 385 ff.
Kohte, Wolfhard, Der Gemeinschaftsbetrieb im Spiegel des Gesellschafts- und Konzernrechts, RdA 1992, 302 ff.
Konzen, Horst, Arbeitsrechtliche Drittbeziehungen, ZfA 1982, 259 ff.
Konzen, Horst, Unternehmensaufspaltungen und Organisationsveränderungen im Betriebsverfassungsrecht, Heidelberg 1986
Konzen, Horst, Der gemeinsame Betrieb mehrerer Unternehmen im Betriebsverfassungsrecht, ZIAS 1995, 588 ff.
Konzen, Horst, Der Regierungsentwurf des Betriebsverfassungsreformgesetzes, RdA 2001, 76 ff.
Kort, Michael, Betriebsverfassungsrecht als Unternehmensrecht? – Das Verhältnis von § 3 BetrVG n.F. zum Gesellschaftsrecht, AG 2003, 13 ff.
Kort, Michael, Matrix-Strukturen und Betriebsverfassungsrecht, NZA 2013, 1318 ff.
Kraft, Alfons, Fragen zur betriebsverfassungsrechtlichen Stellung von Leiharbeitnehmern, Festschrift für Klemens Pleyer zum 65. Geburtstag, Hofmann, Paul (Hrsg.), Köln 1986, S. 383 ff.
Krause, Rüdiger, Digitalisierung der Arbeitswelt – Herausforderungen und Regelungsbedarf, Gutachten B zum 71. Deutschen Juristentag, München 2016
Krebber, Sebastian, Unternehmensübergreifende Arbeitsabläufe im Arbeitsrecht, München 2005
Kreuder, Thomas, Desintegration und Selbststeuerung, Baden-Baden 1998

Kreuder, Thomas, Fremdfirmeneinsatz und Beteiligung des Betriebsrats, AuR 1993, 316 ff.
Kreutz, Peter, Grenzen der Betriebsautonomie, München 1979
Kreutz, Peter, Die Problematik der Betriebszugehörigkeit bei der Betriebswahl, in: Gedächtnisschrift für Dietrich Schultz, Jahr, Günther (Hrsg.), Köln u. a. 1987, S. 209 ff.
Kreutz, Peter, Betriebsverfassungsrechtliche Auswirkungen unternehmensinterner Betriebsumstrukturierungen – Skizze eines neuen Lösungskonzepts, in: Festschrift für Günther Wiese zum 70. Geburtstag, Hanau, Peter/Lorenz, Egon/Matthes, Hans-Christoph (Hrsg.), Neuwied/Kriftel 1998, S. 235 ff.
Kreutz, Peter, Grundsätzliches zum persönlichen Geltungsbereich der Betriebsvereinbarung, ZfA 2003, 361 ff.
Kreutz, Peter, Gemeinsamer Betrieb und einheitliche Leitung, in: Festschrift für Reinhard Richardi zum 70. Geburtstag, Annuß, Georg/Picker, Eduard/Wißmann, Hellmut (Hrsg.), München 2007, S. 637 ff.
Lambrich, Thomas/Schwab, Stefan, Betriebsverfassungsrechtliche Fragen beim konzernweiten Personaleinsatz, NZA-RR 2013, 169 ff.
Lambrich, Thomas/Happ, Daniel/Tucci, Marco, Flexibler Personaleinsatz im Konzern, Frankfurt a. M. 2015
Linsenmaier, Wolfgang, Normsetzung der Betriebsparteien und Individualrechte der Arbeitnehmer, RdA 2008, 1 ff.
Linsenmaier, Wolfgang/Kiel, Heinrich, Der Leiharbeitnehmer in der Betriebsverfassung – „Zwei-Komponenten-Lehre" und normzweckorientierte Gesetzesauslegung, RdA 2014, 135 ff.
Löwisch, Manfred, Einheitliche und eigenständige Arbeitsorganisation als Merkmal des Betriebsbegriffs im Sinne der Betriebsverfassung, in: Arbeitsrecht in der Bewährung, Festschrift für Otto Rudolf Kissel, Heinze, Meinhard/Söllner, Alfred (Hrsg.), München 1994, S. 679 ff.
Lunk, Stefan, Anmerkung zu LArbG Tübingen vom 28.05.2014 – 4 TaBV 7/13, ArbRB 2014, 334 ff.
Martens, Klaus-Peter, Der Konzernbetriebsrat – Zuständigkeit und Funktionsweise, ZfA 1973, 297 ff.
Maywald, Ian M., Der Einsatz von Arbeitnehmern in Matrixstrukturen multinationaler Konzerne, Baden-Baden 2010
Meyer, Cord, Von Mehrfachbeschäftigungsverhältnissen bis hin zu Matrix-Strukturen im Konzern – Herausforderungen auch für den Arbeitsrechtler, NZA 2013, 1326 ff.
Müller, Gerhard, Die Notwendigkeit der tatsächlichen Beschäftigungsmöglichkeit eines Arbeitnehmers im Betrieb als Voraussetzung der Zugehörigkeit zum dortigen Betriebsrat und damit zusammenhängende Fragen, ZfA 1990, 607 ff.
Müller-Bonanni, Thomas/Mehrens, Christian, Arbeitsrechtliche Rahmenbedingungen funktionaler Konzernsteuerungsmodelle, ZIP 2010, 2228 ff.
Müller-Glöge, Rudi/Preis, Ulrich/Schmidt, Ingrid (Hrsg.), Erfurter Kommentar zum Arbeitsrecht, 17. Aufl., München 2017

Müllner, Wolfgang, Aufgespaltene Arbeitgeberstellung und Betriebsverfassungsrecht, Berlin 1978

Neufeld, Tobias/Michels, Johannes, Arbeitsrechtliche Fragen des Einsatzes von Arbeitnehmern in Matrixstrukturen, KSzW 2012, 49 ff.

Neufeld, Tobias, Einsatz in Matrixstrukturen, AuA 2014, 219 ff.

Nikisch, Arthur, Arbeitsrecht,
  Bd. I, Allgemeine Lehren und Arbeitsvertragsrecht, 3. Aufl., Tübingen 1961,
  Bd. III, Betriebsverfassungsrecht, 2. Aufl., Tübingen 1966

Oberthür, Nathalie/Seitz, Stefan, Betriebsvereinbarungen, München 2014

Oetker, Hartmut, Betriebszugehörigkeit und gelockerte Betriebsbeziehung, AuR 1991, 359 ff.

Oetker, Hartmut, Gibt es einen Kündigungsschutz außerhalb des Kündigungsschutzgesetzes? AuR 1997, 41 ff.

Oetker, Hartmut, Der sachkundige Arbeitnehmer als Auskunftsperson des Betriebsrats, NZA 2003, 1233 ff.

Peix, Mathias, Errichtung und Fortbestand des Gesamtbetriebsrats unter besonderer Berücksichtigung von gewillkürten Arbeitnehmervertretungen und Unternehmensumstrukturierungen, Berlin 2008

Picker, Eduard, Betriebsverfassung und Arbeitsverfassung, RdA 2001, 259 ff.

Plander, Harro, Der Betrieb als Verhandlungsobjekt im Betriebsverfassungs- und sonstigen Arbeitsrecht, NZA 2002, 483 ff.

Preis, Ulrich/Ulber, Daniel, Die Rechtskontrolle von Betriebsvereinbarungen, RdA 2013, 211 ff.

Raab, Thomas, Europäische und nationale Entwicklungen im Recht der Arbeitnehmerüberlassung, ZfA 2003, 389 ff.

Ramm, Thilo, Die Aufspaltung der Arbeitgeberfunktionen, ZfA 1973, 263 ff.

Reichold, Hermann, Die reformierte Betriebsverfassung 2001. Ein Überblick über die neuen Regelungen des Betriebsverfassungs-Reformgesetzes, NZA 2001, 857 ff.

Reinhard, Barbara/Kettering, Lisa, Die schwierige Einordnung von Matrixstrukturen in das System des BetrVG, Neue Fragen erfordern neue Lösungsansätze, ArbRB 2014, 87 ff.

Reinhard, Barbara, Beteiligung des Betriebsrats beim Einsatz von Fremdpersonal, Eine Übersicht über die Mitbestimmungsrechte in den einzelnen Fallgruppen, ArbRB 2015, 309 ff.

Reiter, Christian, Entsendung zu Tochtergesellschaften im In- und Ausland, NZA 2014, Beilage, 22 ff.

Reuter, Dieter, Betriebsräte an die Front?, ZfA 2006, 459 ff.

Richardi, Reinhard, Anmerkung zur Entscheidung des BAG vom 5.12.2012 – 7 ABR 48/11, AP BetrVG 1972 § 7 Nr. 81

Richardi, Reinhard, Wahlberechtigung und Wählbarkeit zum Betriebsrat im Konzern, NZA 1987, 145 ff.

Richardi, Reinhard, Veränderungen in der Organisation der Betriebsverfassung nach dem Regierungsentwurf zur Reform des BetrVG, NZA 2001, 346 ff.

Richardi, Reinhard, Die Mitbestimmung bei Einstellungen als Generalklausel einer Beteiligung an Änderungen des Arbeitsvertrags, NZA 2009, 1 ff.

Richardi, Reinhard/Wlotzke, Otfried/Wißmann, Helmut/Oetker, Hartmut, Münchener Handbuch zum Arbeitsrecht, Bd. I und III, 3. Aufl., München 2009
Richardi, Reinhard/Dörner, Hans-Jürgen/Weber, Christoph, Personalvertretungsrecht, 4. Aufl., München 2012
Richardi, Reinhard, Betriebsverfassungsgesetz, 15. Aufl., München 2016
Ricken, Oliver, Matrixstrukturen und Fremdpersonal als Herausforderungen der Mitbestimmung bei personellen Einzelmaßnahmen, ZfA 2016, 535 ff.
Rieble, Volker, Mitbestimmung in komplexen Betriebs- und Unternehmensstrukturen, NZA-Beilage 2014, 28 ff.
Rieble, Volker/Gutzeit, Martin, Das Altersteilzeitgesetz (AtzG) 1996 und seine betriebsverfassungsrechtlichen Implikationen, BB 1998, 638 ff.
Robrecht, Wiebke, Die Gesamtbetriebsvereinbarung, Baden-Baden 2008
Röder, Gerhard/Baeck, Ulrich, Interessenausgleich und Sozialplan, München 1997
Rolf, Christian, Unternehmensübergreifende Betriebsratsstruktur nach § 3 BetrVG, Lohmar 2003
Rolfs, Christian u. a. (Hrsg.), Beck'scher Online-Kommentar Arbeitsrecht, München, 41. Edition, 1.9.2016
Rost, Friedhelm, Arbeitnehmer und arbeitnehmerähnliche Personen im Betriebsverfassungsrecht, NZA 1999, 113 ff.
Rügenhagen, Jens Uwe, Die betriebliche Mitbestimmung im Konzern, Baden-Baden 2013
Rüthers, Bernd/Bakker, Rainer, Arbeitnehmerentsendung und Betriebsinhaberwechsel im Konzern, ZfA 1990, 245 ff.
Säcker, Franz Jürgen, Gruppenautonomie und Übermachtkontrolle im Arbeitsrecht, Berlin 1972
Säcker, Franz Jürgen/Joost, Detlev, Betriebszugehörigkeit als Rechtsproblem im Betriebsverfassungs- und Mitbestimmungsrecht, Königsstein 1980
Säcker, Franz Jürgen, Arbeitnehmerüberlassung im Konzern und Betriebsorganisation, in: Festschrift für Karlheinz Quack zum 65. Geburtstag am 3. Januar 1991, Westermann, Harm Peter/Roesner, Wolfgang (Hrsg.), Berlin/New York 1991, S. 421 ff.
Säcker, Franz Jürgen/Oetker, Hartmut, Grundlagen und Grenzen der Tarifautonomie, München 1992
Säcker, Franz Jürgen u. a. (Hrsg.), Münchener Kommentar zum BGB, Bd. II, IV, 7. Aufl., München 2016
Schaub, Günther (Begr.)/*Koch, Ulrich u. a.* (Hrsg.), Arbeitsrechts-Handbuch, 17. Aufl., München 2017
Schiefer, Bernd/Korte, Walter, Der Referentenentwurf eines Gesetzes zur Reform des Betriebsverfassungsgesetzes, NZA 2001, 71 ff.
Schlinkhoff, Katrin, Der Europäische Betriebsrat kraft Vereinbarung, 2011
Schneider, Siegfried, Matrixorganisation – Gestaltungsmöglichkeiten und Gestaltungsprobleme einer mehrdimensionalen teamorientierten Organisation, Frankfurt/Zürich 1974
Schreyögg, Georg, Organisation, 5. Aufl., Wiesbaden 2008
Schulin, Bertram, Anmerkung zum Urteil des BAG vom 27.3.1981 – 7 AZR 523/78, in: SAE 1983, 294 ff.

Schulze, Reiner u. a., BGB. Kommentar, 9. Aufl., Baden-Baden 2016
Schumacher, Maria-Susanna, Mitbestimmungsrecht des Betriebsrats in internationalen Konzernunternehmen, NZA 2015, 587 ff.
Schüren, Peter/Hamann, Wolfgang, AÜG, 4. Aufl. 2010
Schwerdtner, Peter, Das „einheitliche Arbeitsverhältnis", ZIP 1982, 900 ff.
Seibt, Christoph H./Wollenschläger, Bernward, Trennungs-Matrixstrukturen im Konzern, AG 2013, 229 ff.
Staudinger, Julius von (Begr.)/Rieble, Volker/Richardi, Reinhard/Fischinger, Philip (Hrsg.), Kommentar zum Bürgerlichen Gesetzbuch,
§§ 611–613 BGB, Berlin 2016,
§§ 315–326 BGB, Berlin 2015
Stege, Dieter/Weinspach/Schiefer, Bernd, Betriebsverfassungsgesetz, 9. Aufl., Köln 2002
Thüsing, Gregor, Vereinbarte Betriebsratsstrukturen, ZIP 2003, 693 ff.
Thüsing, Gregor, Zur Zuständigkeit des Gesamtbetriebsrats, ZfA 2010, S. 195 ff.
Thüsing, Gregor, AÜG, 3. Aufl., München 2012
Ulber, Jürgen, AÜG, 5. Aufl., Frankfurt a. M. 2015
Umnuß, Karsten, Organisation der Betriebsverfassung und Unternehmensautonomie, Baden-Baden 1993
Urban-Crell, Sandra/Germakowski, Gudrun/Bissels Alexander/Hurst, Adrian, AÜG, 2. Aufl., München 2013
Utermark, Silke, Die Organisation der Betriebsverfassung als Verhandlungsgegenstand, Frankfurt a. M. 2005
Vahs, Dietmar, Organisation, 8. Aufl., Stuttgart 2012
Veit, Barbara, Die funktionelle Zuständigkeit des Betriebsrats, München 1998
Vogt, Aloys, Sozialpläne in der betrieblichen Praxis, 2. Aufl., Köln 1981
Volkmann, Peter, Konzernverantwortung und Betriebsverfassung, Baden-Baden 2011
Waltermann, Raimund, Rechtsetzung durch Betriebsvereinbarung zwischen Privatautonomie und Tarifautonomie, Tübingen 1996
Waltermann, Raimund, „Umfassende Regelungskompetenz" der Betriebsparteien zur Gestaltung durch Betriebsvereinbarung?, RdA 2007, 257 ff.
Wank, Rolf, Buchbesprechung. Arbeitnehmerüberlassungsgesetz, Kommentar von Prof. Dr. Peter Schüren, Münster, unter Mitwirkung von Wiss. Ass. Dr. Andreas Feuerborn und Richter am Arbeitsgericht Wolfgang Hamann, ZfA 1996, 535 ff.
Weber, Christoph, Das aufgespaltene Arbeitsverhältnis, Berlin 1992
Weber, Christoph, Information und Konsultation im europäischen und deutschen Mitbestimmungsrecht, in: Festschrift für Horst Konzen zum siebzigsten Geburtstag, Dauner-Lieb, Barbara u. a. (Hrsg.), Tübingen 2006, S. 921 ff.
Weller, Bernd, Betriebsräte in Matrixstrukturen, AuA 2013, 344 ff.
Wendeling-Schröder, Ulrike, Betriebsverfassung nach Maß?, NZA 1999, 1065 ff.
Wiedemann, Herbert, Arbeitsrechtliche Probleme der Betriebsaufspaltung, in: Festschrift für Hans-Joachim Fleck zum 70. Geburtstag am 30. Januar 1988, Goerdeler, Reinhard u. a. (Hrsg.), Berlin u. a. 1988, S. 447 ff.

Wiese, Günther, Mehrere Unternehmen als gemeinsamer Betrieb im Sinne des Betriebsverfassungsrechts, in: Festschrift für Dieter Gaul zum 70. Geburtstag, Boewer, Dietrich/Gaul, Björn (Hrsg.), Köln 1992, S. 553 ff.

Wiese, Günther u. a., Gemeinschaftskommentar Betriebsverfassungsgesetz (GK-BetrVG), Bd. I und II, 10. Aufl., Köln 2014

Willemsen, Heinz Josef/Hohenstatt, Klaus-Stefan/Schweibert, Ulrike/Seibt, Christoph H. (Hrsg.), Umstrukturierung und Übertragung von Unternehmen, 5. Aufl., München 2016

Windbichler, Christine, Arbeitsrecht im Konzern, 1989

Windel, Norbert, Die Reform des Betriebsverfassungsrechts im organisatorischen Bereich, München 2003

Wisskirchen, Gerlind/Bissels, Alexander, Arbeitsrechtliche Probleme bei „Matrix-Strukturen", DB 2007, 340 ff.

Witschen, Stefan, Matrixorganisationen und Betriebsverfassung, RdA 2016, 38 ff.

Wlotzke, Otfried/Preis, Ulrich/Kreft, Burghard, BetrVG, 4. Aufl., München 2009

Wolf, Sebastian/Weller, Bernd, (Inter-)nationale Matrixstrukturen, AuA 2015, 210 ff.

Zeuner, Albrecht, Zur Bestimmung des für die Rechte nach § 102 BetrVG zuständigen Betriebsrates bei aufgespaltener Arbeitgeberstellung im Konzern, in: Festschrift für Marie Luise Hilger und Hermann Stumpf, Dieterich, Thomas/Gamillscheg, Franz/Wiedemann, Herbert (Hrsg.), München 1983, S. 771 ff.

Ziemann, Werner, Betriebsbegriff – Betriebszugehörigkeit – drittbezogener Personaleinsatz, AuR 1990, 58 ff.

Zöllner, Wolfgang, Betriebs- und unternehmensverfassungsrechtliche Fragen bei konzernrechtlichen Betriebsführungsverträgen, ZfA 1983, 93 ff.

Zöllner, Wolfgang, Flexibilisierung des Arbeitsrechts, ZfA 1988, 265 ff.

Zöllner, Wolfgang, Gemeinsame Betriebsnutzung – Kritische Bemerkungen zur Rechtsfigur des gemeinsamen Betriebs, in: Festschrift für Johannes Semler zum 70. Geburtstag am 28. April 1993, Bierich, Marcus/Hommelhoff, Peter/Kropff, Bruno (Hrsg.), Berlin 1993, S. 995 ff.

Zöllner, Wolfgang/Loritz, Karl-Georg/Hergenröder, Curt, Arbeitsrecht, 7. Aufl., München 2015

In der Schriftenreihe des Hugo Sinzheimer Instituts für Arbeitsrecht sind zuletzt erschienen:

Band 22 Bernd Waas / Wilma B. Liebman / Andrew Lyubarsky / Katsutoshi Kezuka
Crowdwork – A Comparative Law Perspective
ISBN 978-3-7663-6697-9

Band 21 Holger Brecht-Heitzmann / Judith Reuter
Perspektiven zur rechtlichen Stärkung des Ehrenamts in der sozialen Selbstverwaltung
ISBN 978-3-7663-6658-0

Band 20 Ulrich Preis / Alberto Povedano Peramato
Das neue Recht der Allgemeinverbindlicherklärung im Tarifautonomiestärkungsgesetz
ISBN 978-3-7663-6657-3

Band 19 Eva Kocher / Jürgen Kädtler / Ulrich Voskamp / Laura Krüger
Noch verfassungsgemäß?
Fernwirkungen bei Arbeitskämpfen in der Automobilindustrie und die Verfassungsmäßigkeit des § 160 Abs. 3 SGB III
ISBN 978-3-7663-6466-1

Band 18 Marita Körner
Wirksamer Beschäftigtendatenschutz im Lichte der Europäischen Datenschutz-Grundverordnung (DS-GVO)
ISBN 978-3-7663-6637-5

Band 17 Matthias Jacobs / Matthias Münder / Barbara Richter
Spezialisierung der Unionsgerichtsbarkeit im Arbeitsrecht – Fachkammer für Arbeitsrecht am EuGH
ISBN 978-3-7663-6585-9

Band 16 Wolfgang Däubler
Tarifverträge zur Unternehmenspolitik?
Rechtliche Zulässigkeit und faktische Bedeutung
ISBN 978-3-7663-6465-4

Band 15 Raimund Waltermann
Differenzierungsklauseln im Tarifvertrag in der auf Mitgliedschaft aufbauenden Tarifautonomie
ISBN 978-3-7663-6469-2

Band 14 Olaf Deinert
Beschäftigung ausländischer Arbeitnehmer in Inlandsbetrieben
ISBN 978-3-7663-6468-5

Weitere Informationen zur Schriftenreihe: www.hugo-sinzheimer-institut.de